beck'sche reihe

länder

b sr

Seit auch in der Mongolei die kommunistische Alleinherrschaft zu Ende ist, wird das zentralasiatische Grasland mit seinen unendlichen Weiten neu entdeckt. Das Buch beschreibt den einzigartigen Natur- und Lebensraum, die faszinierende Kultur der Steppennomaden, die Glaubensvorstellungen der Schamanen und des tibetischen Buddhismus, die Mythen und Legenden von Dschingis Khan und Kublai Khan sowie die Probleme des Übergangs zu Demokratie und Marktwirtschaft, ein Land auf der Suche nach nationaler Identität zwischen Rußland, China und dem Westen.

Amélie Schenk, Dr. phil., Ethnologin, hervorragende Kennerin des Schamanentums und verschiedener Naturvölker, lebte bei Indianern Nordamerikas, in Indien und im tibetischen Himalaja. Sie arbeitet und forscht seit einigen Jahren in der Mongolei, wo sie auch Entwicklungsprojekte betreut. Publikationen u. a.: *Schamanen auf dem Dach der Welt* (Graz 1994); *Im Land der zornigen Winde* (mit G. Tschinag, Zürich 1999); *Herr des schwarzen Himmels* (München 2000); *Im deckellosen Land* (Frauenfeld 2005).

Amélie Schenk

Mongolei

*mit einem Vorwort
von Galsan Tschinag*

Verlag C. H. Beck

Mit 34 Abbildungen und 2 Karten
(Fotos: Amélie Schenk)

Originalausgabe
2., aktualisierte und ergänzte Auflage. 2006
© Verlag C. H. Beck oHG, München 2003
Gesamtherstellung: Kösel, Krugzell
Umschlagbilder: Seite 1: Bogenschütze © R. und S. Michaud, focus;
Seite 2: Um einen weiteren guten Reiseverlauf zu erbitten,
werden unterwegs den örtlichen Gottheiten Opfer dargeboten:
Münzen, Geldscheine, Trockenquark, Kekse, Stoffstreifen u. a.;
Seite 3: Das Aufbauen und Abbauen einer Jurte dauert,
wenn viele Hände zupacken, weniger als eine Stunde.
Umschlagentwurf: +malsy, Willich
Printed in Germany
ISBN-10: 3 406 49283 5
ISBN-13: 978 3 406 49283 9

www.beck.de

Inhalt

Vorwort oder
Ein Schriftsteller zwischen Deutschland und der Mongolei 7

LAND UND LEUTE

Auf der Suche nach der zukünftigen Geschichte im Grasland 12 ·
Im Herzen Zentralasiens: Hochland der Berge und Steppen 18 ·
Viele Völker – ein Land 24

GESCHICHTE UND POLITIK

Eroberung eines Weltreichs –
vom Pazifik bis ans Schwarze Meer 34

Saurierland – Schätze im Wüstensand 34 · Frühe Reiternomaden
35 · Dschingis Khan und seine «Geheime Geschichte» 38 · Die
Wiederentdeckung von Karakorum 47 · Blüte und Niedergang des
Weltreiches 50

Zwischen zwei Riesen 55

In der Schere – zwischen China im Süden ... 55 · ... und Rußland
im Norden 61 · Die Verfolgungen der 20er und 30er Jahre 66 ·
Die Errungenschaften des Sozialismus und was von ihnen blieb 73
· Neuzeit auf Mongolisch 79

RELIGION

Die altmongolische Religion 88 · Schamanen: Heiler und Wahrsager 90 · Mongolisch-tibetischer Buddhismus: Kultur- und Bildungsträger 94 · Der «lebende Gott» von Urga 102 · Die düstere
Zeit währte viel zu lange oder: Rückkehr des Buddhismus 103

TRADITION UND KULTUR

Nomadenleben   112

Die kleine Jurte in der großen 112 · Gras ist nicht gleich Gras und Wasser nicht gleich Wasser 116 · Das liebe Vieh 122 · Wie lange noch? 129

Von Gästen und Festen   134

Gastfreundschaft oder: Kleiner Knigge für Mongoleireisende 134 · Von Fettschwanzschaf bis Stutenmilch 138 · Maultrommeln, pferdeköpfige Geigen und lange Lieder 144 · Das Naadam-Fest – die drei Spiele der Männer 150

WIRTSCHAFT UND GESELLSCHAFT IM WANDEL

Wie die Mongolen mit den Schätzen der Natur wirtschaften   158

Schützenswertes weites Land: Lebensraum und Lebensgrundlage 158 · Naturverehrung gestern – Umweltsünden heute 164 · Der Boden ist reich 171 · Tourismus oder Steppenromantik 176

Zwei Welten   180

Schwellkopf Ulaanbaatar 180 · Auf den Schultern der Frauen 189 · Neureich mit Handy und Nomade am Dungfeuer 191 · Mongolisches Selbstwertgefühl – Ein Wort zum Schluß 195

ANHANG

Die Mongolei auf einen Blick   202
Zeittafel   204
Literaturhinweise   208
Die Mongolei im Internet   215
Glossar   217
Register   219
Karten   223

Vorwort
oder Ein Schriftsteller zwischen Deutschland und der Mongolei

Vierzig Jahre Deutschlanderfahrung liegen nun hinter mir: So viel Zeit ist vergangen, seitdem der Tuwa-Nomadenjunge aus der Mongolei, der ich war, nach Leipzig kam und damit zum ersten Mal deutschen Boden betrat. Wobei ich von der genannten Zeitmasse alles in allem nur ein knappes Fünftel wirklich in deutschen Landen, den Rest in der eigenen, der asiatisch-nomadischen Steppenwelt, zugebracht habe. In den Jahren, da das fremde Land in die Ferne gerückt war, habe ich trotzdem mit dessen Sprache und Literatur weitergelebt und so seinen Geist in der Nähe gehalten. Dafür muß es einen ernsthaften Grund gegeben haben.

Das mongolische Wesen hat etwas, wovon sich Deutsche schnell angezogen fühlen. Gleiches läßt sich im Gegenzug auch vom deutschen Wesen und von Mongolen sagen. Eine ganze Reihe von Ähnlichkeiten, aber auch Gegensätzen – so in der Geschichte beider Länder wie auch im Naturell beider Völker –, die manches erklären würde, ließe sich anführen. Der gemeinsame Grund liegt wohl an den Wurzeln unserer Lebensweisen und Weltanschauungen. Die Germanen, die Vorfahren der heutigen Deutschen, und die Hunnen, die Ahnen der Steppennomaden, waren an zwei Enden desselben Kontinents Eurasien beheimatet, hier wie dort grobfaserige, bodenständige Menschen und Anhänger eines Glaubens, den man eine Zeit lang abwertend Heidentum nannte und im heutigen Sprachgebrauch, oft leicht romantisierend, als Schamanentum bezeichnet wird.

Später war dieser ursprüngliche Glaube, dort wie hier, von fremdländischen Eroberern und mit ihnen paktierenden einheimischen Machthabern bekämpft worden, mit unterschiedlicher Härte und dementsprechendem Ausgang auch: Wurde er im Osten mit der dem Buddhismus innewohnenden Duldsamkeit angegangen, das heißt, mehr umgeordnet und übertüncht, unter einen rotgelben Umhang und in ein süß-sanftes Gedankengespinst gelockt und eingesperrt, so war er im Westen mit der dem Christentum eigenen Unerbittlichkeit und Tatkraft eben ausgelöscht worden. Aber das einmal Dagewesene hat Spuren hinterlassen, nicht nur in den Landschaften, auch in den schriftlich festgehaltenen Überlieferungen und immer noch im Denken und Verhalten der heutigen Nachfahren jener Heiden.

Jeglicher Gedanke an ein Zurückmissionieren der einmal zum Christentum Bekehrten liegt mir fern. Ebenso wenig will ich irgend jemanden erschrecken oder entrüsten. Ich möchte nur wenigstens das wichtigste Ergebnis meiner vierzigjährigen Beobachtung erwähnen: Ich glaube, die Lösung des Rätsels, das mein eigenes Leben ist, endlich gefunden zu haben, oder, schlichter gesagt, die Antwort auf die Frage, weshalb denn ein turk-mongolischsprachig aufgewachsener junger Mensch aus der fernen asiatischen Bergsteppe an der ihm doch wildfremden deutschen Sprache hängen bleiben mußte. Es sind die mächtigen heidnischen Wurzeln, die der Boden der Erde, Sprache und Kultur immer noch aufweisen, sie ziehen jemanden aus einer noch lohenden und pulsierenden nomadisch-schamanischen Wirklichkeit an und hernieder, sie umgarnen ihn. Der Gedankenfaden läßt sich weiterspinnen: In meinen Augen und Ohren sind Goethe mit seinem «Faust» und der Walpurgisnacht darin, Beethoven mit den eröffnenden und dann immer wiederkehrenden Paukenschlägen seiner Fünften Sinfonie, Rembrandt mit seinem geheimnisvollen Hell und Dunkel und Albert Einstein mit seiner auf einen fernen Stern hinausäugenden und damit den Lauf des Alls verändernden Maus schlichtweg Schamanen. Und wie erst schaue ich auf die verzackte deutsche Geschichte mit den vielfachen Hochs und Tiefs? Und auf die rasewütigen Deutschen mit ihren pfeilschnellen Autos auf den gleißend glatten Straßen ohne Geschwindigkeitsbegrenzung?

Deutsche und Mongolen kommen durchaus gut miteinander aus. Was nicht heißen will, daß eitel Friede unter ihnen herrscht. In der Regel ist das Gegenteil der Fall. Anders kann es ja auch nicht sein, haben doch beide einiges gemeinsam: Beide fühlen sich selten minderwertig, zeigen sich schnell entschlossen und neigen zu Ehrlichkeit und Geradheit, und so sind sie im Umgang mit anderen zwangsläufig nicht unbedingt die Sanftesten. Mit anderen Worten, sie geraten sich schnell in die Haare, meistens aber mit dem Ergebnis: sie treten einander näher.

Das ist unverzeihlich pauschal gesagt, ich weiß. Aber: Was wird nicht pauschal gedacht und gesagt, wenn es um gegenseitige Urteile über die unterschiedlichen Völker geht? Ihre Wege zueinander scheinen sehr oft einzig von solch nebelhaften Gedanken und verworrenen Aussagen bepflastert zu sein! Doch müssen wir zugeben, daß diese Urteile, die sich allzu schnell als Vorurteile entpuppen können, doch imstande sind, wenigstens die Windrichtung anzugeben. So können die gegenseitigen Wertschätzungen und Erwartungen beider Völker hier in einem Atemzug genannt werden: Der Deutsche gilt in den Augen des Mongolen als pünktlich, ordentlich, säuberlich, fleißig, zuverlässig und klug, aber auch gefühlskalt, geizig, selbstsüchtig, rechthaberisch, gierig und grausam; im Gegenzug gilt der Mongole in den Augen des Deutschen als gastfreundlich, freigiebig, offenherzig, selbstlos, gütig und zäh, aber auch schmutzig, liederlich, faul, unzuverlässig, diebisch und grausam ... Merkwürdig, daß sich die gegenseitigen Wertschätzungen nur einmal wiederholen, und zwar in ablehnendem Sinn. Dahinter stehen wohl die Kriege, die hier wie dort geführt worden sind.

Lustig bis schauerlich wird es, wenn erwachsene und vielleicht sogar recht gebildete Menschen den Lebensbereich des anderen betreten und gleich auf die Suche nach der Bestätigung des Gehörten, Gelesenen und Geglaubten gehen. Und man findet das, wonach man sucht, in der Regel nicht, eher aber Gegenteiliges! Ich, einer von den zahllos vielen, die ihren Aufenthalt in der Fremde mit eben dieser Suche begannen, glaube mittlerweile von den als pünktlich gepriesenen Deutschen so viel zu wissen, daß man einen so Pünktlichen, wie ich selbst es bin, in deutschen Landen wahrscheinlich nicht so oft finden würde. Darauf könnte leichtfertig die Antwort folgen, daß die verpreußten Sachsen mich aus der Urzeit eben so gründlich auf die Uhrzeit eingetrimmt hätten. Was aber ist, wenn sich gleichzeitig die als geizig Verschrienen als eine zweifellos großherzige, spendenfreudige Nation zeigen? Und was, wenn die als faul und unzuverlässig verschmähten, dies im eigenen Land anscheinend auch auf Schritt und Tritt bestätigenden Mongolen auf dem spottbilligen und schweißbitteren Schwarzmarkt der fetten Länder in Ost und West längst als geschätzte und gefragte Arbeitskräfte gelten?

Jedes Buch in der «Beckschen Reihe Länder» ist wohl eine Luke, die die Sicht auf eine im Dunkeln liegende Welt öffnet, die noch viel Beleuchtung braucht. Daß eine weitere Luke aufgestoßen wird und der Ausguck gerade auf mein Land fällt, freut mich sehr Und die Freude ist besonders groß, da die Vollbringerin der guten Tat Amélie Schenk heißt. Sie ist nicht nur meine Mitautorin und Mitstreiterin, sondern eine weltweit erfahrene und anerkannte Völkerkundlerin, deren Forschungsfeld beinah den ganzen Erdball umspannt und dabei immer wieder die Benachteiligten und die kleinen Völker betrifft. Im letzten Jahrzehnt hat sie sich aber fast ausschließlich der Mongolei gewidmet, dort längere Zeit gelebt, mit den Nomaden ihr schwer-schönes Leben geteilt und ihnen dabei so manche Male mit Rat und Tat beigestanden. Daher ist das, was sie schreibt, Ernte des wirklichen Lebens, hat stellenweise den Charakter von Aus-erster-Hand-Berichten. Und das ist auch der Grund, weshalb man das Buch stolz und uneingeschränkt einer breiten Leserschaft empfehlen darf.

Galsan Tschinag

Galsan Tschinag, eigentlich: Irgit Schynykbaj-oglu Dschurukuwaa, wuchs Anfang der 40er Jahre im Altai-Gebirge in der Westmongolei auf, in einer Nomadenfamilie des turksprachigen Volksstammes der Tuwa. Eine Jurte war sein Zuhause und eine berühmte Schamanin seine erste Lehrmeisterin. Später studierte er in Ostdeutschland, lehrte dann an der Universität in Ulaanbaatar Germanistik und arbeitete als Journalist. Unter dem kommunistischen Regime vertrockneten seine nomadischen Wurzeln nicht, im Gegenteil, sie wuchsen wie zum Trotz: ein Sänger, Erzähler und Dichter nach alter Tradition – ein Nomade der Neuzeit, der mit einem Bein in seiner Altai-Bergwelt unter den Nomaden und dem anderen in der Moderne lebt, ein Brückenbauer zwischen Nomaden- und Abendland. Seit 1991 lebt er in Ulaanbaatar als freier Schriftsteller, der seine Erzählungen, Romane und Gedichte meist auf Deutsch schreibt (inzwischen 19 Veröffentlichungen). Er erhielt u. a. 2001 den Heimito-von-Doderer-Preis.

Als der Himmel die Zeit schuf, hat er davon genug geschaffen,
lautet eine mongolische Redensart.

LAND UND LEUTE

Auf der Suche nach der zukünftigen Geschichte im Grasland

Mongolei – Name und Überrest des einst legendären Weltreiches, mächtig nachklingend. Menschen hierzulande, die davon hören, bekommen schnell leuchtende Augen. Sehnsucht erwacht, Bilder ziehen herauf: Nomaden, Pferde und Reiter, unermeßlich weite Steppe – die Ursprünglichkeit lockt. Seltsam, der Name Mongolei steht für etwas sehr viel Größeres, als das Land und seine Bewohner heutzutage darstellen. Was aber weiß man wirklich von diesem einst zähen Reitervolk, welches das christliche Abendland einst an seinen Ostgrenzen in Aufruhr versetzte?

Informationsnotstand über dieses bis vor mehr als einem Jahrzehnt verschlossene, ferne zentralasiatische Land Mongolei herrscht wohl inzwischen nicht mehr. 1990 im März kam die Wende; Hungerstreikende auf dem zentralen Platz in Ulaanbaatar erzwangen den Rücktritt der Regierung. Jetzt bewegt sich dort manches, die Zeit der Öffnung hat begonnen. Davon erfahren wir hin und wieder. Die Mongolische Volksrepublik heißt seit Anfang 1992 wieder einfach Mongolei (Mongol Uls) und hat mit einer demokratischen Verfassung nach deutschem Vorbild dem Sozialismus eine endgültige Absage erteilt. Das vorliegende Buch – 1994 ist in dieser Reihe schon einmal ein Mongolei-Band erschienen, mit anderen Texten und unter etwas anderer Verfasserschaft – wird in seinen aktuellen Bezügen auch bald wieder Geschichte sein. Zuviel ändert sich zur Zeit, und wenig scheint immer noch voraussagbar in dieser Umbruchzeit. Auch die Darstellung der jüngsten, sozialistischen Geschichte ist im Fluß, Irrtümer und Unvollständigkeiten sind deshalb nicht auszuschließen.

Lange Zeit haftete dem europäischen Mongolenbild die Mär von den wilden berittenen Horden an, die aus der Hölle (griechisch *Tartaros*, daher nannte man sie fälschlicherweise auch «Tartaren») auftauchten, um das mittelalterliche Europa zu strafen. Und wie steht es mit dem anderen Märchen vom rohen Fleisch, das sie unter ihren Sätteln weichgeritten haben sollen? Antwort eines mongolischen Zeitgenossen: Kein Mongole, der sein Reittier liebt, würde es mit einem zwischen Sattel und Pferderücken gelegten, rohen Fleischstück wund reiten.

In Europa gerieten die Mongolen ein wenig in Vergessenheit nach der Epoche ihrer größten Machtentfaltung im 13. und 14. Jahrhundert unter Dschingis Khan und Kublai Khan. Von dessen Hofhaltung und Staatsführung hatte Marco Polo so blumig zu berichten gewußt, daß die Zeitgenossen seine Geschichten als erlogen und phantastisch abtaten. Nach der Vertreibung des letzten mongolischen Yuan-Kaisers aus Beijing im Jahre 1368 verfiel das Reich in innere Machtkämpfe, bis es im 17. Jahrhundert dem expandierenden chinesischen Mandschu-Reich einverleibt wurde. Aus dieser Zeit stammen die verwaltungstechnischen Termini «Innere Mongolei», näher an Peking gelegen und heute als Teil der Volksrepublik China Autonome Region, und «Äußere Mongolei», weitgehend identisch mit der heutigen Mongolei.

Die Äußere Mongolei sagte sich 1911 von der chinesisch-mandschurischen Oberhoheit los. China schickte Besatzungstruppen ins Land, aber das russische Zarenreich und dann sowjetrussische Truppen verhalfen dem neuen Staat 1921 endgültig zur Unabhängigkeit. Als zweiter Staat der Welt nahm die Mongolei gezwungenermaßen den Marxismus-Leninismus als gesellschaftspolitische Grundlage an, ohne allerdings eine Arbeiter- und Bauernklasse, eine Mittelschicht und andere für kapitalistische Gesellschaften typische Interessengruppen zu besitzen, dafür aber Hirtennomaden, Mönche und Stammesfürsten.

Die Geschichte der 1924 gegründeten Volksrepublik Mongolei war zuvor von Parteiideologen geschrieben worden; grundlegend kritisiert und korrigiert wird sie erst jetzt. Ideologische Verfälschungen, soziale Schönfärbereien werden heute mit Empörung aufgedeckt. Enthüllungen und Skandale gehören dazu. Die mühsame Rehabilitation der Opfer jener Jahre zwischen 1921 und 1941, die Terror, Verfolgung, Verhaftung, Verschleppung, Todesurteile bedeuteten, hat angefangen. Zuerst mußte aber das überlebensgroße Stalindenkmal vor der Staatsbibliothek in Ulaanbaatar fallen. Zum Vergleich: Die meisten Länder Osteuropas hatten Stalin bereits Ende der 50er Jahre entthront. Mit der neugewonnenen Meinungsfreiheit muß nun auch die Gedankenfreiheit eingeübt werden, die mongolische Froschperspektive einer neuen, weiteren Sichtweise weichen. Ein altes mongolisches Sprichwort sagt: Der Frosch, der im Brunnen lebt, beurteilt das Ausmaß des Himmels nach dem Brunnenrand ...

Land und Leute 13

Bei den Nomaden ändern sich die überkommenen Lebensformen und die damit verbundenen Denkweisen nur geringfügig. Auf dem Land sind die Herden nach wie vor Lebensmittelpunkt. Anfang der 1990er Jahre war es sogar für einen Stadtbewohner wieder erstrebenswert, Vieh zu besitzen, das allerdings Verwandte oder Bekannte für ihn zu halten hatten, wenn sie nicht wie viele – die Wirtschaft brach zusammen, und damit schrumpften die Erwerbsmöglichkeiten – plötzlich aus Selbsterhaltungstrieb versuchten, Nomaden zu werden. Die aufeinander folgenden Katastrophenwinter seit 1999 brachten jedoch ein solches Massentiersterben, daß man sich nun schon wieder eines anderen besinnt: die Not, die viele Familien erleiden müssen, diktiert Abwanderung vom Land und Abkehr von der Viehhaltung.

Nomadenkulturen wie die mongolische gelten immer noch als Ausgegrenzte der modernen Weltgesellschaft, ewig Gestrige, jenseits von schnellem Zeitfluß und größter Effizienz. Immer noch hört man, Nomaden seien primitiv und hätten keine eigene Kultur hervorgebracht. Und galt nicht das «sozialistische Entwicklungsland» Mongolische Volksrepublik in der westlichen Welt als Inbegriff hoffnungsloser Rückständigkeit?

Die Mongolen besitzen sehr wohl eine alte eigenständige Kultur. Bedingt durch die geographische Lage im nördlichen Zentralasien war ihr Land ein Durchzugsgebiet, das viele kulturelle Einflüsse aufnahm. Chinesisches findet sich neben Tibetischem ebenso wie Indisches und Persisches. Nestorianische, christliche und manichäische Religionselemente kamen hier zusammen. Und diese Vielzahl von kulturellen Einflüssen verschmolz unter den nomadisierenden Stämmen zu einer eigenwilligen, bewundernswerten Kultur.

Dieses Land, wo der Sozialismus in 70 Jahren nie ganz hat Fuß fassen können, wo die Herzlichkeit unter den Menschen noch ein kostbares Gut und auf dem Lande das Pferd immer noch Maß aller Dinge ist, steht vor der Frage: Wie gehen wir das 21. Jahrhundert an?

Drei Viertel der heutigen Bevölkerung sind unter 35 Jahren. Die Jungen haben die Vernichtungsmaschinerie unter Marschall Tschojbalsan nicht selbst erfahren. Was sie durch Hörensagen von den älteren Generationen wissen, wird nicht als eigene Leidenszeit empfunden. Sie sind frei von der stalinistischen Geschichte und brauchen mit Vergangenem nicht abzurechnen. Dafür wurden sie in der Amtszeit von Premierminister Zedenbal groß, der bis zu seiner Entmachtung 1984 mit der Sowjetunion im Einheitsschritt marschierte. Sie sind geprägt von dem sowjetischen Credo, daß Zivilisation gleichbedeutend mit Entmongolisierung und Übernahme der höherstehenden sowjetischen Kultur sei. Aber heute?

Das letzte Jahrzehnt seit 1990 ging man in Hochstimmung an, mit großem Nachholbedarf und Hunger auf die Welt in ihrer modernsten Prägung. Hoffnung keimte, man wünschte sich mutige Vordenker und Praktiker mit Verstand, verbunden mit den zentralasiatisch-mongolischen Denk- und Lebensformen, die diesem in der alten Nomadentradition verwurzelten Land einen Weg weisen könnten. Kommunisten und Demokraten wechselten einander in der Regierung ab, Reformen wurden verschleppt, dann beängstigend zügig vollzogen. Das Parlament erlebte zum ersten Mal aufregende Tage, heftige Diskussionen, Boykott von Beschlüssen, Mißtrauensvoten. Demokratie sollte in Gang kommen. Jahrzehnte von Sozialismus hingen dem Land an, sollten nun aber mit Schwung für veraltet und unbrauchbar erklärt werden. Viele Alte verstanden die Welt nicht mehr, wenn die Jungen meinten, die Zukunft visionär im Griff zu haben. Aber im Oktober 1998 ging mit der brutalen Ermordung des gerade 36jährigen S. Dsorig – aussichtsreichster Kandidat für den freien Posten des Ministerpräsidenten und ein quicklebendiger Denker der ersten Stunden der mongolischen Demokratiebewegung – ein Traum zu Ende, das Erwachen war bitter. In einem Land mit etwa 2,5 Mio. Einwohnern und einer Fläche, die das Viereinhalbfache Deutschlands ausmacht, wurde der Mord bis heute nicht aufgeklärt.

Eingezwängt sein zwischen den zwei Großmächten China und Rußland, inzwischen aber losgelöst von beiden, umgeben von vielen Ethnien und Völkern; geprägt von zentralasiatischer wechselhafter Geschichte und dem Durchzug vieler Strömungen, seit alters tolerant und abwägend; in der Sprache durchsetzt mit Amerikanisch-Englischem, wo vorher Russisches galt; verwachsen mit Gräsern, Steppen, Wüsten, Felsbergen, Nomaden und Herden und all den dazugehörigen Gerüchen; oder angepaßt an das hygienisch einwandfreie städtische Leben mit Telekommunikation, Internet, Handys, vielpferdestarken Geländewagen; und im Hintergrund, im Abfall und Schatten abseits der Scheinwelten die

Land und Leute 15

> **Als der Himmel die Zeit erschuf**
>
> Das Leben ist nicht viel mehr als ein Tag und eine Nacht. Es reicht schon, wenn man einen Tag menschenwürdig verlebt hat, und die Nacht darauf auch. Alles andere ist Wiederholung diesen einen Tages und dieser einen Nacht, und ob es so hundert Jahre oder sechzig oder auch nur vierzig dauert – im Wesen bleibt es gleich.
> Wir sagen: Als der Himmel die Zeit erschuf, hat er davon genug geschaffen. Das ist unsere Grundhaltung zum Leben. So meinen wir, wir hätten unendlich viel Zeit. Aber ihr wollt glauben, ihr hättet nicht genug davon. Kein Wunder, die ganze Lebenszeit ist verplant, verzettelt in Termine, und man hat vom Eigentlichen, dem Leben, so wenig am Ende. Wir dagegen leben für etwas Handfestes: wenigstens für die Eltern, die geliebt, geachtet und versorgt werden sollen. Dann haben unsere Berge, unsere Erde, unsere Gewässer, unseren Himmel, unseren Altai. Und wenn wir diesen einigermaßen sauber und ganz der Nachwelt weitergeben, die Eltern immer geachtet, erfreut und zum Schluß gut bestattet haben – damit ist ziemlich alles getan. Das ist ein gutes Leben gewesen.
>
> Aus: Amélie Schenk/Galsan Tschinag: Im Land der zornigen Winde

Ärmsten der Armen – all das macht das Leben in der Mongolei zu Beginn dieses neuen Jahrtausends aus.

Wird es uns je gelingen zu verstehen, was sich uns da in Bildern und Szenen zeigt? Verstehen wir, die wir aus der entgegengesetzten Welt der Seßhaften kommen, überhaupt das zwar angeschlagene, aber immer noch nomadisch schlagende Herz? Dschingis Khan und seinen siegreichen Kriegerscharen anhängen und doch vom schönsten aller Leben, dem eines Westlers mit Auto und Markenparfüm, träumen; Natur und Heimat lieben und sie besingen wie die eigene Mutter und sie dennoch mit Wilderei und Müll endgültig abtöten; arbeitslos sein ohne Geld in Aussicht und doch immer großzügig damit umgehen, von heute auf morgen leben; mit einem starken Gemeinschaftssinn für die Familie kämpfen und leben und doch den ellenbogentüchtigen Boß herauskehren, wenn es um die eigenen Pfründe geht; den Hang zur Eroberung, zum Größenwahn in sich tragen, auch wenn die Zeiten des Weltreiches vergangen sind; weltfremd, wundergläubig und wild auf die marktschreierischsten Waren, noch immer versessen auf die Hammelstücke und das Murmeltierfleisch in der dampfenden

Amélie Schenk und Galsan Tschinag zu Kamel unterwegs auf der endlosen Steppe.

Schüssel – das alles sind Momente der Mongolei, wie sie leibt und lebt.

Freiheit, Beweglichkeit, Urtümlichkeit – noch ist viel davon in der Mongolei zu spüren. Aber wie lange noch? Die alten Lebensformen werden in Frage gestellt, von Monat zu Monat, mit jedem Nomaden, der in Schnee und Eis noch ein Tier verliert. Die neue Regierung setzt auf Ausbeutung der reichen Bodenvorkommen als Einkommensquelle. Magistralen sollen das Hinterland erschließen, und an ihnen entlang soll gesiedelt, gearbeitet und fabriziert werden. Das wären dann die neuen städtischen Zentren anstelle des überbevölkerten Ulaanbaatar mit Magnetwirkung auf die Landbevölkerung. Die Vieh- und Landwirtschaft müsse endlich, der Mehrerträge willen, intensiviert werden. Unabhängigkeit von China in der Nahrungsmittelversorgung ist das Ziel. Der schnelle Dollar, der Ausverkauf der seltenen Falken oder der Schneeleoparden-Medizin nach China, die Coca-Cola-Kultur, die allabendlichen asiatischen Seifenopern im Fernsehen, die westliche Geste der kulturellen Vereinnahmung – all dies gefährdet die gewachsenen Traditionen längst.

Land und Leute

Daher meine Bitte: Respektieren Sie, sollten Sie als Tourist oder geschäftlich in dieses Land reisen, die mongolischen Sitten und Bräuche. Leisten Sie einen kleinen Beitrag zur Erhaltung dieser alten Kultur. Und denken Sie daran, in der Mongolei ist die Zeit ein Geschenk des Himmels, mit dem man großzügig umgehen muß. Seien Sie ruhig ein wenig verschwenderisch damit.

Im Herzen Zentralasiens: Hochland der Berge und Steppen

Die Mongolei liegt im nordöstlichen Zentralasien. Und damit gehört sie zu einem sich über viele abflußlose Hochländer erstreckenden und mehr als 10 Mio. km² großen Territorium; begrenzt wird es im Norden von Sibirien (mit seinen bewaldeten Randgebirgen, die in Tundra übergehen, bis sie den vereisten Norden erreichen), im Osten vom Großen Chjangan-Gebirge, den südlich daran anschließenden Wüstensteppen und Wüsten der Gobi (bis hin an den mittleren Huang He, den zweitgrößten Fluß Chinas) und den chinesisch-tibetischen Grenzbergen, ganz im Süden vom Himalaja (mit dem tibetischen Hochland) und dem Gebirgszug des Karakorum und im Westen von Pamir und Tianshan. Zentralasien ist der vom Einfluß des Meeres am meisten abgeschlossene Erdteil, die ihn umlagernden Gebirge halten feuchte Luftströmungen weitgehend ab; so findet sich dort ein extremes Kontinentalklima mit großen Temperaturunterschieden zwischen Sommer und Winter.

Die heutige Mongolei, dieses weiträumige Gebirgsland mit seinen Hochsteppen, ist mit 1,565 Mio. km² rund viereinhalb mal so groß wie Deutschland und 40mal so groß wie die Schweiz und erstreckt sich von Ost nach West über eine Länge von 2400 km – der Überrest des größten Weltreichs der Menschheitsgeschichte. Die mehr als 8000 km lange Grenzlinie – im Norden zu Rußland, im Süden zu China – verläuft durch unzählige einzelne Gebiete, durch Stämme und Völkerschaften: im Norden Tuwa mit dem Mittelpunkt Zentralasiens in seiner Hauptstadt Kyzyl und Burjatien mit dem Baikalsee als Teilrepubliken innerhalb der GUS; im weiten Osten die Mandschurei; vom Osten bis zum Südwesten sich erstreckend die Autonome Region Innere Mongolei, die einer nach oben hin geöffneten Hand gleich die Mongolei von China aus im Griff hält, mit einer Fülle von mongolischen Stämmen wie z. B. Barga, Naiman, Dahur, Ewenken, Oronchen Tschachar, Sunit, Dörbet, Torgut; westlich daran anschließend Xinjiang mit alttürkischen Uiguren, im Westen die Russische (Rußländische) Föderation mit der Teilrepublik Gorni Altai, das ein wirtschaftlich aufstrebendes Kasachstan mit Erdölfeldern im Rücken hat. Diese und viele andere, hier ungenannte Stationen und Namen in diesem unermeßlichen Großraum erinnern an die sehr bewegte und wechselhafte Geschichte und reichhaltige Kultur Zentralasiens, und das alles im Gegenspiel zum Leben der Seßhaften jenseits der Großen Mauer. In den weiten Hochsteppen der Mongolei und den endlosen Berg- und Hügelketten zwischen der russischen Taiga und den Wüsten der Gobi stellt seit alters her die Nomadentierhaltung die den natürlichen Verhältnissen am besten angepaßte Wirtschaftsform dar. Und das ist bis auf den heutigen Tag so, ist doch die Mongolei das klassische Land des Nomadentums.

Geographisch ein Kuriosum, finden sich hier der am südlichsten gelegene Dauerfrostboden und die nördlichste Wüste der Welt. Und in Ulaanbaatar, auf derselben nördlichen Breite wie Wien und München, beträgt der größtmögliche jährliche Temperaturunterschied über 90°: winters kann es −50°C kalt und sommers über +40° heiß werden. All dies prägt das Land. Die Tier- und Pflanzenwelt ist äußert reich und vielfältig und hat sich nicht zuletzt auch aufgrund der geringen Bevölkerungsdichte und der weiträumigen Menschenleere in seiner Wildheit und Unberührtheit über große Gebiete hin erhalten. Bedingt durch das zentralasiatische Kontinentalklima bringt der über 2400 km lange, von Ost nach West verlaufende Steppengürtel, der gut ein Viertel der Landesfläche einnimmt, keine üppige Vegetation hervor und gestattet Ackerbau bestenfalls in einigen nördlichen und weniger wasserarmen Gebieten. Die Durchschnittshöhenlage des Landes beträgt 1580 m; der höchste Berg ist der 4374 m hohe Chuiten Orgil im vergletscherten Tawan Bogd-Massiv im westlichsten Dreiländereck, die tiefste Stelle (552 m) liegt im Osten in der Senke des Ulds-Flusses am Salzsee Chöch Nuur.

Die Großlandschaften der Mongolei mit ihren eigenen biologischen Zonen, den Bodenbesonderheiten, der Flora und Fauna geben dem Land das eigentümliche Gepräge. Die reichen Wälder und oft schwer zugänglichen Höhen des Chöwsgöl-Gebirgslandes

Eine Jurtensiedlung (ail) bei den Tuwa des Hohen Altai im Tal der Schlangen. Nebst Pferd und Motorrad gehört vielen Familien neuerdings auch ein LKW als Transportmittel.

im Norden des Landes sind die Fortsetzung der Gebirgsausläufer des Ostsajan. Hier wachsen Kiefer, Zirbelkiefer, Fichte, Lärche, Tanne und Birke, hier leben Elche, Hirsche, Wildschweine, Luchse, Bären, Zobel, Moschustiere und dergleichen. Westlich des Chöwsgöl-Sees (1645 m) ragen einzelne Berggipfel über 3000 m auf, das an die russische Grenze reichende Mönch Sarjdag-Gebirge weist Höhen bis zu 3491 m auf, und im Osten erstreckt sich eine über 2000 m hoch liegende unwegsame Taiga. Über hundert Flüsse und Bäche speisen den See, der einzig über den Eg-Fluß entwässert. Über den Selenge, dessen Zufluß er ist, fließt das Wasser des Chöwsgöl-Sees schließlich in den Baikalsee. Im Winter bedeckt eine 1–1,5 m dicke Eisschicht den See. Bereits 1913 wurde dieses größte Binnengewässer für den Schiffsverkehr zwischen der Mongolei und Rußland genutzt.

Die wichtigste Gebirgslandschaft der Mongolei, das gewaltige Changaj-Chentij-Gebirgssystem, im wesentlichen aus Graniten und kristallinen Gesteinen bestehend, erstreckt sich vom Becken der Großen Seen im Uws-Aimak bis zu den Kämmen des Chentij-Aimak. Im Osten etwa 2600 m hoch, steigt es im Westen auf etwa 3400 m an; auf seinen ausgedehnten Hochflächen finden sich Reste pleistozäner Vergletscherungen. Der höchste Gipfel, der 3905 m hohe Otgon Tenger, liegt unweit der Stadt Uliastaj im Dsawchan-Aimak, seine Firnkuppe leuchtet weit. Die steilen und felsigen Südlagen sind mit kräuter- und gräserreicher Steppe überzogen und überreich an Edelweiß und Enzian, während die flachen Nordhänge teilweise bewaldet sind, vorwiegend mit Lärchen und Birken. Hier, in den Gebirgswaldsteppen, den ausgedehnten Taigamassiven des Nordens, aber auch auf weiten Steppen der Zentral- und Ostmongolei, wo aufgrund starker Austrocknung Gräser und Kräuter leicht entflammbar sind, treten häufig verheerende Brände auf, vor allem in Frühjahr und Sommer. Zahlreiche Vulkane und Basaltflächen, die durch Flußtäler zerschnitten sind, prägen das Changaj-Gebirge. Im Ostchangaj fällt ein Nebenfluß des großen Orchon über eine 25 m hohe Basaltwand herab; dieser Wasserfall unweit von Chudschirt gilt als einer der schönsten des Landes und wird von Touristen gerne aufgesucht.

Im Nordosten der Mongolei bilden die transbaikalischen Ausläufer das waldreiche Chentij-Gebirge mit dem Onon-Bergland und dem südlichen Chentij-Mittelgebirge, dem mit 2200–2400 m mittlerer Höhe niedrigsten Gebirge des Landes. Lärchentaiga bedeckt die Berge, denen offene Steppen südlich und östlich vorgelagert sind. Hier, im Gebiet um den Berg Burchan Chaldun, ist die Heimat Dschingis Khans.

Im Becken der Großen Seen, von großen Gebirgen allseitig umschlossen, liegen die größten abflußlosen Salzseen der Mongolei. Süßwasserseen sind dagegen der vom wasserreichen Chowd-Fluß und anderen Flüssen des Mongolischen Altai gespeiste Char Uus Nuur und der mit ihm verbundene Char Nuur, der über den Chowd mit dem Döröö Nuur verbunden ist. Die Uws-Senke ist ein in sich abgeschlossenes Binnenentwässerungssystem mit den am weitesten nach Norden vorgerückten außertropischen Wüsten der Erde, an deren tiefster Stelle der 3350 m² große abflußlose Uws-Salzsee liegt, mit spärlichem Pflanzenwuchs und Salzpfannen in der Umgebung. Das sich nach Südosten anschließende Tal der Gobi-Seen, im Norden vom Changaj, im Süden vom Altai abgeschirmt, ist ein tektonisch empfindliches Gebiet (das letzte Erdbeben war 1957), geprägt von voneinander getrennten abflußlosen Salz- und Süßwasserseen und von Wüstensteppen mit Kies- und Schotterflächen, wo, wie in anderen Halbwüsten auch, der baumartige Saxaul wächst.

Südlich der großen Senken erhebt sich das Gebirgssystem des Mongolischen Altai und Gobi-Altai, das vom Russischen Altai bis zur Ostgobi reicht. Mit 1700 km Länge ist es das längste und auch höchste Gebirge der Mongolei. Es weist teilweise langgestreckte Senken und ausgedehnte Hochflächen auf, die einzelne Gebirgszüge von einander isolieren. Gewaltig wirkt das Türgen-Charchiraa-Gebirge (3965 m), das südwestlich von Ulaangom im Uws-Aimak aus dem Becken der Großen Seen aufragt. Viele über 3900 m hohe Schneeberge sind vergletschert, so auch der höchste Berg der Mongolei im Tawan Bogd-Massiv, auf dem der 20 km lange Potanin-Gletscher, nach dem russischen Asienforscher benannt, seinen Anfang nimmt. Die hohen Berge sind die Rückzugsgebiete von Bär, Schneeleopard, wilder Bergziege und Bergschaf; Murmeltier und Wolf sind weit verbreitet, aber auch Fuchs, Iltis, Hase, Ziesel u. a.; zu der reichen Vogelwelt gehören Adler, Geier,

> Das Gelb der Sonne vereinte sich
> Mit dem Grau der Täler
> Wuchs zum Blau zusammen
>
> Silberfadige Strähnen schälten sich
> Dem hereinströmenden Morgen ab
> Strömten in schwebenden, lichten Linien
> In die Unendlichkeit der Fernen
> Berg und Hügel begannen
> Zu wanken und zu schwanken
> In den gletscherhellen Altai zog
> Der fünfzehnte Juli ein
>
> Gras wuchs, Wind wehte
> Jede Haarbreite an mir war
> Erfüllt von dir
>
> Aus: Galsan Tschinag:
> Nimmer werde ich dich zähmen können, 1996

Habicht, Falke, Milan, Wachtel, Rebhuhn, Berghuhn, Ente, Gans, Schwan und viele mehr.

Nach Südosten hin verliert der Altai an Höhe und geht in den Gobi-Altai über, wo geschlossene Bergketten sich auflösen und durch Verwitterungen und ausgedehnte Schuttflächen gekennzeichnet sind. Südlich des Changaj gelegen, gehören alle Landschaften den Binnenentwässerungssystemen Innerasiens an. In den Ausläufern des Gobi-Altai, in den Nemegt-Bergen, unweit von Dalandsagad im Südgobi-Aimak, hat man Dinosaurierskelette gefunden.

Die Landschaften südlich des Altai zeigen im Übergangsfeld zur Zentralgobi noch mehr Trockenheit. In der Dsungarischen Gobi mit ausgedehnten Salzpfannen und zahlreichen Salzseen sind Sandfelder selten, vorherrschend sind die kaum bewachsenen Kies- und Schotterflächen. Hier sind jüngst Urwildpferde in einem eigenen Reservat (Große Gobi B) ausgewildert worden. Dies ist auch die Heimat der letzten 1000 Urwildesel und der Gobi-Bären (Madsalaj). Südöstlich schließt sich die Transaltaigobi an, ein wüstenhaftes Hügelland mit Kies-, Fels und Steinwüsten, die östlich in die fast vegetationslose Alaschangobi übergehen, die Tonebenen, stein- und schotterüberzogene Landstriche sowie Sandfelder und Salzpfannen aufweist.

Die Hochsteppe der Ostmongolei umfaßt die Chalcha-Ebene, die Barga und die Ostgobi. Im Norden vom waldreichen Chentij-Gebirge begrenzt, wirkt sie vergleichsweise eintönig, beherrscht von flachwelligen Rumpfplatten mit ausgedehnten Senken und flachen Mulden mit vielen Salzpfannen und einer mittleren Höhe von 800 bis 1000 m. Dies ist der Lebensraum großer Herden von Saiga-Antilopen. Fast mitten hindurch fließt der wasserreiche Cherlen-Fluß mit seinen auffallend grünen Auen, gespeist vom südlich liegenden nur 538 m hoch gelegenen Bujr Nuur. Die weite und flache Ostgobi-Senke, die Fortsetzung der Gobi-Senke, erstreckt sich südöstlich der Chalcha-Ebene und liegt grundsätzlich unter 1000 m. Weite Senken und flache Mulden mit teilweise tief liegenden Salzsümpfen und kleinen flachen, meist salzwasserhaltigen Seen sind charakteristisch. Im weiter südlich gelegenen Dariganga-Gebiet prägen an einigen Stellen über 1700 m aufragenden Basalt- und Vulkangesteinfelsen die Landschaft. Wüstensteppen und Wüsten greifen ineinander; Kiesplatten, weite Senken mit Salzverkrustungen, große Flugsandfelder und Dünensand mit Saxaulbewuchs sind hier vorherrschend; fließende Gewässer gibt es hier nicht, dafür Trockentäler, die bei starkem Regen ganz plötzlich Wasser führen. Überschwemmungen und Sturzbäche, in denen Menschen schnell zu Tode kommen können, sind in der Gobi keine Seltenheit. Mücken und Sumpffliegen können in den Sommermonaten zur Plage werden.

In den östlichsten Teil der Mongolei reichen Ausläufer des gras- und kräuterreichen Chiangan-Vorgebirges von China herein, vom Chalch-Fluß durchbrochen. Dieser Fluß ging in die Geschichte ein durch die «Schlacht am Chalchyn Gol», wo im Herbst 1939 sowjetische und mongolische Truppen vereint gegen japanische kämpften und den Zweiten Weltkrieg in Asien entscheidend mitbestimmten.

Viele Völker – ein Land

Mongolen sind keine Chinesen und auch nicht mit ihnen verwandt, sind eine eigene zentralasiatische Völkerschaft. Ihre Sprachen und Dialekte gehören zu der ural-altaischen Sprachgruppe, zu der auch das Türkische und Mandschu-Tungusische zählen.

Unter Führung der Sippe der Bordschigid unter Dschingis Khan kam es Ende des 12. Jahrhunderts zu einer Stammesvereinigung, die sich Mongolen nannte. Schon zur Zeit von Dschingis Khans Großvater Kabul Khan, also zu Beginn des 12. Jahrhunderts, begegnet uns unter diesem Namen ein Zusammenschluß einiger Sippen verwandter Herkunft. Die Bedeutung des Wortes *mon gol* ist nicht eindeutig geklärt: Sind es die *Mon* vom Fluß (*gol* = ‹Fluß›)? Oder sind mit *mun* und *gol* (= ‹wesentlich, eigentlich›) die

Redensarten

Einmal gesehen ist besser als tausendmal gehört.

Vom Mund kommt die Zukunft.

Am Ende einer Angelegenheit legt man sich nicht nieder,
am Ende eines Vorhabens bleibt man nicht stehen.

Es ist besser, der Kopf einer Fliege zu sein als der Schwanz
eines Tigers.

Die Schlange mögen andere fangen.

Schnellen Hasen klebt oft Scheiße an den Waden.

Lerne lieber die Erschwernisse im Leben als das süße Verhätschelt-
sein kennen.

Des Menschen Flecken sind innen, der Schlange Flecken außen.

Deine Liebe im Innern versteckt, zeig dich nach außen hin rauh.

Der Lügner nennt gern die Wahrheit, der Falsche gern das Mitleid.

Der Recke stirbt von einem Pfeil, der Reiche verarmt durch ein
Unwetter.

Ist der Körper mächtig, ist man ein Leben lang mächtig;
ist der Geist mächtig, ist man zehntausend Leben lang mächtig.

Geld macht gierig.

Bindet man um den Hals des Hundes einen Mastdarm, wird er ihn
wenigstens drei Tage lang nicht anrühren. (Tuwa-Redensart)

Die Jurten in einem Ail, die Schafe in einer Herde.
(Kasachen-Redensart)

Echten, die Wahren, die Menschen im Gegensatz zu anderen Lebewesen gemeint?

Damals nannte man die Mongolei oftmals Chalcha-Mongolei und bezeichnete damit den zahlenmäßig stärksten und vorherrschenden Teil der Mongolen (heute etwa 80% der Bevölkerung), die im Landeszentrum siedelten, und übersah dabei geflissentlich die anderen Völker. Nationalisten wollen heute wieder die zentralen Aimaks als einzig echte Mongolei verstanden wissen, gegen welche die östlichen Provinzen mit den Burjaten und den Darigana (ehemalige Oiraten, später Verwalter der eisernen Herden

Land und Leute 25

des Mandschu-Kaisers) und die westmongolischen Provinzen mit Völkern wie den Dörbet, Bajat, Dsachtschin, Ölet, Torgut, Oiraten (ehemals Dsungar genannt), Choton, Mjangad, Sartuul, Tschantuu (eigentlich usbekischen Ursprungs) als «Unechte» abfallen. Vom Zentrum aus, der wirtschaftlich sich aufblähenden und lautstarken Metropole Ulaanbaatar, muß sich das wohl so ausnehmen, obwohl die Westmongolen immer ihr eigenes Selbstwertgefühl hatten. Die aufstrebende westmongolische Universität von Chowd, die, wenn auch bescheidene, aber immerhin eigenständige internationale Beziehungen zu Rußland, Xinjiang und Tuwa pflegt, zeugt unter anderem davon. «Unsere Universität» nennen viele Westmongolen sie stolz. Damit nicht genug, längst besteht ein reger Handel und Austausch mit Rußland, Kasachstan und China, die Waren, Technik und dort ausgebildete Menschen zurück in die Westmongolei schicken. Die Weichen sind gestellt: Chowd hat seit kurzem ein Rollfeld neuesten Standards, und in Bajan Ölgij, wo einmal in der Woche Maschinen aus Almaty landen, wird der Provinzflughafen, übrigens landesweit der einzige dieser Art, zum internationalen Flughafen. Hier kündigt sich schon eine Öffnung hin nach Zentralasien an, die in Zukunft – nicht zuletzt auch mit dem ehrgeizigen Milleniumsstraßenbauprojekt einer großen Ost-West-Magistrale durch die Mongolei – diesen abgelegenen Landesteil zu einem bedeutsamen, auch wirtschaftlich und touristisch interessanten Zentrum werden lassen könnte.

In der Sprache unterscheiden sich die kleinen Völker von den Chalcha nur unwesentlich, sprechen doch die meisten eine Variante des Mongolischen. Bis auf die vor über einem Jahrhundert zugewanderten Kasachen, heute etwa 7 % der Bevölkerung und Anhänger des Islam, deren Sprache zur westlichen Gruppe der zentralasiatischen Turksprachen gehört. Sie leben vorwiegend in Bajan-Ölgij, Chowd und Uws. Ihre Jurte unterscheidet sich durch ihre Größe und ein höheres und steileres Dach von den anderen, ihre materielle Kultur ist auffällig bunt. Viele Kasachen, vor allem Frauen, beherrschen nicht die offizielle Landessprache, das Mon-

Kasachen im Hohen Altai in dem für sie typischen schwarzen Mantelkleid.
Sie führen einen Jagdadler mit sich, dem bereits die Kappe,
die ihn blind macht, abgenommen wurde.

golische; sie brauchen einen Übersetzer. Ohnehin sind sie nach Kasachstan hin ausgerichtet: Man geht, wenn die Türkei unerreichbar ist, dorthin studieren, Fernsehen und Radio senden von jenseits der Grenze, die Schulbücher kommen von dort, und die ostkasachische Staatsuniversität hat in Bajan Ölgij eine Filiale eingerichtet. Seit der Öffnung wandern viele ins benachbarte Kasachstan ab, laut Statistik sind es inzwischen 10 000, die dort gleiche Rechte wie die Einheimischen haben. Die Rückwanderungswelle hat aber schon wieder eingesetzt; die Rückkehrer werden vom Staat mit einer mehrstelligen Summe als Überbrückungsgeld belohnt.

Ganz im Westen, in der Nähe des höchsten Berges der Mongolei, und in Chowd leben Tuwa, der klägliche Rest des ehemaligen zentralasiatischen Toba-Großreiches. Der Großteil der Tuwa lebt heute in einer eigenen Republik jenseits der nördlichen Grenze zur Russischen Föderation, und eine kleine Gruppe ist im chinesischen Xinjiang anzutreffen. Auch sie sprechen eine vom Alttürkischen abgeleitete Sprache, sind aber wie alle kleinen Völker wendig und lernen von klein auf rasch die sie umgebenden Sprachen. Sie sind ein urtümlich lebendes Bergnomadenvolk. Verwandt mit ihnen sind die inzwischen mongolisierten Urianchai, die außer in Bajan Ölgij und Chowd auch in Chöwsgöl siedeln, in Nachbarschaft mit den ebenfalls verwandten Darchad und Zaatan, jene Rentierhirten, die in Spitzzelten wohnen und gleich den Tuwa ein vom Aussterben bedrohtes Volk sind.

Die Burjaten leben über drei Länder verteilt in der Autonomen Republik Burjatien in der GUS, im Dreiländereck von Mongolei, Rußländischer Föderation und VR China und in den Aimaks von Dornod, Chentij und Selenge, wohin sie in den Revolutionswirren Anfang des 20. Jahrhunderts fliehen mußten. Sie zählen gut 400 000 Menschen.

Viel gäbe es über die einzelnen Völkerschaften, die hier nicht einmal alle genannt sind, zu sagen, über ihre Geschichte, Sitten und Bräuche, aber dies ist hier nicht der Platz. Sie gehören zum Verständnis der Mongolei des 21. Jahrhunderts, auch wenn von

Frauen sind traditionell für die Jurte zuständig, während die Männer die Außenbeziehungen pflegen.

Bekanntschaft mit dem Stein

Eines Tages sagte ich zur Mutter: «Ich möchte spielen.» Sie sagte: «Tu's doch.»
«Aber wo ist mein Spielzeug?»
«Geh zum Fluß. Dort findet du alles, was du zum Spielen brauchst.»
Also ging ich zum Fluß. Das war übrigens ein recht eigenwilliger Fluß: in den Frühlingsmonaten laut und so ungestüm, daß er die ganze Ufergegend überschwemmte, gegen Mitte des Sommers denn leise und so unscheinbar, daß in seinem Bett mehr Steine waren als Wasser. Und in diesem Flußtal hinauf und hinab zog unsere Jurte in den verschiedenen Jahreszeiten.
Am Fluß waren schon Kinder, sie liefen gebückt im Wasser umher und schienen nach etwas zu suchen. Ich wollte wissen, wonach sie suchten. «Was zum Spielen», war die Antwort.
«Zum Spielen?» fragte ich erstaunt.
«Ja. Schau her.»
Es war ein rechteckiger Stein mit einem grünen Streifen in der Mitte, und er glänzte in der Sonne. Ich hielt ihn in der Hand und war verwirrt, denn ich hatte nicht gewußt, daß es so schöne Steine gibt. Aber da nahm ihn mir sein Finder schon wieder weg und prahlte: «Eine Truhe ist das, die schönste, die es gibt!»
«In diesem Flußbett findest du Truhen und Kästen, Geschirr, Kamele, Pferde, Kleider, Gebäck ... alles», belehrte mich ein Mädchen.
Da begann auch ich zu suchen, denn ich wollte den anderen Kindern nicht nachstehen. Anfangs fand ich nichts. Dafür stolperte ich über einen spitzen Stein und begann zu weinen, weil ich mich verletzt hatte. Die Kinder liefen herbei und versuchten mich zu trösten: «Heul nicht, du mußt erst lernen, mit den Steinen umzugehen. Sie können leicht böse werden.»

Aus: Lodongijn Tüdew: Bekanntschaft mit der Welt

der Hauptstadt aus, die wie ein monströs-gefährlicher Monolith über allem thront, die weiten Steppen mit ihren Hirtennomaden, die immer noch in den Traditionen der Väter und Großväter leben, leicht als weit weg und rückständig abgetan werden.

Seit 1920 ist die Bevölkerung der Mongolei um das Vierfache angewachsen. Das alte Land ist jung: über drei Viertel des Menschen sind unter 35 Jahren. Die statistische Bevölkerungsdichte von etwa 1,5 Einwohnern auf einem Quadratkilometer trügt: Zwei Drittel der Landesbewohner wohnen in Städten und Siedlungen. Ulaanbaatar ist längst eine Millionenstadt – obwohl offiziell weit weniger Einwohner genannt werden –, wie die tagtägliche Zuwanderung, besonders in den Sommermonaten, wenn Jurten mitsamt Herden einziehen, vermuten läßt. Größte Bevölkerungsdichte finden wir in den nördlichen Aimaks mit den Siedlungen wie Darchan und Erdenet und entlang der Transmongolischen Eisenbahn. Abzusehen ist schon jetzt die punktuelle Verstädterung der Steppe: Entlang den Tausenden von Pistenkilometern kommen schäbige Jurten, Buden und Bretterzäune, Brennholz, Heuballen als Winternotvorrat und Abfallhaufen zu etwas zusammen, das namenlos daliegt und den Namen einer Siedlung noch nicht verdient.

Weite Landstriche wirken dagegen menschenleer, und so ist es keine Seltenheit, daß im Aimak Südgobi, der doppelt so groß wie Bayern ist, die Nachbarjurten 100 km voneinander entfernt stehen.

*Mongolische Briefmarken gelten unter Sammlern als Exoten.
Die Motive erinnern oft an die große Geschichte der Mongolen –
hier das Weltreich.*

GESCHICHTE UND POLITIK

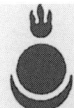

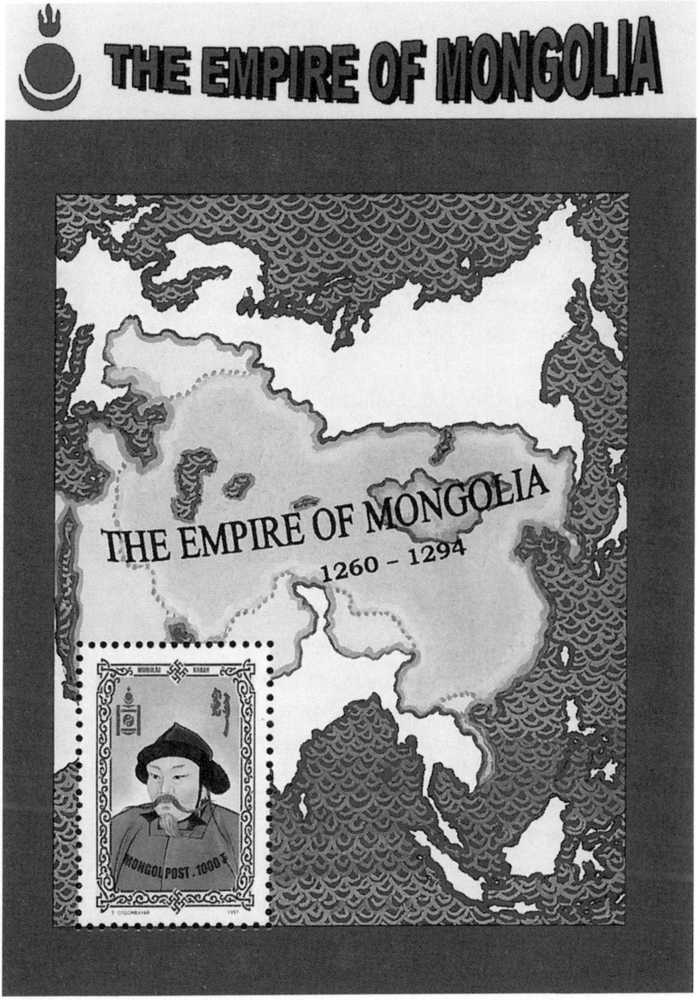
THE EMPIRE OF MONGOLIA
THE EMPIRE OF MONGOLIA
1260 – 1294
MONGOL POST . 1000 ₮

Eroberung eines Weltreichs – vom Pazifik bis ans Schwarze Meer

Saurierland – Schätze im Wüstensand

Einst lebten in der Wüste Gobi Dinosaurier. Dort herrschten damals jedoch andere Verhältnisse: Es gab reichlich Vegetation und einen ökologisch ausgewogenen Lebensraum; große Mengen fossiler Süßwassermolluken, aber auch Überreste von Fischen, Krokodilen, Schildkröten und anderen Urzeitsäugetieren lassen auf ein früheres Vorhandensein von Wassermassen und Feuchträumen, wohl mit angrenzenden steppenartigen Trockenzonen schließen. Einige Funde – so fossile Überreste zweier vermutlich miteinander kämpfender Dinosaurier (*Velociraptor mongoliensis* gegen *Protoceratops andrewsi*) und Skelettreste des Sauriers Oviraptor, sehr wahrscheinlich ein Eierdieb, die über einem Eigelege ausgegraben wurden – legen ein gewaltsames, durch eine Katastrophe ausgelöstes Sterben dieser Tiere nahe. Nach Nordamerika gilt die Südgobi mit ihren zahlreichen Fundorten als das Saurierland schlechthin.

Als man 1924 das mongolische Nationalmuseum einrichtete, waren die Ergebnisse der Expedition des amerikanischen Museums für Naturgeschichte in die Südgobi, die 1922 unter der Leitung von Roy C. Andrew erbracht worden waren, weder im Land bekannt, noch ahnte man, welche Sensation der Paläontologie bevorstand. Eine der bedeutsamsten Fundstätten befindet sich im heutigen Bulgan-Sum des Südgobi-Aimaks in der Nähe des alten Saxaulwaldes Bajan Dsag. Dort stieß die Expedition auf versteinerte Saurierknochen, einzelne Eier von Riesenechsen, vollständige Eiernester und Sauriereierschalenreste aus der Kreidezeit: Fossilien, die 65 bis 100 Millionen Jahre in der Erde gelagert hatten. Von den bisher bekannten zwölf Dinosauriergattungen wurden allein acht in der Mongolei entdeckt – dies zeigt, welche Bedeutung den dortigen Funden zukommt.

Der gegenwärtige wissenschaftlich interessanteste Fundort Schawar Us, etwa 100 km von Dalandsadgad, dem Zentrum des Südgobi-Aimaks entfernt, weist bis zu 30 m lange und 60 t schwere Reptilienrelikte des Mesozoikums auf; aber noch liegen sie unter rotem Wüstensand begraben. Seit den 20er Jahren unternahmen sowjetisch-mongolische und polnisch-mongolische Expeditionen weitere Ausgrabungen.

Eine beachtliche Zahl von Saurierskeletten konnte aufgespürt und teilweise fast vollständig ausgegraben werden, hinzu kamen auch verkieselte Baumstämme im Nemeget-Becken. Schon unter Andrews hatte man den massigen vierbeinigen, bis zu 2 m langen Hornsaurier *Protoceratops* gefunden, der eine Art Papageienschnabel und im Nacken einen Knochenkragen hat, sowie den Straußsaurier *Saurornithoides*, der als ungemein schneller Läufer gilt. Später grub man unter anderem den elefantenbeinigen, vierfüßigen bis zu 23 m langen *Nemegtosaurus* im Nemeget-Becken aus, dann den entenschnabeligen, über 10 m langen Hadrosaurier *Sauolophus angustirostris* mit einem auf dem Schädel sitzenden nach hinten gerichteten Knochenkamm. Es lebten in der Mongolei auch Panzerdinosaurier mit bestachelten Schädeln und Schwänzen, wie *Saichania, Tarcia, Talrurus, Scolosaurus, Pinacosaurus*. Für alle diese Pflanzenfresser war der mongolische *Tyrannosaurus rex*, der *Tarbosaurus*, ein Feind, denn er war Fleischfresser, obwohl er aufgrund seiner winzigen Vorderextremitäten wohl kaum gejagt, sondern eher von alten oder gestorbenen Tieren gelebt hat. Die in jüngster Zeit ausgegrabenen mongolischen *Tarbosaurier*, die an Größe die amerikanischen und ägyptischen Karnosaurier übertreffen, machen diesen Fleischfresser zum bislang größten bekannten Landraubtier. Einige der außergewöhnlichen Funde kann man in den Sauriersälen des heutigen Naturkundemuseums in Ulaanbaatar bewundern.

Frühe Reiternomaden

Die große Chinesische Mauer sollte das zivilisierte Land gegen die wilden Hunnen des Nordens abschirmen. Aber die Mauer erfüllte nur unzureichend ihren Zweck. Das abschreckende Bollwerk, im 3. Jahrhundert v. Chr. unter Einbeziehung älterer Schutzwälle vollendet, erstreckte sich über eine Länge von etwa 2500 km vom Gelben Meer bis nach Gansu und erreichte eine Dicke von fünf bis acht Metern. Mongolen stürmten 1500 Jahre später die Mauer und drang bis Peking (Beijing) vor.

Chinesischen Quellen zufolge sollen drei große nomadisierende

Völker im letzten Jahrtausend v. Chr im angrenzenden Norden dominiert haben: die asiatischen Hunnen (auch Xiongnu genannt), Vorläufer der jetzigen Turkvölker Zentralasiens und Sibiriens; die Tung-hu, Vorväter der Mongolen, die erst gegen Ende des 1. Jahrtausend anfingen, Geschichte zu machen; und die Tung-i, Vorfahren der Tungusen, Mandschu und altasiatischen Stämme Nordchinas und Südsibiriens. Über die meisten Nomadenstämme auf dem Gebiet der heutigen Mongolei, über ihre unterschiedlichen Gesellschaftsstrukturen und Sprachen, ist nur schwer, und wenn, dann nur bruchstückhaft etwas in Erfahrung zu bringen, zumal Quellen die Stammesnamen nicht immer gleichlautend wiedergeben. Einige Stammesvereinigungen wurden unter dem Namen des stärksten, herrschenden Stammes bekannt, auch wenn sie aus einem Völkergemisch bestanden. Durch das politische Band und die kulturelle Berührung lassen sich auch die Gemeinsamkeiten türkischer und mongolischer Völker Zentralasiens erklären.

Seit dem 5. Jahrhundert v. Chr gerieten reiternomadische Gruppierungen in Zentralasien in Bewegung. Gut 200 Jahre später hatten die Hsiung-nu oder asiatischen Hunnen diese Region in ihrer Macht. Ihr Stammland war das der späteren Mongolen unter Dschingis Khan: die Ostmongolei zwischen den Flüssen Onon und Cherlen. Von dort aus gingen sie mit ihren Herden auf Wanderschaft und lebten ohne feste Siedlungen in Zelten. Später beherrschten sie weite Gebiete zwischen dem Baikalsee und dem nördlichen China und kontrollierten Teile der Seidenstraße.

Das Hunnenreich, das parallel zu dem Staat der Han auf chinesischem Gebiet entstand, war lange Zeit militärisch so stark, daß es den chinesischen Nachbarn tributpflichtig machte. Blieb der Tribut aus, holten sich bewaffnete Hunnentrupps schnell und entschlossen das, was sie brauchten, vor allem Getreide und Seide. Ihre Bewaffnung und Kriegsführung machte sie zu geachtet-gefürchteten Feinden. Beschrieben werden sie, ähnlich wie später die Mongolen, als gepanzerte Krieger in mobilen berittenen Einheiten, ausgerüstet mit Kurzschwertern, Speeren und Pfeil und Bogen. Regelmäßige Truppenübungen und eiserne Disziplin festigten ihre Kampfentschlossenheit. Ihre Spezialität war der gezielt schnelle Angriff, wenn sie sich im Vorteil sahen; in Bedrängnis geraten zogen sie sich fluchtartig zurück, bis sie eine günstige Stellung beziehen konnten.

Die Prinzipien, die zu diesem ersten Reiternomadenreich Zentralasiens führten, lassen sich auch beim späteren Zustandekommen von Stammesföderationen beobachten: militärisch erfolgreiches Vorgehen der Führer und politische Umsicht. Auf den ersten Anführer Tumen folgte Modun (209–174 v. Chr.). Er hatte in seinem Reich mehr als 25 unterschiedliche Völker mit verschiedenen Sprachen vereint. Ausschlaggebend für den Rang des Volkes innerhalb des Verbundes waren die erworbenen Verdienste und die Loyalität gegenüber ihrem Anführer. Moduns Herrschaftsbereich umfaßte auch Hunderttausende seßhafter Bauern der eroberten nordchinesischen Landstriche. Durch das Nebeneinander mit diesen Kulturen chinesischen Ursprungs drang auch chinesisches Gedankengut in den Norden vor. Überhaupt übten die städtischen Kulturen mit ihrem Waren- und Lebensmittelangebot auf die Nomaden einen gewissen Reiz aus. Es wird berichtet, daß man schließlich von den Chinesen alljährlich 10 000 Maß Wein, 50 000 Scheffel Hirse und 10 000 Ballen Seide verlangt habe. Die Han-Chinesen weigerten sich auf Dauer, Tribut zu leisten. Doch erst durch eine dem Nomadenvolk angemessene Kriegsführung mit mobilen Truppen zu Pferd, die mit ähnlicher Kampftechnik vorgingen wie die kampferprobten Hunnen, gelang es den Han nach mehreren Feldzügen, die nördlichen Nachbarn zu unterwerfen (58 v. Chr).

Die folgenden Jahrhunderte waren sehr wechselhaft. Auf die asiatischen Hunnen folgte wohl eine mongolisch sprechende Gruppe, Xianbi genannt. Ihnen machten die Ruanruan die Macht streitig und im 5. Jahrhundert die Toba, die sich selbst Tabgatsch nannten. Ein Jahrhundert später entstand ein erstes zentralasiatisches türkisches Khanat, das sich 100 Jahre hielt. Abgelöst wurde es von einem zweiten Türk-Khanat und später von anderen Turkvölkern wie 745 von den Uiguren mit ihrem Orchonreich und 840 von den Kirgisen. Einige ihrer Gesellschaftsformen und kulturellen Eigenarten ging auf die anderen Völker, auch die späteren Mongolen über, so beispielsweise die Truppeneinteilung im Dezimalsystem, bestimmte Kampftechniken, das Postwesen und die Titel und Rangordnung ihrer Anführer. Elemente des Buddhismus, des christlich orientierten Manichäismus und Nestorianismus gelangten damals in diesen Lebensraum und beeinflußten die Steppennomadenkulturen, so wie diese umgekehrt auch bei den angrenzenden Hochkulturen Spuren hinterließen.

Bis zum 10. Jahrhundert war die türkische Herrschaft gebrochen, und es hatten mongolisch sprechende Völkerschaften aus dem mandschurischen Norden zur Macht gefunden. Die wichtigsten waren die Kidan. Von ihnen leitet sich die zentralasiatisch türkische und persische Bezeichnung Kitai für China ab. Trotz Viehhaltung bebauten sie den Boden, lebten in Häusern und nicht in Zelten, gewannen Salz, bearbeiteten Eisen, webten und töpferten. Die Kidan besaßen eine hervorragende Armee. Ihr Führer Ambagjan eroberte ein Reich, das 937 den chinesischen Namen Liao annahm und einen Großteil Chinas und das gesamte Gebiet der Mongolei umfaßte. Garnisonsstädte wurden errichtet, z. B. die große Festung Cherlen Bars bei Öndörchaan. Mit ihrem Feldbewässerungssystem kultivierten sie das Land bis hoch an den Baikalsee und in den Altai hinein. 1125 wurden die Kidan von den tungusischen Dschurdschen, die Verbündete der südchinesischen Song-Dynastie waren, geschlagen. Gleichzeitig hatten sich mongolische Stämme, von den Chinesen Schiwei und von den Türken – so wie übrigens auch von uns – Tataren genannt, behaupten können. Anfang des 13. Jahrhunderts einigte sie Dschingis Khan zu einem Staatenbund, und damit begann die Geschichte des Reiches der Mongolen.

Dschingis Khan und seine «Geheime Geschichte»

Wer sonst wenig über die Mongolei weiß, kennt mit Sicherheit den Namen Dschingis Khan, des berühmt-berüchtigten Weltherrschers. Er, der mongolische und türkische Stämme im ausgehenden 12. Jahrhundert einte und das Volk und den Staat der Mongolen schuf und der die Grundlagen für das größte, vom Pazifik bis ans Schwarze Meer reichende Weltreich legte, galt dafür jahrzehntelang in der Mongolischen Volksrepublik als Relikt der Feudalzeit, die im Sozialismus gerade überwunden werden sollte. Es war mit den Zielen der Partei zum Wohle der Menschen nicht vereinbar, einen Menschenschänder zu feiern, der Millionen von Menschen zu Tode gebracht, Kulturstätten systematisch vernichtet und darüber hinaus sein eigenes Heimatland der Produktivkräfte beraubt hatte. Jetzt ist Dschingis Khan rehabilitiert. Er wird wieder gefeiert. Er steht für das neu erwachende Nationalgefühl und Identitätsbewußtsein der Mongolen. Und so trabte Dschingis Khan, personifiziert durch einen Schauspieler, am Nationalfeiertag des 11. Juli 1992 während der Eröffnungsfeierlichkeiten des Naadam-Festes auf einem Schimmel in das Stadion von Ulaanbaatar. Man feierte seinen 830. Geburtstag. Mit sich führte er die alten Reichsinsignien, jene neun Standarten aus weißem Roßhaar, die, neu gefertigt, zum Wahrzeichen der sich seit Anfang 1992 laut Verfassung demokratisch nennenden Mongolei wurden.

Zehn Jahre später feierte man erneut, allerdings neuzeitlich: Die Feierei riß nicht ab, ein Jahr lang verdienten Halter von Rennpferden und Ringer ein Vermögen, auf unzähligen Festen amüsierte sich das Volk zu Gunsten weniger. Die Kommission zur Vorbereitung des 840. Geburtstages von Dschingis-Khan ließ die Feierlichkeiten am 3. Mai 2002 beginnen, dem neu berechneten Geburtsdatum nach Astrologieprofessor Terbisch. Nach chinesischen Kalendern hatte man bislang den 31. Mai 1162 als Dschingis Khans Geburtstag angenommen.

Lange mußte der Name Dschingis Khan geleugnet werden. Die «Geheime Geschichte», die einzige erhaltene Chronik aus der Zeit der Reichsgründung der Mongolei, galt als reaktionär.

Die «Geheime Geschichte» umfaßt 282 Abschnitte, in denen über die Zeit Dschingis Khans, sein Leben und Wirken berichtet wird. Ein Teil der Passagen stammt aus zeitgenössischen Hochzeits-, Lob- und Klageliedern, die sich harmonisch in den Gesamttext einfügen, ebenso die Zitate aus offiziellen Dokumenten. Anschaulich werden das entbehrungsreiche Nomadenleben, der Kampf gegen die Naturgewalten, die Jagd, der Handel, Hochzeiten, Stammesfehden, Brautraub, Kriegshandwerk und Kriege geschildert. Verfaßt von einem anonymen Autor (oder mehreren), entstand sie vermutlich vor über 750 Jahren, etwa 10 Jahre nach Dschingis Khans Tod. Seine Nachfahren hatten die Absicht, Herkunft, geistiges Gut und ruhmreiche Taten ihres großen Führers für die kommenden Herrscher festzuhalten. Deshalb auch «Geheime Geschichte», denn nur Mitgliedern der Herrscherfamilien war das Lesen dieser Aufzeichnungen vorbehalten. Sie erfuhren von der göttlichen Abstammung Temüdschins, des späteren Dschingis Khan, und langanhaltenden Kämpfen benachbarter Nomadenstämme untereinander, von ihrer Vereinigung unter Temüdschin

Geschichte und Politik 39

und den kriegerischen Auseinandersetzungen der vereinten Nomadenstämme gegen die großen Kulturnationen jener Zeit.

Der historische Dschingis Khan ist nur mühsam aus dem überhöhten Bild, das die «Geheime Geschichte» und andere Chroniken und Geschichtsschreiber zeichnen, herauszuschälen, zuviel Legendäres umrankt seine Person und Lebensgeschichte. Persische Geschichtsschreiber sahen ihn nicht gerade wohlwollend. «Herr über Throne und Kronen» oder «mächtiger Schlächter» nannten sie ihn, «furchteinflößend, blutrünstig und grausam», auch sei er ein Anhänger der Zauberkünste gewesen, was seinen Nimbus noch begünstigte. Die gleichen Quellen würdigen ihn auch als klugen und energievollen, robusten Menschen. Einerseits spricht man von dem unsagbaren Elend und dem Schrecken, die er durch unnachgiebige Eroberungskriege gebracht hat, und von der Unterjochung vieler Völker; andererseits wird er – modern gesprochen – als Multitalent mit ausgezeichneten Führungsqualitäten, als genialer Stratege und strenger, aber gerechter Herrscher gelobt, der weitsichtig und weise, überaus tapfer und tatkräftig, dennoch nie hochmütig, immer menschlich im Umgang gewesen sei.

Wer aber war dieser Dschingis Khan wirklich? Seine Herkunft wird mythisiert. Die Urahnen seien ein vom hohen Himmel er-

---

Die Geschichte der «Geheimen Geschichte»

Lange ruhte die «Geheime Geschichte» in den Geheimarchiven der Herrscher, noch bis Mitte des 13. Jahrhunderts in Karakorum, dann in Kublai Khans Hauptstadt Beijing. Dort ließ Anfang des 15. Jahrhunderts der Ming-Kaiser Yongle (1403–1424) einen Thesaurus mit den wichtigsten Werken der Wissenschaften, Geschichte und Literatur zusammenstellen, darunter auch die «Geheime Geschichte», welche die Chinesen übernahmen, obwohl ihnen der Text vermutlich unverständlich war. Yongle verdanken wir damit die Erhaltung eines Werkes, von dem bisher noch kein mongolisches Original aufgefunden wurde. Fast 600 Jahre blieb dieses Werk verborgen. Wäre der französische Sinologe Paul Pelliot (1878–1945) nicht zufällig darauf gestoßen, wüßten wir heute in Europa wohl sehr wenig von der «Geheimen Geschichte». 1935–1937 gelang dem deutschen Mongolisten Erich Haenisch als erstem eine vollständige Rekonstruktion des Textes und 1941 eine Übersetzung ins Deutsche. Seit 1990 liegt eine Neuübersetzung von Manfred Taube vor.

zeugter, schicksalserkorener grauer Wolf und eine falbe Hirschkuh gewesen, heißt es zu Beginn der «Geheimen Geschichte». Natürlich – nur wer von der Kraft des Himmels begünstigt ist, hat die Macht, Kriege zu führen, Völker zu einen und sie zu beherrschen. Die Erlasse des Mongolengroßkhans sollen immer begonnen haben mit «Kraft des Himmels ...».

Zwischen 1155 und 1167 geboren wuchs Temüdschin, (‹derjenige, der mit Eisen zu tun hat› oder einfach ‹Schmied›) hinein in die Zeit der Auflösung des ersten Mongolenreiches unter der Führung des väterlichen Bordschigid-Stammes, der im Nordosten der heutigen Mongolei zwischen den Flüssen Onon und Cherlen nomadisierte. Den vier Bordschigid-Fürsten war der Zusammenschluß mehrerer Verwandtschaftsgruppen gelungen, und im Bund mit dem Waldvolk der Taitschut hatte sich ihr Einflußbereich ausgedehnt, begünstigt auch durch das Wohlwollen des neuen Nachbarstaats der Jin in Nordchina und der Mandschurei. Allein die Herkunft bestimmte die Hierarchie innerhalb der Gesellschaft, doch die nun einsetzenden Rivalitäten zwischen den Verbündeten und das zahlenmäßige Übergewicht der Taitschut, aber auch die Waffenbrüderschaft zwischen den südöstlichen Chin und den Erbfeinden der Mongolen, den östlichen Tataren, führten zum Umbruch der Gesellschaftsordnung.

Das Schicksal des jungen Temüdschin, eines zum Herrscher aufsteigenden Halbwaisen, ist ein wiederkehrendes Motiv zentralasiatischer Heldenepen. Nach der Ermordung seines Vaters Jesüchee 1175 durch die Tataren wurde er gefangengesetzt, konnte sich aber befreien und auf abenteuerliche Weise fliehen. Seine Familie verlor ihre Führungsrolle und verarmte, alle Gefolgsleute verließen sie. Seine tapfere Mutter Öölön hatte fünf Kinder durchzubringen. Vielleicht gab ihr unkonventioneller Erziehungsstil Temüdschin Kraft und Mut sich durchzusetzen. Nach kleineren kriegerischen Erfolgen, die ihm Bewunderung und treue Gefolgsleute einbrachten, gewann er den Schwurbruder seines verstorbenen Vaters, den Khan der Kereyid, zum ersten Verbündeten, der wiederum den einflußreichen Fürsten Dschamucha, einen entfernten Verwandten, auf seine Seite ziehen konnte. Gemeinsam zogen sie gegen die Merkid ins Feld, die seine Frau Börte entführt hatten. Temüdschin gewann die Schlacht und bekam seine Frau zurück. Das muß 1197 gewesen sein, da zeichnete sich bereits sein Aufstieg ab. Einfache

Geschichte und Politik 41

> **Vom legendären Berg Burchan Chaldun**
>
> (Der junge Temüdschin und späterere Dschingis Khan flieht vor seinen Verfolgern und findet Zuflucht auf dem heiligen Berg, der ihm das Leben rettet.)
>
> Vom Burchan Chaldun
> Wurde mein Leben,
> Wie das einer Laus, bewahrt.
> Einzig mein Leben zu schonen, auf
> Einem einzigen Pferd
> Elchspuren folgend, mir
> Eine Weidenrutenhütte bauend,
> Erstieg ich den Chaldun.
> Vom Burchan Chaldun
> Wurde mein Leben, nur
> Wert einen Dreck, beschützt!
> Große Angst habe ich ausgestanden.
> Burchan Chaldun will ich
> Jeden Morgen durch Opfer ehren,
> Jeden Tag will ich ihn anbeten!
> Meiner Kinder Kinder seien dessen eingedenk!
>
> Mit diesen Worten wand er, zur Sonne gerichtet, seinen Gürtel um seinen Hals, und seine Mütze hängte er über seine Hand. Und er schlug mit seiner Hand an seine Brust und mit neunmaligem Kniefall bot er der Sonne Streuopfer und Anbetung.
>
> Aus: Die Geheime Geschichte der Mongolen

Gefolgsleute waren seine Freunde. Für ihn zählten nicht Rang und Herkunft, sondern die persönliche Einstellung; Leistung und Verdienst sollten in Zukunft über Ansehen und Stellung entscheiden. Trotz einer schweren Niederlage von 1186/87, die ihm die einstigen Verbündeten, also Taitschut-Krieger, Stammesfürsten der Bordschigid und Fürst Dschamucha, sein alter Schwurbruder, beibrachten, und obwohl Temüdschin vermutlich ein Jahrzehnt außer Landes verbringen mußte, war sein Wille zu herrschen nicht zu brechen. Ab 1196 sammelte er wiederum Gefolgsleute um sich, kämpfte gegen benachbarte Stammesgruppen und schaltete so nach und nach alle Rivalen aus, auch den sich gegen ihn erhebenden Dschamucha.

Ehe er 1202 gegen die Tataren ins Feld zog, stellte er neue Richt-

Vorderseite: Dschingis Khan; Rückseite: Palastjurte auf Umzug zu Zeiten der größten Machtentfaltung des Mongolenreiches.

linien für den Kampf und das Beutemachen auf. Der Feind sollte vollkommen besiegt werden. Alle, die nach Rückschlägen nicht bereit waren, erneut zu kämpfen, sollten ihr Leben lassen. Die Beute fiel nicht mehr den Anführern zu, sondern allein Temüdschin, der sie nach Leistung unter seinen Leuten verteilte. Damit war ein Anreiz für den einzelnen Krieger gegeben sich hervorzutun, das weckte die Bereitschaft zum Kampf. Temüdschin zeichnete die siegreichen, tüchtigen Krieger aus; mit Fürsorge würdigte er die Loyalität seiner Gefolgsleute.

Neben dem Mut, den jeder einzelne Krieger unter Beweis zu stellen hatte, sollte auch eine eigens entwickelte Form der Kriegsführung ausschlaggebend für Temüdschins Erfolge werden. Da war einmal der große Vorteil der leichten, mit Pfeil und Bogen be-

Geschichte und Politik

waffneten Reiterei. Und dann besondere, teilweise unkonventionelle Kampftechniken wie das Schleudern von brennendem Öl, Manöver, die den Feind täuschen sollten, wie eine vorgebliche Flucht, die aber nur zu einem Hinterhalt führte, dazu Kriegslisten wie das Vorausschicken eines Trupps Gefangener in mongolischer Kleidung, allein um eine größere Truppenstärke vorzutäuschen, oder das Umleiten eines Flusses wie des Amu-Darja, der eine Stadt von der Wasserversorgung abschnitt. Beim Zug gegen die zahlenmäßig überlegenen Naiman ließ Temüdschin ausgemergelte Krieger auf klapperigen Pferden vorausreiten, die beim ersten Widerstand den Rückzug antreten sollten, um den Eindruck der Kampfuntüchtigkeit zu erwecken. Einmal griff er zu folgender Kriegslist: In Bedrängnis geraten, sandte er seinem Gegner, dem Ongkhan der Kereyid, ein Unterwerfungsangebot, das freudig aufgenommen wurde. Siegesgewiß fanden sich die Kereyid zum Freudenfest zusammen, Dschingis Khan rückte heran und überfiel ihr Lager.

Den Platz der Tataren, die seit dem 9. Jahrhundert eine herausragende Stellung in Zentral- und Ostasien innehatten, nahm nach dem Sieg Temüdschin mit seinem Clan und seinen Gefolgsleuten ein. In der Folge restrukturierte er seine Kampfverbände in Tausend-, Hundert- und Zehnerschaften, ernannte eine 80köpfige Nacht- und eine 70köpfige Tagwache zu seiner Leibgarde und gleichzeitig einen Trupp von 1000 Mann, die in Kriegszeiten vor ihm kämpften und ansonsten zur Wache am Tag einzusetzen waren. So zog er 1204 gegen das Volk der Naiman ins Feld, einen ernstzunehmenden Gegner, der Dschingis Khan die Führungsrolle hätte streitig machen können. Die Naiman, ein kultiviertes Volk mit einem von Türken eingeführten Verwaltungswesen, benutzten die uigurische Schrift. Die Verwaltungsbeamten wurden nach der Eroberung gefangengesetzt und für Temüdschins Reichsverwaltung nutzbringend eingesetzt. So soll es auch zur Übernahme des uigurischen Alphabets durch die Mongolen gekommen sein. 1205 hatte Temüdschin alle Stämme des weiteren Umlandes bezwungen; und als man sich 1206 an der Quelle des Onon-Flusses traf und die neunteilige weiße Standarte aufgerichtet war, wurde Temüdschin, fast 50 Jahre alt, zum Großkhan Dschingis Khan ernannt.

Unter seiner Ägide setzten sich allmählich neue soziale Strukturen durch: Dschingis Khan ließ ein Strafrecht ausarbeiten, das in einem Buch mit blauer Schrift auf weißem Papier niedergelegt war, das uns leider nicht erhalten geblieben ist. In die erwähnte Dezimalordnung als Grundeinheit der neuen Militärordnung wurde noch die Zehntausendschaft eingeführt. Zu Anführern wurden nicht die Ältesten, sondern loyale, verdiente Krieger, ungeachtet ihrer Herkunft. Die «Geheime Geschichte» führt namentlich 95 Männer auf. Durch eigene Leistung konnte man aufsteigen bis zum Clan Dschingis Khans, dessen Herrschaftsanspruch allein erblich war. Die sich damals festigende Form der Steppenaristokratie hielt sich bis Anfang des 20. Jahrhunderts. Familien und Clans, die sich widerstandslos seiner Herrschaft ergeben hatten, konnten sich ohne Einbußen oder Veränderungen in die neugeschaffene Gesellschaft einfügen. Doch war ein Stamm niemals allein in einer größeren militärischen Einheit vertreten – Mischung war das Prinzip.

Von nun an nannten sich alle Mitglieder dieser Gesellschaft *Mongol* (Mongolen). Allerdings war diese neue politisch-soziale Gemeinschaft verschiedenster Stämme und Sprachgruppen, wie schon andere zentralasiatische Stammeskonföderationen zuvor, anfällig für die Herausbildung gegensätzlicher Interessenbereiche unter neuen Anführern und für den Aufstieg möglicher Rivalen. Einige Traditionalisten unter Führung des Hofschamanen versuchten auch die Neuerungen zu unterwandern, dennoch setzte sich die neue Sozial- und Gesellschaftsordnung durch.

Bald kam es zum Beitritt weiterer Völker, so der Kirgisen vom oberen Jenissei und der Oiraten, die westlich des Baikalsees lebten. Der auf Leistung und Verdienst basierende Militärapparat bewährte sich in den nun verstärkt einsetzenden Eroberungsfeldzügen. 1211 begann der Krieg gegen den mächtigen Chin-Staat, der sich als Souverän der nördlichen Barbaren verstand und dem die Mongolen bis 1209 Tribut leisteten. Die endgültige Eroberung des Jin-Reiches erlebte Dschingis Khan nicht mehr, auf seinem Totenbett soll er aber seinen Söhnen nahegelegt haben, diesen Feldzug bis zum Sieg weiterzuführen.

Der 1218 begonnene Krieg gegen das islamische Reich des Choresm-Schah, im heutigen Turkestan, war ein zähes Unternehmen und führte die Streitkräfte durch Sandwüsten und über vereiste Hochgebirge. Ganze Stämme wurden aufgerieben. Buchara und Samarkand fielen. Später – der Schah war geflohen – ging der

Krieg gegen seinen Sohn Dschalal ed-din unter verschärften Bedingungen weiter. Städte wie Balch, Talekan, Kerduan, Bamiyan wurden vernichtet, Städte mit bis zu 100 000 Einwohnern geplündert, niedergebrannt. Die meisten Männer wurden geköpft, Frauen, Handwerker und Künstler dagegen gefangengesetzt. Die Chronisten berichten, mancherorts sei keine Katze, kein Hund mehr am Leben gewesen. Das ganze ehemals blühende Reich, fruchtbare Erde war wüst und leer geworden. Einige sollen sich nicht einmal gewehrt haben, der Ruf, den Mongolen sei nicht zu entrinnen, war den Truppen vorausgeeilt. Andere leisteten keinen Widerstand, da sie unter Fremdherrschaft standen und auf einen besseren Herrn hofften, dem sie dienen konnten. Nicht zu unterschätzen bei dem günstigen Verlauf für die mongolische Seite war sicher auch die Tatsache, daß die Aussicht auf Aufnahme ins mongolische Söldnerheer mit reellen Aufstiegschancen verbunden war. Warum sich also nicht in den Dienst eines anderen, besseren Herrschers stellen?

1227 brach Dschingis Khan zu seinem letzten Feldzug gegen die Tanguten auf, deren Stadtsiedlungen schon 1205 und 1207 Ziel von Angriffen gewesen waren, die jetzt aber ihren Beistand gegen den Choresm-Schah verweigert hatten. Noch währenddessen zog er sich auf einem Jagdausflug eine Verletzung zu, an der er kurze Zeit später starb. Er soll in seiner Heimat beigesetzt worden sein. Sein Grab wurde bis heute nicht gefunden.

Dschingis Khan hatte die Grundlagen für das bislang größte Weltreich der Menschheitsgeschichte geschaffen, dazu eine neue Gesellschaftsordnung mit erstaunlich modernen Zügen. Vor allem seine ungewöhnliche Gabe zu führen, gerühmt von Feinden wie Freunden, ließ ihn zum großen Vorbild werden. Oder war seine Demutshaltung «Handle getreu der Devise: wenn der Himmel mir gnädig ist, dann soll es gelingen» schließlich seine größte Errungenschaft?

Sein dritter Sohn Ögödei, den Dschingis Khan selbst zum Nachfolger bestimmt hatte, leitete dann die Geschicke des riesigen, noch immer expandierenden Reiches mit der Hauptstadt Karakorum. Er setzte die Eroberungsfeldzüge seines Vaters fort und zog 1232 in Georgien und Armenien ein. Zwei Jahre später brachte er das gesamte nordchinesische Jin-Reich unter mongolische Herrschaft. 1241 besiegten seine Verbände das vereinte deutschböhmische Ritterheer bei Liegnitz, und die Pläne zur Eroberung Westeuropas, die bereits 1236 beschlossen waren, nahmen immer mehr Gestalt an. Doch im gleichen Jahr starb der trunksüchtige Ögödei im besten Mannesalter. Sein Tod unterbrach den Westfeldzug.

Die Wiederentdeckung von Karakorum

Die alte Residenz der Mongolenherrscher, deren Grundsteinlegung auf einen Befehl Dschingis Khans auf das Jahr 1220 zurückgeht, wurde von der UNESCO zum Weltkulturerbe erklärt. Seit Sommer 2000 laufen in Karakorum, heute Charchorin, archäologische Grabungen von zwei mongolisch-deutschen Projektgruppen. Die Akademie der Wissenschaften der Mongolei und die Universität Bonn im Verbund mit dem Deutschen Archäologischen Institut beschlossen in einem Abkommen, die Mongolisch-Deutsche Karakorum-Expedition durchzuführen. An zwei ausgewählten Stellen wird gegraben: im Palastbezirk und in der Stadtmitte.

Entdeckt wurden Überreste der ehemaligen Hauptstadt schon im Jahre 1889. Doch erst 1848/49 gruben Mitglieder einer mongolisch-russischen Expedition im Handwerkerbezirk und nördlich der Stadtmauer. In den 70er Jahren des 20. Jahrhunderts wurde grundlegend archäologisch in der Mongolei geforscht, auch in Karakorum. Viele Funde aus Gräbern inner- und außerhalb der Stadtmauern wurden zusammengetragen. Leider wurde aber durch Nachlässigkeit – Ackerbau, Hochspannungsleitungen, Pisten – in der Folgezeit viel geschichtsträchtiges Land zerstört. Heute schützt ein Zaun das Gelände.

Mit den jüngsten Ausgrabungen scheint es nun bewiesen, daß die mobile Nomadenkultur mit ihren Herden und Filzzelten auch Paläste und Städte hervorgebracht hat, und zwar in Fortsetzung der Tradition der früheren Stadtanlagen der Hunnen, Uiguren und Türken im Orchon-Tal. Am Fuße des bewaldeten Changaj, mit reichen Weide- und Jagdgründen und Wasserläufen ausgestattet, entstand binnen relativ kurzer Zeit ein kosmopolitisches Zentrum mit Werkstätten, Handelsplätzen und Tempeln.

Die bisherigen Funde lassen Folgendes vermuten: Der Palast mit seiner nahezu quadratischen Haupthalle (fast 45 auf 40 m) war mit etwa 8 m hohen 64 verputzten Holzsäulen in sieben Schiffe unterteilt und eine eigene Entwicklung in Anlehnung an chinesi-

Der Silberbaum im Palast von Karakorum

Weil es am Eingang des Palastes keinen guten Eindruck macht, wenn man da die Schläuche mit Milch und anderen Getränken hereinträgt, errichtete Meister Wilhelm aus Paris einen großen Baum aus Silber, zu dessen Wurzel vier Löwen aus Silber liegen. In ihrem Inneren befindet sich eine Röhre, durch die weiße Stutenmilch geleitet wird. Im Baum selbst sind vier Röhren nach oben geführt. Ihre äußersten Enden sind von oben wieder nach unten gebogen. Um jedes Ende dieser Röhren windet sich in gleicher Weise eine goldene Schlange, deren Schwanz um den Stamm des Baumes geschlungen ist. Aus einer dieser Röhren fließt Wein, aus der anderen vergorene Stutenmilch ohne Hefe, aus der dritten Bal, jenes Honiggetränk, und aus der vierten ein aus Reis gewonnener Wein. Für jedes Getränk steht am Fuß des Baumes ein silbernes Gerät zur Aufnahme bereit. Oben in der Spitze des Baumes hat der Künstler eine Engelstatue angebracht, die eine Trompete hält. Unter dem Baum machte er eine Höhlung, in der sich ein Mann aufhalten kann und von wo aus eine Röhre bis oben zu dem Engel führt. Zunächst hatte der Meister Blasebälge verwendet, doch erzeugten sie nicht genug Wind. Außerhalb des Palastes befindet sich ein Vorratsraum, wo die Getränke aufbewahrt werden. Dort stehen Diener bereit, um die Getränke einzugießen, sobald sie den Engel blasen hören. Zweige, Blätter und Früchte des Baumes bestehen aus Silber ...

Der Palast ist wie eine Kirche gebaut. Er besitzt ein Mittelschiff und hinter zwei Säulenreihen zwei Seitenschiffe, ferner an der Südseite drei Türme. Vor dem mittleren Eingang steht dieser Baum. Am Nordende sitzt auf einem erhöhten Platz der Khan, so daß er von allen gesehen werden kann. Zu ihm führen zwei Treppen herauf. Über die eine steigt der Becherträger empor, während er über die andere wieder heruntergeht. Der Raum in der Mitte zwischen dem Baum und den Treppenstufen ist leer. Denn dort stehen der Mundschenk und auch Gesandte, die Geschenke überreichen. Der Khan sitzt oben gleich einem Gott. Zu seiner Rechten, also nach Westen hin, sitzen die Männer, zu seiner Linken die Frauen. Denn der Palast ist von Norden nach Süden gerichtet. Längs der Säulenreihe auf der rechten Seite sind nach Art einer Terrasse erhöhte Plätze, die von seinen Söhnen und Brüdern eingenommen werden. Gleichermaßen ist es auf der linken Seite, wo sich seine Frauen und Töchter aufhalten. Nur eine Frau sitzt oben bei ihm selbst, jedoch nicht so hoch wie er.

Aus dem Bericht des Franziskanermönches Wilhelm von Rubruk:
Reisen zum Großkhan der Mongolen, 1253–1255

sche Architektur, die dann vermutlich zum Vorbild ähnlicher Prachtbauten unter Mongolen wurde. Große Granitplatten, die man freigelegt hat, waren die Fundamente, auf denen einst die Säulen gestanden haben.

Die vier freigelegten Brennöfen in den Werkstätten des Handwerkerviertels weiter unterhalb sind von großer Bedeutung für die Siedlungsforschung in Zentralasien. Daneben fand man gebrannten Dachschmuck, Mauerziegel und Überreste einer grün glasierten Terrakottafigur. Ofenbänke neben Gebäudefundamenten zeugen zweifellos davon, daß die Stadt damals ganzjährig bewohnt war. Sauber gefaßte Granitplatten waren hier wahrscheinlich das Straßenpflaster. Geschätzt werden 30 000 Einwohner, von denen der Großteil vermutlich in Jurten lebte.

Manche buddhistische Zeugnisse vor Ort unterscheiden sich in Stil und Bildersprache von der späteren buddhistischen Kunst in der Mongolei und weisen eher Gemeinsamkeiten mit den Kunstwerken der Seidenstraße auf. Sie lassen also darauf schließen, daß der Buddhismus viel früher, als bisher angenommen, dort anzutreffen war; also nicht erst im 17. Jahrhundert, sondern schon vor 1380, dem Zerstörungsjahr der Stadt.

Als Sensation wird der Fund eines bronzenen Siegels mit Quadratschrift aus der Kaiserzeit gewertet, der dem Finanzminister des mongolischen Großkhans Ajuschiridara gehörte und aus dem Jahre 1271 stammte.

Es hat allen Anschein, als ob der Palast Tumen Amgalant, Palast des Zehntausendfachen Friedens, wie ihn chinesische Quellen nennen, mit seinen Nebengebäuden und dem Umfeld Ausdruck der nomadisch-schamanischen Philosophie war und den Gestaltungswillens des Herrschers über Mensch und Natur zum Ausdruck brachte, denn die Gesamtanlage ergab das stilisierte Bild einer Schildkröte, Sinnbild für Ausdauer, Langlebigkeit und Weisheit.

Doch Brandspuren allenthalben, Reste von verkohlten Holzbalken und andere, noch rätselhafte Fundstücke lassen auf ein gewaltsames Ende der Stadt schließen. 1368 wurden die Mongolen aus China vertrieben, zogen sich nach Karakorum zurück, ihren Herrschaftsanspruch gaben sie jedoch nicht auf. So kam es zur chinesischen Strafexpedition und 1380 zum Fall Karakorums durch die chinesische Ming-Armee.

Blüte und Niedergang des Weltreiches

Der Westfeldzug der Mongolen von 1237 bis 1242 hatte das Abendland an seinen Grenzen berührt und aufgeschreckt, aber die neue Weltmacht, die dahinter stand, blieb eine unbekannte. Vielleicht gerade deshalb entsandte Papst Innozenz IV. den Franziskaner Giovanni del Piano del Carpine (auch Johann Plano Carpini) an den Hof des Großkhans mit dem Auftrag, diesen zu befrieden und zum Christentum zu bekehren. Der Geistliche kehrte 1247 mit der Antwort zurück, der Großkhan sei der Herrscher der mächtigen Mongolennation, ja der gesamten Welt, und wenn er, der Papst sich ihm nicht unterordne, werde er ihn zum Feind erklären.

1260, das Jahr der höchsten Machtentfaltung und seitens der Mongolen als Wendepunkt in der Geschichtsschreibung gewertet, rückte näher. Dschingis Khan hatte die Herrschaft über China gewollt und war davon überzeugt gewesen, dies nur erreichen zu können, indem er den Norden nach der Eroberung in Weideland umwandelte. Dazu war es nicht gekommen, nach seinem Tod 1227 kamen seine Nachfolger zu keiner Einigung, ihre Streitereien mündeten immer wieder in kriegerische Auseinandersetzungen um die Nachfolge. Eine verbindliche Regelung fehlte. Obwohl traditionellerweise immer dem Jüngsten das Erbrecht zufiel, ernannten die Steppenherrscher zu Lebzeiten nie einen Thronfolger. Und die Tatsache, daß die Herrschaft auf umherziehende Volksgruppen und nicht auf Gebiete mit bestimmten Grenzlinien aufgeteilt wurde – ganz entsprechend den stammes- und sippenkulturellen Gepflogenheiten in der Steppe – barg bereits Konflikte im Keim.

So war der Zusammenhalt des Reiches immer wieder aufs Neue gefährdet. China war ein Zankapfel. Sollte man dieses Reich aus dem Sattel heraus regieren oder die vorhandene Beamtenschaft zur Verwaltung heranziehen? Dschingis Khans Enkel Möngke, 1251 auf den Thron erhoben, teilte seinem Bruder Kublai die Verwaltung der nordchinesischen Gebiete zu, überließ seinem anderen Bruder Hülegü die Feldzüge im Westen, die zur Eroberung des heutigen Iran, Irak, Afghanistans, der Türkei, Palästinas und Syriens führten, und im Osten gingen Feldzüge nach Korea und ins südchinesische Song-Reich. Dabei fand Möngke während einer Großoffensive bei einer Belagerung 1259 den Tod.

Kublai übernahm die Macht, ernannte sich selbst zum Großkhan und rief mit der Verlegung der mongolischen Hauptstadt 1271 nach China die Yuan-Dynastie (die vom «Uranfang») aus. Dieser Name war eine Neuerung, bislang hatten sich Dynastienamen von geographischen Bezeichnungen abgeleitet; von chinesischen Gelehrten auserwählt, sollte dieser nun die Eingliederung in die bisherige Abfolge der rechtmäßigen Herrscher Chinas und damit die Herrschaft über ganz China nach landeseigenem Verständnis rechtfertigen.

Die Machterweiterung des Reiches hielt an: 1281 erfolgte ein weiterer Versuch, in Japan zu landen, in den Jahren darauf drangen die Mongolen in Nord-Burma ein, 1288 in weiten Teilen Indiens, dann in Annam, dem heutigen Nordvietnam. Später kam noch das weit entfernte Java hinzu.

Die weltanschauliche Spaltung innerhalb der mongolischen Führungsschicht und das Auseinanderbrechen des Reiches hatten längst begonnen, nahmen aber nach Kublai Khans Tod 1294 mit dem Übertritt des Il-Khans Gasan zum Islam in Täbris konkrete Formen an (1295). Kublai Khan und seine Nachfahren, angefangen bei Öldsijt (1265–1307) bis hin zum letzten Yuan-Kaiser Togoontömör (1320–1379) hielten zwar an traditionellen mongolischen Sitten und Bräuchen nach wie vor fest, waren aber der chinesischen Lebensart, Kunst und Wissenschaft mehr und mehr zugeneigt, allerdings ohne sich ihnen ganz zu verschreiben. Die Kinder wurden von chinesischen Lehrern unterwiesen, man heiratete chinesische Prinzessinnen, sprach Chinesisch und lebte fern der Steppenheimat, dennoch gab man die eigene Kultur nicht wirklich auf. Kennzeichen dafür ist auch, daß es nebeneinander beide Verwaltungssprachen gab, Chinesisch und Mongolisch.

Grundsätzlich zeichnete sich das Mongolenreich in China durch Freizügigkeit und Offenheit, modern gesprochen durch Pluralismus aus, was dem kulturell-gesellschaftlichen wie dem wirtschaftlichen Leben sehr zugute kam, gleichzeitig aber womöglich auch nicht unwesentlich zu Unbeständigkeit der Verhältnisse und zum Zerfall beigetragen hat. Das Post- und Kurierwesen entfaltete sich entlang den bestehenden chinesischen Mustern äußerst wirkungsvoll, hielt das Reich zusammen. Gleiches gilt für das Finanzwesen, in der Hand zentralasiatisch-türkischer Verwalter, und das Kanzlei- und Verwaltungswesen, das zwar nicht vereinheitlicht war,

Aus Anlaß der 750-Jahrfeier der «Geheimen Geschichte» der Mongolen wurde in der Heimat Dschingis Khans, im Chentij-Aimak, ein Denkmal für den legendären Reichsgründer errichtet. Es wird wie ein Heiligtum verehrt.

aber in seinen Anordnungen zumindest einheitlichen Grundsätzen folgte, was aus seinen in zahlreiche Sprachen übersetzten Urkunden hervorgeht. Das Rechtswesen, erstaunlich vielfältig, billigte jeder Nationalität und zahlreichen Gruppierungen das ihnen angestammte Recht zu: den Mongolen mongolisches und den Chinesen chinesisches Recht, auch einzelnen Bevölkerungsgruppen und sogar Berufsgruppen, bei den Ärzten z. B. war dem zuständigen Vertreter ihrer Gruppe ein Zivilmandarin zugeordnet. Die gemeinsame Willensbildung, vielleicht ein Nachhall der steppenmongolischen Stammesverfassung, war ein vorherrschendes Merkmal in Politik und Verwaltung. Dazu kommt eine religiöse Toleranz, die sich auch als Gleichgültigkeit in Glaubensfragen auslegen läßt: Da findet sich Buddhistisch-Tibetisches neben Nestorianisch-Christlichem, Katholischem und Islamischem. Und blieben Taoismus und chinesischer Buddhismus nicht den Einheimischen?

Unter Kublai Khan wirkte der einflußreiche tibetische Lama Phags-pa (1235–1280) am Hof. Er führte auf der Grundlage des tibetischen Alphabets ein weiteres für das Mongolische ein, neben dem bereits aus dem Uigurischen übernommenen und übrigens bis heute gültigen Schriftsystem (der altmongolischen Reiterschrift, vertikal von oben nach unten geschrieben): die sogenannte Quadratschrift. Sie wurde die Nationalschrift zur Zeit der Yuan.

Dennoch, im Laufe der Mongolenherrschaft in China waren aus den rauhen, genügsamen Kriegern zu Pferd, die heldengleich kämpften, seßhafte Herrscher in Überfluß und Reichtum geworden, die sich Müßiggang, Festen und Ausschweifungen hingaben. Von wildem Schamanentum und Naturverehrung waren sie zu chinesischen Geisteshaltungen, zu Taoismus und Konfuzianismus, schließlich zum sanft sich gebenden tibetischen Buddhismus gekommen.

Die Vertreibung des letzten Yuan-Mongolenherrschers Togoontömör 1368 besiegelte den Verfall des Reiches, das bereits von innen heraus zersetzt war. Die Regierungsgeschäfte waren vernachlässigt worden, die Chinesen hatten sich gegen die Mongolen erhoben. Togoontömör floh zurück in die einstige Residenz Karakorum, wo er zwei Jahre später starb. Sein Sohn Ajurschirdar, in den Annalen als Bilegt Khan geführt, regierte bis 1378 und verteidigte die Stadt im Orchon-Tal gegen die mehrmals einfallenden Truppen des ersten Ming-Kaisers, die 1380 die Stadt endgültig ver-

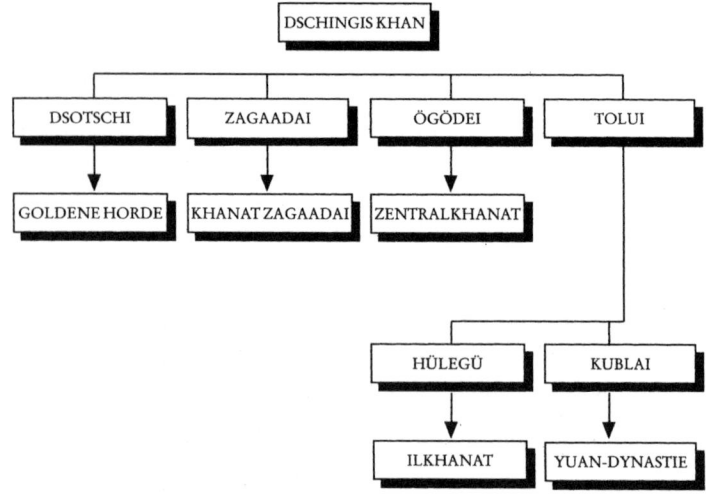

Stammtafel der Dschingisiden.
Dschingis Khan teilte sein Reich unter seine vier Söhne auf, von denen Ögödei sein Nachfolger im Kernland der Mongolei wurde, Ögödeis Sohn Güyük trat die Nachfolge seines Vaters an. Die Kinder der Söhne Dschingis Khans herrschten dann über die Goldene und Weiße Horde (an der unteren Wolga und im heutigen russischen Orient), das Khanat Zagaadai (Turkestan, Transoxanien), das Zentralkhanat (die Mongolei, Xinjiang, Tibet und ganz China), das Il-Khanat in Persien, Afghanistan). Die Herrschaft ging dann an Möngke über, den Enkel Dschingis Khans, von dessen erstem Sohn Tolui. Nach dessen Tod wurde Kublai Khan, der zweite Sohn Toluis, sein Nachfolger und begründete die Yuan-Dynastie Chinas, als er seinen Hof aus der Mongolei nach Beijing verlegte.

nichteten. Diese Niederlagen nahmen die Mongolen nicht so ohne weiteres hin, sie stießen mehrmals gen Süden vor, bis 1388 erneut ein 130 000 Mann starkes chinesisches Heer anrückte und siegte. 20 000 mongolische Krieger ergaben sich der Übermacht und erklärten sich bereit, die Grenzen des chinesischen Reiches zu bewachen. Damit festigte sich der Machtanspruch der Chinesen, und das Blatt sollte sich für die kommenden gut 500 Jahre zugunsten der Chinesen wenden.

In mongolisch regierten islamischen Ländern vollzog sich Vergleichbares. 1335 starb der letzte Il-Khan Sa'id, und die einheimische Oberschicht eroberte die Macht im persischen Mongolenreich zurück. Nach raschem Wechsel zahlreicher Throninhaber zersplitterte das Reich in viele kleinere Staaten.

Auch im Reich der Goldenen Horde, das Dschingis Khans Enkel Batu Khan erobert hatte und das vom Ob bis an die Donau reichte, zeichneten sich Ende des 14. Jahrhunderts Scharmützel und Unruhen ab, die der Thronfolge galten. Die Herrscher lösten einander schnell ab und mit ihnen wechselte die Gefolgschaft. 1380 besiegten russische Truppen bei Kulikow die Streitkräfte der Goldenen Horde.

In Persien standen sich 1395 Toktamysch und Timur Lenk, der spätere berühmt-berüchtigte Tamerlan, gegenüber. Toktamysch, einst Timur Lenks Günstling, war nun zu dessen erbittertem Gegner geworden und unterlag. Mit den Eroberungen in Indien kurz darauf begründete Tamerlan dort die sogenannte Yuan-schi-Dynastie. Mit seinem Tod im Jahre 1406 ging die Epoche des mongolischen Weltreiches endgültig zu Ende. Fortan bestimmten Stammesfehden und Sippenzwist die mongolischen Gebiete.

Die Ming-Kaiser nutzten die kriegerischen Zwistigkeiten für sich, schürten die Auseinandersetzungen zwischen Ost- und Westmongolen so geschickt, daß immer wieder Kleinkriege aufflammten und das Land nicht zur Ruhe kam. Dies sollte erst geschehen, nachdem 1644 die Ming-Dynastie durch die Mandschu verdrängt worden war. Unter ihrer Herrschaft sollte die bewußte Verbreitung des Buddhismus, von Tibet kommend, in der Mongolei durchgesetzt werden und die Menschen befrieden.

Zwischen zwei Riesen

In der Schere – zwischen China im Süden ...

Die große Geschichte des kleinen Volkes der Mongolen endete kläglich. Die mongolische Zentralgewalt zerbrach; an deren Stelle traten kleine Steppenreiche, deren Fürsten lediglich Machtansprüche jeweils für ihr Stammesgebiet verfochten. Zerwürfnisse um Weiden, Erbfolge und die Gefolgschaft von Adeligen, weitere Zersplitterung und ständige Racheakte wirkten zersetzend und zermürbend. Nachdem auch Ligdan Khans (Regierungszeit 1604–1634) Versuch scheiterte, das Reich wiederherzustellen, unterwarfen sich

Stätte des Grauens

(Nach einer Überlieferung aus dem 17. Jahrhundert wollten sich die Mongolen anläßlich eines Festes bei den Mandschuren rächen, da jene den dsungarisch-mongolischen Streitkräften unter Galdan Boschigt bei Dsuun-Mod 1696 eine schwere Niederlage zugefügt hatten. Der Plan aber flog auf, das Schicksal wendete sich.)

Der mandschurische General lehnte sich zufrieden zurück und ergötzte sich an der Seelenqual seiner Gefangenen. Nach kurzem Schweigen sprach er: «Ein Mann darf nur eine Seele haben, nur mit einer Zunge sprechen. Wer eines politischen Verbrechens schuldig ist, kann nicht begnadigt werden. Ich weiß jedoch, wie bitter es Euch träfe, wenn niemand mehr da wäre, die Ahnen Gölögdei Baatars zu verehren, wenn Euer Herd zerfallen würde. Deshalb will ich Eure Bitte erhören und Schmu das Leben schenken, wenn Ihr eine Bedingung erfüllen wollt: Wenn du, Schmu, mit eigener Hand deinen Vater, deine Mutter und deine Schwestern enthauptest, wirst du die Gnade des Himmels wiederfinden. Dann sollen Vater und Sohn nicht durch eine Münze gefädelt werden, und du, Schmu, darfst am Leben bleiben, um den Herd Gölögdeis von den Zoros zu hüten. Mein Entschluß steht fest, es gibt nichts mehr daran zu rütteln. Beratet Euch, ob Ihr alle bestraft werden wollt oder ob Schmu am Leben bleiben soll.»

Sodann befahl er, alles für die Hinrichtung vorzubereiten. Einer von den Leibgarde eilte hinaus, und bald darauf ertönte das Hornsignal der mandschurischen Soldaten.

«Sei stark, mein Sohn, da sich das Schicksal nun so gewendet hat, und schlag uns den Kopf ab! Die Zügel eines Mannes sind lang. Es liegt ein tiefer Sinn darin, dass du am Leben bleibst. Sei nicht traurig, bezwinge dein Herz!», sprach Gölögdei Baatar zärtlich seinem Sohn Schmu Mut zu.

«Ich werde mich als erster enthaupten lassen», sagte dieser leise und bedrückt.

«Werde nicht weich wie ein Schwert aus Blei! Niemand auf der Welt kann dem Tod entrinnen. Folge deines Vater Rat: Es liegt ein tiefer Sinn darin, dass du am Leben bleibst. Wir sind uns einig, dass wir lieber von der Hand unseres Sohnes sterben wollen, als mit ansehen zu müssen, wie fremde Menschen Vater und Sohn grausam quälen. Ob sie deinen Vater foltern oder nicht, hängt von dir ab, mein Kind. Wenn Ihr, General, zu Eurem Wort stehen wollt, dann schwört vor Euren Soldaten, dass ihr Schmu kein Haar krümmen werdet. Alsdann richtet uns hin und lasst Schmu am Leben!» Als die Fürstin mit gefaßter Stimme diese Worte sprach, warf sich Schmu seinen Eltern zu Füßen.

«Ich habe dieses Unglück auf Euch herabbeschworen, als ich eine alte Sitte brach. Ich darf nicht länger leben! Wie könnte ich das Schwert gegen Euch erheben, die Ihr mich zum Menschen gemacht

und mit Wohltaten überhäuft habt? Meine Seele würde niemals Frieden finden.»
«Wenn du dich als guter Sohn erweisen und uns vergelten willst, daß wir dich geboren und aufgezogen haben, dann folge den Worten deiner Eltern, solange du lebst. Das ist edelste Sohnespflicht. Wenn du das hier vollbringen kannst, werden dein Vater und deine Mutter in der stolzen Gewißheit sterben, einen wahren Sohn geboren zu haben», sagte die Mutter.
«So will ich es denn tun, denn ich liebe und verehre Euch über alles. Mir bleibt kein anderer Weg, auch wenn es mir unsagbar schwer fällt, den teuren Worten meiner Eltern zu folgen», erwiderte Schmu verzagt und wandte sich alsdann dem mandschurischen General zu: «Ich bin bereit.»
Die mandschurischen Soldaten befahlen den auf dem Festplatz versammelten Menschen, sich im Halbkreis vor dem prächtigen bunten Zelt niederzulassen. Auf Befehl des Generals trat ein Offizier hervor und zählte die Verbrechen Gölögdei Baatars auf. Alsdann verkündete er den Befehl des Generals: Der Familie Gölögdeis, eines Feindes des mandschurischen Kaisers, werde die himmlische Gnade zuteil, von der Hand des Sohnes zu sterben. Die Menschen hörten schweigend und voller Entsetzen den grausamen Richterspruch.
Ein Seufzer des Grauens erhob sich aus der Menge.
Da kamen, von mandschurischen Soldaten getrieben, Gölögdei Baatar, die Fürstin und die beiden kleinen Mädchen, aus der Palastjurte. Einer der Soldaten befahl ihnen, vor dem Zelt niederzuknien. Ein Hornsignal ertönte. Schweigend starrte die Menge auf die vier Menschen dort vor dem prächtigen bunten Zelt. Als ein Soldat das Zeichen mit dem Richtpfeil gab, fiel Schmu vor dem Vater nieder, kroch auf ihn zu und berührte mit der Stirn seine Knie, damit er ihn segne. Dann erhob er sich und holte mit dem blanken Schwert aus. Das Haupt des alten Gölögdei Baatars fiel.
Die Menge stöhnte auf, und es schien, als käme dieses Stöhnen aus einer einzigen Brust. Die Frauen bedeckten ihr Gesicht mit dem Ärmel.
In Schumurs Brust loderte wilder Haß, doch er hielt an sich, damit der Rauch nicht aus seinen Nasenlöchern hervorbräche. Sein Antlitz aber war ruhig, wie versteinert, und nur die Augen blickten furchtbar …
Nach diesen Ereignissen, so wird berichtet, nannten die Alten die Gegend, in der Gölögdei Baatar und seine Familie hingerichtet worden war, nur noch die «Stätte des Grauens».
Wie aber erging es Schmu? Noch in der gleichen Nacht floh er mit seinen getreuen Soldaten in die Berge und tötete von nun an alle Mandschuren, die ihm begegneten.
Der General fühlte sich seines Lebens nicht mehr sicher. Er fürchtete, früher oder später der Vergeltung nicht entgehen zu können.

Aus: Bjambyn Rintschen: Der verräterische Brief, Erzählung von 1957,
in: Erkundungen. 20 mongolische Erzählungen

die Mongolen der aufstrebenden Macht China, jenen mit ihnen stammesverwandten Mandschu, den Begründern der Qing-Dynastie. Im Jahr 1636 ergaben sich zunächst die der südlichen, später sog. Inneren Mongolei, 1691 die nördlichen Mongolen. Bei einer Zusammenkunft von mindestens 550 Chalcha-Fürsten und herbeizitierten südmongolischen Fürsten in Doloon Nuur wurde in prächtig inszenierter Zeremonie die Unterwerfung vollzogen, und ein Edikt begründete die Herrschaft der Mandschu über weite Teile der Äußeren Mongolei: Die Chalcha-Fürsten, nicht mehr in der Lage ihre Untertanen zu schützen, begaben sich unter den Schutz des chinesischen Kaisers. Die Unterstellung unter die allgemeine Reichsverwaltung mit deren Rechtsnormen und politischer Administration vollzog sich, indem die Fürsten zu Regenten mit Amtssiegel ernannt wurden. Die traditionellen Abhängigkeits- und Untertanenverhältnisse blieben ihnen erhalten, dafür aber traten die Adeligen in den Dienst des Kaisers, waren seine militärischen Befehlshaber, verantwortlich für die Bewachung der Reichsgrenzen; ihre Gebiete wurden Hoheitsgebiet des kaiserlichen China.

Aufstände unter den Westmongolen und den Chalcha, die immer wieder entbrannten und anfangs gar Erfolge zeitigten, konnten allerdings die chinesischen Herren im Land für die folgenden zwei Jahrhunderte nicht mehr vertreiben, die ihre Macht beständig weiter festigten. Kaiser Kangxi selbst soll die Devise ausgegeben haben: Unser Reich hat den Chalcha Gnade erwiesen und läßt sie die nördliche Grenze schützen und beaufsichtigen. 1723 wurde bei Uliastaj im heutigen Dsawchan-Aimak ein Großmarschall, gleichzeitig Oberbefehlshaber aller Truppen, ansässig, der als höchster Würdenträger des Chalcha-Reiches und erster Interessenvertreter des Kaisers galt. Später wurde in Ich Chüree, dem religiösen Zentrum, ein mongolischer Großwürdenträger (Amban) bestellt, dem bald ein mandschu-chinesischer beigesellt wurde. In Chowd, in der aufstandsgefährdeten Westmongolei, für die sich inzwischen auch das Zarenreich interessierte, wurde 1762 ein Mandschu-Amban zur Grenzüberwachung eingesetzt.

Die Chalcha- oder Äußere Mongolei hatte Sonderstatus, sie war nicht wie die Innere Mongolei ins Reich integriert worden. Chinesische Truppen waren dort nicht stationiert, in der Verwaltung arbeiteten Mongolen, und die Tributleistungen waren vergleichsweise gering, umfaßten die Versorgung der Verwaltung sowie der Soldaten.

Ob aus persönlichem Machtstreben oder Sendungsbewußtsein, die Förderung des Buddhismus in der Mongolei ging anfangs wohl auch auf den einflußreichen Awtaj Khan zurück; er gründete 1586 das Kloster Erdene Dsuu auf den Ruinen des alten Karakorum. Die Verbreitung des tibetischen Buddhismus mit einer einigenden Philosophie setzte etwas in Gang, das die erneute Vereinigung aller Mongolen hätte begünstigen können und den aufstrebenden Mandschu zuwidergelaufen wäre. Schon bald spielten die schriftgelehrten Lamas eine gewichtige Rolle bei Verhandlungen nach außen hin. Den Buddhismus als Wohltat – seine besänftigende Wirkung im Blick – verordneten vor allem die Kaiser Kangxi (1662–1722) und Qianlong (1736–1796) dem kriegerischen Blut. Schon ihr Vorgänger hatte sich als Förderer der Lehre Buddhas verstanden, 1632 die Schändung heiliger Orte und Geräte unter Todesstrafe gestellt. Es entstand eine beträchtliche Zahl von Klöstern und Tempeln. Das mongolische Leben zog sich auf die Steppe zurück; es sollte sich selbst überlassen bleiben.

Der Volksaufstand im Jahr 1880 in Uliastaj, dem ein kriegerischer Einfall eines chinesenfeindlichen islamischen Dunganen-Trupps aus Xinjiang vorausgegangen war, leitete den Niedergang der Fremdherrschaft ein. Überall brodelte es: die Chinesenfeindlichkeit nahm zu. Die Ausweitung der Einflußsphäre des russischen Zarenreiches wurde deutlich spürbar, die Mongolei wurde erkundet, die Lage sondiert, Beziehungen aufgebaut. In Ich Chüree (heute: Ulaanbaatar) eröffnete 1861 ein russisches Konsulat. Russische Diplomaten beteiligten sich an der Stimmungsmache gegen die Fremdherrschaft, deren Machtstrukturen längst ausgehöhlt waren. 1895 einigten sich England und Rußland im sogenannten «Pamirabkommen» über ihre Ansprüche in Zentralasien, wonach die Mongolei künftig Rußlands Einflußbereich zugeschlagen wurde. Nach der Jahrhundertwende, 1907, kam es zu einem ebenfalls die Mongolei betreffenden Geheimvertrag zwischen Rußland und Japan. Den Zugriff Rußlands auf die Mongolei sollte im Gegenzug mit dem der Japaner auf Teile Chinas belohnt werden.

1901 war die Transsibirische Eisenbahn fertiggestellt. Damit erschloß sich das ferne Ostasien für Europa. Russische Sicherheitsberater hatten früh die strategisch wichtige Lage der Mongolei als militärischer Puffer erkannt, ebenso die Unzufriedenheit der Mongolen mit der Herrschaft der Chinesen. Eine unabhängige Mongolei war durchaus im Sinne Rußlands, das entsprechende Bestrebungen auch begünstigen würde. Auf Initiative des Dschebtsundamba gelangte 1895 eine Gesandtschaft aus Ich Chüree an den Zarenhof Nicholaus' II. mit dem Anliegen, die Meinung Rußlands zum mongolischen Wunsch nach einem eigenen Staat, der die Äußere und Innere Mongolei bis hin zur Großen Mauer umfassen sollte, zu vernehmen. Aber die Zeit war noch nicht reif.

Gegen Ende des 19. Jahrhunderts belebte sich der Handel aus eigenen Kräften. Das chinesische Kaiserreich sah sich genötigt, alte protektionistische und sicherheitspolitische Positionen aufzugeben und Ausländern zu gestatten, sich im Land wirtschaftlich zu betätigen, und dies machte sich bald auch in der Mongolei bemerkbar. Schnell hatten übereifrige chinesische Händler und Wucherer den mongolischen Markt fest im Griff und damit Zugriff auf das Vermögen nicht nur einzelner Kaufleute und Fürsten, sondern auch ganzer Aimaks und Banner, die sich verschuldet hatten.

Für sibirisch-russische Händler wurde die Äußere Mongolei endlich ein problemloses Transitland nach China und ein Markt-

---

Mongolisch-chinesische Handelspraktiken

Ende des 19. Jahrhunderts unterhielten chinesische Händler ein engmaschiges Netz von Läden und Niederlassungen in der Mongolei. Sie gewährten gerne und großzügig Kredite und brachten auf diese Weise viele Menschen in verhängnisvolle finanzielle und wirtschaftliche Abhängigkeit. Sie verzichteten auf die vollständige Rückzahlung der anfänglich freigiebigen Kredite, so daß Restschulden blieben, die sich bald beträchtlich vermehrten. Auf Vieh, Wolle und Felle wurden Vorschüsse gewährt – allerdings unter der Bedingung, daß sich bei Nichtrückzahlung die Schulden binnen eines Jahres verdoppelten. Hinzu kam die Praktik: Die hohe Verschuldung eines Fürsten wurde auf seine Untertanen übertragen, die dafür aufzukommen zu hatten. Bald verstrickten sich die Menschen in ein unübersichtliches Schuldenwirrwarr; die Händler wurden auf Kosten der Verschuldeten immer reicher; die Verarmung vieler ist verbürgt. Bald waren die Handelsbeziehungen vergiftet, und die allgemeine Unzufriedenheit drohte überzukochen.

platz für tierische Rohstoffe, Vieh und Pferde, auch im Austausch gegen Waffen. Immer mehr europäische Unternehmer, aber auch amerikanische Glücksritter, Vaganten, Abenteurer tauchten auf der mongolischen Steppe auf, und mit ihnen neue Ideen. Die international finanzierte Bergbaugesellschaft *Mongolor*, die in der Mongolei vor allem Gold förderte und um 1910 insgesamt etwa 25 000 chinesische Arbeiter beschäftigte, stellte seinerzeit das vermutlich wagemutigste Unternehmen dar.

Ab 1906 versuchte Beijing für die Äußere Mongolei als letzte Maßnahme zum Erhalt des Status quo eine Politik der neuen Herrschaft durchzusetzen: Steuererhebungen, Aufhebung der Freizügigkeit, Ablösung der regierenden Fürsten durch chinesische Reichsverwalter und schließlich eine organisierte Sinisierung. Bis 1909 wurden schätzungsweise 20 000 alleinstehende junge chinesische Männer ins Land geschickt; der neue starke Amban Sando von Ich Chüree drückte alle notwendigen Neuerungen durch. Die Umwandlung der Äußeren Mongolei in eine chinesische Provinz war erklärtes Ziel. Das war 1910. Die Bedrohung der mongolischen Lebensweise, die geplante Umwandlung von Weide- in Ackerland traf die Mongolen in ihrer empfindlichsten Stelle. Nun strebten die Fürstenschaft und der Klerus gemeinsam die Bildung einer eigenen Regierung an – gegen die Kolonisierung. Ein Beistandsgesuch für das Erreichen der Unabhängigkeit ging an Rußland.

Das chinesische Kaiserreich stand kurz vor dem Ende: die Opiumkriege, der Taiping-Aufstand Ende des 19. Jahrhunderts hatten das Reich erschüttert, die Niederlage Chinas im Krieg gegen Japan 1895, der russische Einmarsch in der nördlichen Mandschurei, Aufstände im Innern bedrohten es von allen Seiten.

... und Rußland im Norden

Im Jahre 1911 – in China fiel die Mandschu-Dynastie – vollzog sich die Ablösung gezielt. Botschaften ergingen an alle umliegenden mongolischen Völkerschaften, sich anzuschließen, einen eigenen Staat zu gründen, die Religion erblühen zu lassen und das Joch der Fremdherrschaft abzuwerfen. Der Gedanke an ein großmongolisches Reich war erwacht. Der Dschebtsundamba wurde zum Souverän mit kaiserlichen Würden ernannt, zum Bogd Khan:

Seine Unabhängigkeitserklärung schrieb fest, die Mongolen seien ursprünglich Verbündete der Mandschu, aber nie Teil Chinas gewesen. Amban Sando floh aus Ich Chüree nach Rußland, Uliastaj fiel leicht, Chowd im erbitterten Kampf. Von 5000 Chinesen überlebten dort 580. Alles flüchtete, vor Grausamkeiten war keiner mehr sicher; Schuldbücher wurden verbrannt. Der drohenden Kolonisierung war Einhalt geboten.

Die nun folgenden Jahre glichen einem Vexierbild. Japan hatte mit 10 000 Mann in der Mandschurei mobil gemacht, meldete seinen Anspruch auf die Innere Mongolei an, wollte deren Loslösung von China und die Vereinigung mit der Mandschurei zu einem Königtum. Rußland war unter Handlungsdruck. Erneute Geheimabkommen mit Japan bekräftigten beider Interessensphären und sollten damit das Streben nach einem großmongolischen Reich von vornherein zunichte machen. Die Äußere Mongolei, die sich bewußt jetzt Mongolei nannte und lange entsprechend großstaatliche Ansprüche hatte, suchte Rußland mehrmals vergeblich um Hilfe an, auch um Militär- und Waffenhilfe. Auch die Androhung, man würde sich an Japan wenden, bewirkte nichts. Die Geheimverträge wirkten.

1912 einigten sich Rußland und die Mongolei nach anfangs prekären Verhandlungen in einem Vertragswerk darüber, daß Rußland der Mongolei Hilfe bei der Bewahrung der autonomen Ordnung und dem Unterhalt ihrer nationalen Truppen leisten und gleichzeitig weder chinesische Truppen im Land noch die Kolonisierung durch Chinesen zulassen würde. Im Gegenzug wurden Rußland weitläufige Handelsprivilegien und Rechte eingeräumt. Russische Großmachtinteressen diktierten auch in den folgenden Verhandlungen die Bedingungen.

Das zaristische Rußland hatte sich erst behutsam der Mongolei genähert, sie war ihm lange als unberechenbarer Faktor erschienen, im Handeln bestimmt von geschmeidigem Nützlichkeitsdenken. Nichtsdestoweniger hatte es den Wert der guten Beziehungen zur Äußeren Mongolei für sich früh erkannt. Die Militärbezirke Irkutsk und Amur hatten Expeditionen in die Innere und Äußere Mongolei zur geographischen und politisch-militärischen Sondierung entsandt; ihre Berichte zeichneten auch ein gutes Stimmungsbild. Die Mongolei war als Fleischreservoir für die Bevölkerung und die Truppen des sibirischen Transbaikal-Gebietes wichtig.

Schließlich instrumentalisierte Rußland die Unabhängigkeitsbestrebungen der Mongolen für seine Zwecke. Der russische Ministerratsvorsitzende äußerte seinerzeit seine Meinung zu dem Unternehmen gegenüber dem Verhandlungsführer mit der Bogd-Gegeen-Regierung: «Eigentlich gibt es in diesem Lande, in welches Sie gehen, weder eine Regierung, noch Finanzen, noch ein Gericht; es gibt nur ein Territorium und Hirtenstämme. Der ganze Staatsapparat muß erst geschaffen werden; ich will aber keinesfalls, daß die Ausgaben für die Organisation der Mongolei eine neue Last für den russischen Staatssäckel bilden ... Wenn die Mongolen nicht mit uns gehen wollen, würden wir sie ihrem Schicksal überlassen.»

Eine russisch-chinesische Deklaration von 1913 bezog die Äußere Mongolei in die russische Einflußsphäre ein; das Abkommen von Kjachta 1915 billigte dann der Äußeren Mongolei Autonomie zu, unterstellte sie aber der Suzeränität Chinas. Rußland und China hatten bei den Verhandlungen die Mongolei nicht als gleichwertigen Partner anerkannt, sie war vielmehr Verhandlungsgegenstand. Auch wenn das Abkommen für die Bogd-Gegeen-Regierung schließlich von Vorteil war, kennzeichnet der Verhandlungsverlauf doch musterhaft, wie die politischen Machenschaften zweier diplomatieerfahrener Großmächte, die zudem durch Geheimabkommen aneinander gebunden waren, mit den Regierungsvertretern aus der Steppe, unbeholfen im Umgang mit Verträgen, umgingen. Die Rolle des Hilfeempfängers, des Bitt- und Gesuchestellers sollte die Mongolei lange nicht ablegen.

Die russische Revolution von 1917 war auch in der fernen Mongolei spürbar. Es sollte eine Weltrevolution werden; bewaffnete Truppen sollten über die Mongolei und Tibet bis nach Indien gesandt werden. Erste Verlautbarungen nannten die Rücknahme des Abkommens von Kjachta: Die Äußere Mongolei sei ein eigener Staat, vorausgesetzt, sie sei alleine lebensfähig, oder aber sie werde an China zurückgegeben. Kurz zuvor hatten sich aber auch erneut Vertreter Chinas in der Hauptstadt – inzwischen umbenannt in Nijslel Chüree – niedergelassen und mit verschiedenen Aktivitäten begonnen. Und unter den Fürsten, die von China ihre Bezüge erhalten hatten, gab es immer noch eine Reihe mit chinafreundlicher Gesinnung.

Allmählich verbreiteten sich kommunistische Ideen im Land, auch durch Flüchtlinge, Verbannte, Vertreter der russischen Intel-

Geschichte und Politik 63

ligenzija am Konsulat. 1918 war es zur Massenflucht von Russen und Burjaten in die Mongolei gekommen. Einheiten der Roten Armee waren in Kosch Agasch gemeldet worden. Dann sah es zeitweilig so aus, als ob die Stimmung gegen Rußland umschlagen würde. Nachdem aber im Mai 1919 in der chinesischen Poststation Daur mit japanischer Befürwortung eine Marionettenregierung «Großmongolei» aufgestellt worden war, und zuvor der Einmarsch chinesischer Truppen in die Äußere Mongolei eingesetzt hatte, kam ein Schreiben der neuen Sowjetregierung über Irkutsk und erklärte: «Die Mongolei ist ein freies Land.»

China allerdings sah die Rücknahme der Unabhängigkeit und die Wiederherstellung der chinesischen Souveränität über die Äußere Mongolei vor. Ende Oktober 1919 trafen mit über einhundert Lastwagen chinesische Truppen der Anfu-Regierung in Nijslel Chüree ein, und als General Xu Shuzheng auf Inspektionsreise folgte, beteiligte er sich sofort an den Verhandlungen. Die freiwillige Aufgabe der Autonomie wurde im November 1919 von sechzehn Ministern und Stellvertretern unterzeichnet, der Bogd Geegen entzog sich der Entscheidung.

Fast zeitgleich ging ein Hilfeersuchen an die Sowjetregierung. Bewirkt hatten dies die russischen Berufsrevolutionäre Kutscherenko und Gembarschewski im Verein mit mongolischen Anhängern. Schon 1918/19 hatten sich in Nijslel Chüree zwei geheime revolutionäre Zirkel gegründet: einer von Lama Bodoo, der andere von Dandsan. Das gemeinsame Ziel, die Wiederherstellung der Autonomie und die Befreiung von der chinesischen Herrschaft, vereinte beide zur Mongolischen Volkspartei (MVP). Eine enge Verbindung zur «Sektion der Östlichen Völker» der Kommunistischen Internationale (Komintern) in Irkutsk ließ die Ideen von Anfang fließen, und dort reagierte man schnell. Der legendäre Freiheitskämpfer Süchbaatar, dessen Denkmal auf dem Zentralen Platz in Ulaanbaatar steht, könnte einen der Zirkel geleitet haben.

Nicht nur der russisch-chinesische Konkurrenzkampf, auch die inneren Fronten der Russischen Revolution übertrugen sich auf die Mongolei: Weißgardisten waren in die Mongolei eingedrungen, das beunruhigte die Sowjetregierung, denn sie befürchtete einen Aufmarsch in Sibirien. Anfang 1921 begann der Weißgardist Baron von Ungern-Sternberg, der die Devise «Asien den Asiaten» verkündete, mit der Belagerung der Hauptstadt, die er am

3. Februar mit seinen Truppen der «Asiatischen Berittenen Division» einnahm. Kurz darauf setzte er den Bogd Gegeen wieder als Regierungsoberhaupt ein. Er wurde als der große Befreier vom Chinesenjoch gefeiert, und der Bogd Gegeen verlieh ihm den Titel eines Fürsten und den Ehrennamen «Erneuerer des Staates, großer Held, Befehlshaber». Seine Truppen unter dem Befehl von Oberst Sepailow jedoch plünderten, raubten und mordeten unkontrolliert, was das Ansehen des Barons schnell schwinden ließ.

Im März desselben Jahres wurde mit dem Beistand sowjetrussischer Berater eine provisorische Volksregierung gegen die des Barons von Ungern-Sternberg aufgestellt. Die MVR hatte die Gründung eines eigenen Staates, der das Wohlergehen aller Mongolen garantieren sollte, zum obersten Ziel erklärt. In großer Eile wurde unter den Bolschewiken eine etwa 400 Mann starke Volksarmee gebildet, zu der sich schließlich 140 russische Berater gesellten, meist Burjaten oder Kalmücken, die Mongolisch sprachen und ihre Soldaten anleiteten. Diese kleine mongolischen Elitetruppe zog in den Kampf gegen die zahlenmäßig weit überlegenen, aber bereits demoralisierten chinesischen Soldaten und nahm Kjachta, die letzte Festung der Fremdherrschaft, am 19. März 1221 ein.

Dies wurde als Befreiungsakt der neuen mongolischen Volksarmee von den chinesischen Besatzern gewertet. Die provisorische Volksregierung ließ sich in Kjachta nieder. Für die mongolischen Angelegenheiten war die Komintern-Zentrale in Moskau inzwischen unmittelbar zuständig. Die Truppen von Ungern-Sternbergs hatten mittlerweile eine beträchtliche Größe angenommen und beabsichtigten in den Norden vorzurücken – nach Burjatien. Am 14. Mai wurde der Haupttrupp des Barons durch Einheiten der Roten Armee und der Volksarmee geschlagen. Weitere bolschewistische Einheiten drangen vor und fügten den Weißgardisten vernichtende Schläge bei. Dann wurde auf Beschluß der MVP und der provisorischen Volksregierung die Befreiung der mongolischen Hauptstadt eingeleitet: eine mindestens 10 000 Mann starke Macht, vor allem sowjetrussische Kämpfer, stand bereit. Kriegsminister Süchbaatar forderte die Marionettenregierung von Ungern-Sternbergs auf, die Ziele der MVR zu unterstützen, gegen alle inneren und äußeren Feinde der Mongolen, dem Volk die Freiheit zu geben und das Amtssiegel abzugeben. Mongolischen Verbände führten am 6. Juli den Aufmarsch in Nijslel Chüree

Geschichte und Politik

(Urga) an; es kam nicht zu Gefechten. Am 10. Juli wurde die bisherige Regierung aufgelöst und alle Macht der neuen Volksregierung übertragen. Am 11. Juli, dem heutigen Nationalfeiertag, wurde der Bogd Gegeen wieder inthronisiert. Baron von Ungern-Sternberg wurde am 22. August verhaftet und nach einem Militärgerichtsprozeß am 16. September 1921 in Nowosibirsk hingerichtet.

Was nach außen wie eine Fortsetzung der mongolischen Unabhängigkeitsbestrebungen aussah, war vielleicht nur die Inszenesetzung von Empfehlungen und Direktiven, die zuvor von der Komintern-Sektion in Irkutsk an die Mongolen ausgegeben worden waren. Die Unterstützung der provisorischen Volksregierung diente den sowjetrussischen Truppen nur als Vorwand zum Einmarsch in die Äußere Mongolei, um gegen die Weißgardisten vorzugehen. Nun hatten sie anscheinend mehr erreicht. Die Weltrevolution war in ein fernes asiatisches Land getragen worden.

Die Verfolgungen der 20er und 30er Jahre

Die Mongolei den Mongolen, so sah es wohl nach dem Sieg in Kjachta und dem Einzug in Urga/Nijslel Chüree aus. Standen die Zeichen dafür so ungünstig? «Es ist klar, daß wir es vermeiden, irgendwelche Arbeit zur Sowjetisierung der Mongolei zu unternehmen, weil zumindest in diesem Land, das hinter uns um zwanzig Jahrhunderte zurückgeblieben ist, selbst die bürgerliche Demokratie eine bewundernswerte revolutionäre Errungenschaft wäre ...» So schrieb B. Z. Schumjazki, der Komintern-Vertreter für Sibirien und die Mongolei an Lenin 1921. Die Lebensphilosophie im Steppenland war eine andere, das äußerte auch der erste Premierminister Bodoo: «Es war richtig gewesen, daß die MVP vom Roten Rußland Hilfe erbat. Aber in ihrer Innenpolitik wäre es falsch, das Rote Rußland nachzuahmen.»

Mit dem Abkommen über die gegenseitige Anerkennung und den Aufbau freundschaftlicher Beziehungen zwischen der Russischen Sozialistischen Förderation Sowjetrepublik und der Mongolei am 5. November 1921 schien eine neue Ära anzubrechen. Die Mongolei, innerlich noch nicht erstarkt, bedurfte der Schutzmacht; die Grundlagen für die Unabhängigkeit von China und einen eigenen Nationalstaat schienen jetzt gegeben, während sich für Sowjetrußland die Verbriefung seiner Interessen in Zentralasien ergab – über die Mongolei als Pufferstaat, ungehindert von jeglicher chinesischer oder japanischer Einmischung. Bei allem durfte man jedoch nie vergessen: 400 Millionen Chinesen standen nur 2 Millionen Mongolen gegenüber. Wie die mongolische Befreiungsbewegung und das Streben nach Unabhängigkeit von Rußland durch die Einbindung in ein größeres politisches Konzept für Asien instrumentalisiert wurden, offenbarte sich in den folgenden Jahren immer stärker. Unter bolschewistischer Anleitung hatte schon 1921 in der Mongolei die Militärspionage angefangen zu arbeiten, die von der Feindaufklärung rasch zur politischen Beobachtung überging; und das Aufspüren konterrevolutionärer Aktivitäten besorgte das im Jahr darauf geschaffene Amt für Innere Verteidigung.

Das Festhalten an dem alten Ziel der Gründung eines großmongolischen Nationalstaates – unter Einbeziehung der Burjaten, Tuwa (Urianchaj), Barga und der Völkerschaften der Inneren Mongolei – war Parteiprogramm der MVP, war Willen des gesamtmongolischen Volkes und setzte zudem die Regierungspolitik des Bogd Gegeen fort. Diese Linie war nur mit Rußland im Rükken zu halten. Daß es kommunistisch war, spielte für die Volksregierung zunächst keine Rolle. Die fremdländische Ideologie griff nicht. Begriffe wie Nationalismus, Demokratie und Volkswohl müssen den Mongolen eingangs wohl eher zugesagt haben. Verstimmungen mit den ständigen bestellten Komintern-Vertretern oder Diplomaten der UdSSR, die allen wichtigen Sitzungen der Partei beiwohnten, mehrten sich. Jene diktierten die Grundsatzdokumente, die dann meist ohne Diskussion verabschiedet wurden. Die Volksregierung handelte sich heftigste Vorwürfe ein, nachdem sie Entschädigungszahlungen von der chinesischen Regierung an die Mongolei gefordert hatte: Die mongolische Außenpolitik hatte sich künftig an die Richtlinien Moskaus zu halten, mußte moderat bleiben, und das für Jahrzehnte.

Mit dem Tod des Bogd Gegeen am 20. Mai 1924 änderte sich die Situation. Nun fehlte die Symbolfigur eines Einigers der Mongolen, das verehrungswürdige geistige Oberhaupt aller mongolischen Völkerschaften, und Sowjetrußland begann der Mongolei neue politische Maßstäbe aufzudrücken, um die Sowjetisierung und Russifizierung voranzubringen. Die konstitutionelle Monarchie endete, im November wurde vom großen Staatschural die Mongolische Volksrepublik (MVR) ausgerufen. Die neue Verfassung schrieb die Verbindung der politischen Herrschaft mit der «wahrhaften Volksherrschaft» vor und die Unterordnung unter die weltrevolutionären Zielsetzungen der Komintern.

Moskau befand die demokratische Volksrevolution für abgeschlossen, jetzt müßten die feudal-klerikalen Verhältnisse angegangen werden. Man forderte Härte auf der ganzen Linie, die Partei müsse herrschen, die Volksregierung habe die Beschlüsse umzusetzen. Die Beseitigung nicht gefügiger mongolischer Führer hatte bereits angefangen. Wohlgemerkt auch die physische Beseitigung: Die Vergiftung unliebsamer Gegner, das muß man wissen, war nichts Ungewöhnliches, sogar dem letzten Bogd Gegeen soll man manches in dieser Richtung nachgesagt haben. Ja, auch um seinen eigenen Tod rankten sich Gerüchte.

Der erste Premierminister D. Bodoo war 1922 liquidiert worden. Auf dem III. Parteitag 1924 wurde der erste Parteivorsitzende S. Dandsan, der einen anderen Weg wollte, als Verräter angegriffen, und noch während man tagte, in einem Seitental Urgas erschossen. Daß er anläßlich des Aufenthaltes einer mongolischen Delegation in Moskau ein maßgebliches Treffen mit Lenin gehabt hatte, wurde aus der Geschichtsschreibung ebenso getilgt wie die Erwähnung seiner Person. Auf dem gleichen richtungweisenden Parteitag wurde die Umbenennung der Partei in Mongolische Revolutionäre Volkspartei beschlossen, die sich ausschließlich auf die Mittellosen und Armen stützen sollte. Die über 70jährige Alleinherrschaft der MRVP – sie heißt heute übrigens immer noch so – setzte ein. Nun stand fest: die Mongolei hatte sich dem nichtkapitalistischen Entwicklungsweg anzuschließen, sich dem Revolutionären – was immer das auch sein mochte – und den Zielen der Sowjetpolitik, über die Schaltzentrale in Irkutsk gelenkt, unterzuordnen.

Die Entscheidung zugunsten des Sozialismus machte seine Gegner nicht mundtot. Die Auseinandersetzungen hielten mehr oder weniger heftig an, jahrzehntelang, doch endeten sie meist mit der Ausschaltung und Liquidierung der Gegner. T. R. Ryskulow, ständiger Vertreter der Komintern, ordnete eine Säuberung der Partei an. Andere, Freunde Dandsans, Lamas und Fürsten, die großes Ansehen genossen, blieben. Als dann aber sogar die Wiedergeburt des Bogd Gegeen offen diskutiert wurde und es zwischen 1926 und 1928 fast so aussah, als ob die Befürworter eines kapitalistischen Weges und der Wiedererstarkung der Fürstenschaft wieder die Oberhand gewinnen sollten, setzten die Sowjettreuen in der Partei dem ein Ende. Der ZK-Vorsitzende der Partei C. Dambadorsch wurde als rechtsgerichteter Gegner abgesetzt; und bis Anfang der 30er Jahre erfolgte eine zweite Parteisäuberungswelle, die mit einem Angriff auf die Klöster und die Fürsten einherging: Beeinträchtigungen des Klosterlebens, Enteignungen klösterlicher Besitzungen und Hunderter von Fürsten, Morde – alles im Namen der staatlichen Sonderkommission, der Ch. Tschojbalsan, das mongolische Gegenstück zu Stalin, vorstand.

Gegen Ende des Terrors waren fast alle Klöster zerstört, damit ihre gesamten Kulturgüter und die geistigen Werte einer alten Tradition; Lamas, einerlei welchen Standes, hatte man zu Zigtausenden (Schätzungen sprechen von über 60 000) liquidiert. Von 18 600 Parteimitgliedern waren 5 300 ausgeschlossen worden. Die im Gründungsjahr der MRV noch 2 300 ansässigen ausländischen Unternehmen waren aufgelöst oder zerstört. Das 1929 verordnete Außenhandelsmonopol hatte einen Rückgang des Außenhandelsvolumens bis fast auf Null verursacht. Privates Wirtschaften und Kleinhandel waren strikt verboten.

Schließlich gebot die Komintern dem Einhalt: es drohte ein Bürgerkrieg und der wirtschaftliche Zusammenbruch stand bevor. Die Parteispitze wurde 1932 erneut ausgewechselt, ein neuer Kurs bekannt gegeben und bis 1940 kein Parteitag durchgeführt. Hunderte hatten freiwillig, Tausende zwangsweise die Parteimitgliedschaft aufgegeben.

Die Nomaden, durch das kompromißlose Vorgehen der Kommissare eingeschüchtert, folgten den Partei- und Regierungsanweisungen nur unter Zwang und nur vordergründig. Sie boten geringstmöglichen Widerstand und entzogen sich weitgehend. Das Leben gewann an Normalität zurück, die Klöster erholten sich. Kollektives Arbeiten – Errichtung von Gemeinschaftsställen und -unterständen fürs Vieh, gemeinsame Heumahd, Zusammenschluß in Brigaden – sollte die Arbeitsergebnisse steigern; die Partei wollte damit das verlorene Vertrauen wiedergewinnen. Das waren erste Versuche der Kollektivierung der Viehwirtschaft und staatlicher Planwirtschaft. Aber kleine Erfolge, die mit materieller und finanzieller Unterstützung der UdSSR erreicht worden waren, täuschten nicht über den breiten Mißerfolg der Aktion hinweg, da die Regulierungen durch die Partei eher hemmend denn förderlich waren. Die Verdrängung jeglichen privaten Kapitals bewirkte ein Übriges.

Die neu verordnete Praktik, Kritik und Selbstkritik üben zu müssen, schlug fehl. Es war für die Landleute schwierig zu begreifen, was gemeint war und wozu. Wer nicht mitmachte, lud schon allein deshalb Schuld auf sich, würde als Konterrevolutionär angeklagt. Die «Rote Jurte», ein Filzzelt für politische Schulungsmaßnahmen, wurde erfunden. Wie zu reden sei, wie weise und gütig die Partei doch sei, daß die Lamas in den Klöstern volksverdummend und schädlich seien, daß überall Konterrevolutionäre ihr Unwesen trieben, all das wurde im Schnellverfahren gelehrt.

Mitte der 30er Jahre setzten wieder verstärkt Unterdrückung, Verfolgung, Verhaftung und Verschleppung ein; was leise begann, mündete bald in eine landesweite Hetz- und Terrorkampagne, gegen die sich keiner wehren konnte: hohe Parteifunktionäre, Politiker, hoch angesehene Lamas, Studenten, die ersten, die damals in Deutschland und Frankreich gewesen waren, Dichter und Gelehrte, wurden in Haft genommen. 1934 verhaftete man den ehemaligen Sekretär der ZK der Partei, Dsch. Lchümb, und mit ihm gleichzeitig 317 Verdächtige – 30 Personen, unter ihnen Lchümb, wurden sofort hingerichtet.

1935 bat Premierminister Genden Stalin um Beistand gegen die drohende japanische Invasion, worauf er zur Antwort bekam, erst wenn er für die Beseitigung der Klöster im Land gesorgt habe ... Genden verwahrte sich aber offen dagegen und soll Stalin sogar vor Empörung die Pfeife aus dem Mund geschlagen haben. 1936 wurde er seines Amtes enthoben und bald darauf liquidiert.

Heute weiß man, daß nach Eintreffen einer Delegation sowjetischer Sonderbeauftragter im August 1937 der Terror mit voller Wucht einsetzte. Man übte Druck aus, bezichtigte die Mongolei der Untätigkeit gegenüber Konterrevolutionären und japanischen Spionen und meldete den bevorstehenden Angriff japanischer Truppen auf die Mongolei, der nur durch den raschen Einmarsch sowjetischer Verbände abgewehrt werden könnte. Ein lange vorbereitetes Szenario wurde in die Tat umgesetzt: Am 25. August 1937, einen Tag nach Ankunft der Kommissare P. Smirnow und

M. F. Frinowski und des Diplomaten S. N. Mironow rückten bereits große sowjetische Kampfverbände über Altanbulag und Ereenzaw in den Osten der Mongolei vor.

Die Zuspitzung der Lage in China veranlaßte Moskau zu Maßnahmen, welche die stärkere Einbeziehung der Mongolei in militärische Überlegungen bedeutete. Bislang hatte sich die mongolische Volksregierung gegenüber einer Truppenstationierung ablehnend verhalten. Allen voran der Oberbefehlshaber Marschall G. Demid. Japan, das immer stärker seine Interessen in Nordostasien gegenüber China verteidigte, und der am 21. August 1937 zwischen der Sowjetunion und China geschlossene Nichtangriffspakt gaben der an sich schon strategisch entscheidenden Lage der Mongolei nun noch mehr Gewicht. Zwischen 1937 und 1939 bedachte Sowjetrußland China mit umfangreichen Waffenlieferungen, die ausschließlich über die Mongolei dorthin gelangten, und russische Militärs bildeten chinesische Soldaten im Umgang damit aus. Solange Japan und China in Kämpfe verwickelt waren, wähnte sich die UdSSR sicher.

Marschall G. Demid, nach Moskau bestellt, starb an einer Lebensmittelvergiftung, kurz nachdem er den Zug dorthin bestiegen hatte. Ihm war vorgeworfen worden, mit Expremierminister P. Genden Kopf eines japanischen Spionagerings zu sein und seit 1934 den Einmarsch sowjetischer Truppen verhindert und sabotiert zu haben. Genden war, wie erwähnt, schon 1936 inhaftiert und dazu befragt worden; ihm abgezwungene Geständnisse belasteten weitere hochrangige Persönlichkeiten. Im August 1937 verhaftete man Oberst Öldsij, Abteilung Militärspionage, der 39 Tage verhört wurde und seinerseits wiederum gezwungenermaßen Genden, Demid und den kurz darauf inhaftierten Spionagechef B. Otschirbat als Spione in japanischen Diensten belastete.

Marschall Tschojbalsan, auf ausdrücklichen Wunsch Rußlands im Februar 1937 zum Innenminister ernannt, wurde am 28. August desselben Jahres eine Liste mit 115 namhaften Persönlichkeiten, alle der Spionage angeklagt, überreicht. Vom 10. auf den 11. September setzten die Verhaftungen ein. Eine groß und gründlichst angelegte Vernichtungsmaschinerie lief an: vom Innenministerium bis in die entlegensten Landesteile Verhaftungen, Verhöre, Vernichtungen. Gnade war verboten, so Tschojbalsans Befehl. Gegenseitiges Mißtrauen lähmte landesweit das gesellschaftliche

Geschichte und Politik 71

Leben, und Denunziantentum, meist in Notwehr, blühte. Ein öffentlicher Schauprozeß im Staatstheater von Ulaanbaatar im Oktober des Jahres verurteilte 12 von 14 Angeklagten, alle bislang hohe Funktionsträger, zum Tode durch sofortige Hinrichtung. Das war der Auftakt für den Höhepunkt der Terrorwelle.

Stalins Terror hatte auf die Mongolei übergegriffen. Am 2. Oktober gab es im ZK der MVRP und für den Stellvertreter des Premierministers Tschojbalsan einen Geheimbeschluß, der die Gründung einer «Außerordentlichen und Bevollmächtigten Kom-

---

Wiedergutmachung und Vergangenheitsbewältigung

1990 wurde ein staatlicher Ausschuß zur Rehabilitation der Opfer der Stalin-Tschojbalsan-Ära in der Mongolei geschaffen. Seitdem wurden 22 000 Personen vom Obersten Gericht rehabilitiert, das sind viel im Vergleich zu 5100 in den Jahren 1962 bis 1990, zu denen auch am 13. Februar 1962 Premierminister P. Genden und Marschall G. Demid gehört hatten. Im Mai 1998 verabschiedete der Große Volkschural unter der ersten demokratisch gewählten Regierung der Mongolei ein Gesetz über Entschädigungszahlungen für die Opfer in der Zeit der Verfolgungen. Familienmitgliedern, Kindern und Enkeln der Betroffenen werden eine Mio. Tugrik (etwa 1100 US-$) als Wiedergutmachung für Verlust und Leiden ausgezahlt. Das ist eine für viele Berechtigte beträchtliche Summe.

1998 informierte sich in Berlin eine Gruppe von Politikern und Wissenschaftlern aus der Mongolei über die Handhabung der DDR-Stasi-Akten und wie man sie der Öffentlichkeit zugänglich gemacht habe. Gleichzeitig kritisierte man die damalige demokratische Regierung, daß sie noch keine Debatte über die Möglichkeit der Akteneinsicht für Opfer der Repressalien der 30er Jahre geführt habe. Ein Fünftel der rund 700 000 Einwohner der Mongolei sei immerhin davon betroffen gewesen.

Im Jahr 2000 hielt der frisch ernannte Premierminister der alten MRVP N. Enchbajar eine Rede an die Nation, in der er sich für die Greueltaten und Verfolgungen seiner Partei entschuldigte, aber auch für die Jahre der politischen Unterdrückung danach. Damals habe man nichts gegen die stalinistischen Säuberungen unternommen, bei denen seiner Schätzung nach 30 000 Menschen ermordet wurden. Es gebe keine Familie in der Mongolei, über der nicht dieser dunkle Schatten stehe. Er vermied es, die MVRP allein dafür verantwortlich zu machen, statt dessen verwies er auf die geopolitische Lage der Mongolei und den Personenkult um Tschojbalsan.

mission» vorsah. Ihr Status über allen Gerichten war unantastbar. Zwischen 1937 und 1939 tagte sie 51mal. Ein Zusatzbefehl Tschojbalsans steigerte die Aktionen ins Fieberhafte. Die Volksarmee, die Grenztruppen, alle Sicherheitsorgane der Volksrepublik wurden nach japanischen Spionen durchkämmt. Dem Militär wurden sämtliche kampferfahrenen und anerkannten Kommandeure entzogen und hingerichtet. Kampfkraft und Kampfmoral der mongolischen Volksarmee waren zerstört. In der Folge sollte sich das Kräfteverhältnis in Ostasien zugunsten Japans verändern.

Die Mongolei war der besten Köpfe beraubt, war ausgeblutet. Die Schätzungen variieren, nennen aber bis zu einem Sechstel der Bevölkerung, das ausgelöscht worden war.

Die Errungenschaften des Sozialismus und was von ihnen blieb

Die 30er und 40er Jahre waren insofern Jahre der Festigung für die Mongolei, als sie außenpolitisch den Kampf um die Sicherung der staatlichen Unabhängigkeit bedeuteten, vor allem gegenüber den Großmachtbestrebungen Japans. Die japanischen Eindringlinge an der Ostgrenze des Landes, am Chalchyn Gol, wurden 1939, zu Beginn des Zweiten Weltkrieges, vereint von sowjetrussischen und mongolischen Truppenverbänden geschlagen. Mit dem Sieg schlug die Stimmung um: Der militärische Beistand der Sowjetunion in der Frage der mongolischen Unabhängigkeit hatte die vormaligen Peiniger zu Rettern in der Not gemacht. Rußland hatte sein Schutzschild hingehalten, wie man es immer von ihm erwartet hatte. Auch wenn das Motiv dafür das sowjetische Interesse an einem Puffer gegen das unruhige neue China und gegen ein in die Mandschurei und die Innere Mongolei hineindrängendes Japan war. China gab seinen Machtanspruch über die ehemals Äußere Mongolei noch nicht auf.

1945 kam es in der Mongolei zur Volksabstimmung für die endgültige Unabhängigkeit. Die chinesische Republik sah sich ein Jahr später gezwungen, diese anzuerkennen. 1950 nahmen die VR China und die MVR diplomatische Beziehungen zueinander auf.

Nach Ende des Zweiten Weltkrieges setzte sich der Aufbau des Sozialismus im Lande fort. Der Umwandlung der traditionellen Weidewirtschaft in Genossenschaften war die Kollektivierung des

Viehs vorausgegangen. Träge vollzog sich der Wandel bis Ende der 50er Jahre. Programmatisches Ziel der weiteren Umwandlung war der Agrar-Industriestaat, dem der Industrie-Agrarstaat folgen sollte. Fünfjahrespläne wurden aufgestellt, Betriebe mit Hilfe der Sowjetunion und anderer Ostblock-Bündnispartner in der Steppe gebaut, Arbeiter und Ingenieure geschult. Wie das zum Hirtennomadentum paßte, schien keiner zu fragen.

Aber die Neuerungen kamen, Umbau war angesagt. Die «sozialistische und internationalistische Hilfe» des großen Bruders brachten Fachleute wie Geologen, Ingenieure, Ärzte ins Land, Facharbeiter in die Betriebe. Neue Einstellungen, Methoden, Geräte, Maschinen verdrängten die mongolischen Arbeitsweisen in der Viehwirtschaft, und auch ihre Erzeugnisse wie Stiefel und handgemachten Filz, Butterfett und Trockenfleisch, traditionelle Medizin und Heilkräuterwissen.

Ehrfurchtsvoll bewunderten die Landleute die Technik und mußten sie wohl als sichtbaren Beweis für die Richtigkeit der neuen sozialistischen Lehre nehmen. Als 1925 das erste Flugzeug aus Rußland kam, eine von Deutschland erworbene «Ju», muß das für viele tiefreligiöse Menschen ein teuflisch-heiliges Ding gewesen sein, das den Namen fliegender Futtertrog bekam. Ehrfurcht und Bewunderung waren derartig groß, daß sogar Kinder nach diesen technischen Wunderdingen benannt wurden. Ein Fräulein Traktor war keine Seltenheit, und als später der erste und einzige Kosmonaut der Mongolei ins All aufbrach, kam noch ein Fräulein Kosmos hinzu.

Traktoren, Mäh- und Dreschmaschinen, Lastkraftwagen kamen ausschließlich aus der UdSSR. Neben der mechanisierten Landwirtschaft setzte man in der Industrie vorrangig auf die Verarbeitung tierischer Rohstoffe. Das große Fleischkombinat, die Teppichfabrik, das Musterstaatsgut von Bor Nuur sollten beispielhaft dafür sein.

Das Gesicht des Landes änderte sich, war es doch vor dem Einzug der sozialistischen Ideen ein Nomadenland unter fürstlicher Bannerherrschaft mit großen wandernden Herden und umherziehenden Hirten in Jurten, wo Tauschhandel betrieben wurde, mit Jägern und Räubern, mit riesigen Kloster- und Tempelanlagen, mit Wanderlamas, Wundertätern und inniger Wundergläubigkeit, mit Freiheiten, wie sie nur dem Hirtenleben eigen sind. Nichtsdestotrotz, die Gemächlichkeit und nomadische Behäbigkeit blieb dem Land.

Die Nomadenwirtschaft war nach wie vor Haupterwerbszweig und wurde entsprechend bedacht. Moderne Zuchtmethoden und Einkreuzungen, tierärztliche Betreuung und Zusatzfütterung des Viehs in schneereichen oder kalten Winterzeiten änderten die Weidehaltung kaum merklich; die Erträge blieben, wie auch die Zahl der Herden, gleich. Das Fleisch ging zu einem großen Teil in die UdSSR, im Jahr waren es 4 Mio. Stück Vieh. Unzählige Brunnen und die Weidebewässerung gab es, Grünfutter, Mais und mehrjähriges Kraftviehfutter, das großflächig angebaut wurde. Jeder Sum, jede Genossenschaft kümmerte sich um eine eigene Futterversorgung. Auch der Ackerbau war zweifelsohne ein Erfolg; eigenes Getreide, von dem sogar in die UdSSR ausgeführt wurde, und Gemüse gewährleistete die Versorgung der einheimischen Bevölkerung.

Rückblickend auf die Jahre seit 1921 muß man zugeben: das Land gesundete. Damals war die Syphilis weit verbreitet gewesen, die Kindersterblichkeit sehr hoch und die Lebenserwartung um einiges geringer als heute. Das Gesundheitswesen wurde flächen-

---

Musterhaftes Bildungswesen

Das mongolische Bildungswesen war bald vorbildlich. 1921 war in Urga mit dem systematischen Aufbau eines Schulsystems begonnen worden: in die erste Schule mit 2 Lehrern gingen 40 Schüler. Seit 1939 entstanden landesweit 7- oder 8-Klassenschulen, die in den 50er und 60er Jahren durch 8- und 10-klassige Polytechnische Oberschulen ersetzt wurden. Seit den 30er Jahren gab es Ausbildungszentren für Nomaden und deren Kinder. Später gingen viele Tausende von jungen Menschen zur Ausbildung und zum Studium ins Ausland, allein 25 000 davon in die DDR. Eine Studie von 1992 im Auftrag der Asian Development Bank über den Zustand des Erziehungswesen in der Mongolei brachte zum Staunen: das Nomadenland hatte fast keine Analphabeten und im Vergleich zu anderen Entwicklungsländern ein erstaunlich hohes Bildungsniveau, bei dem der Frauenanteil den der Männer bei weitem übertraf. Aber unter marktwirtschaftlichen Vorzeichen wurden 1992 die Kosten mit damals 15–20% des Bruttosozialproduktes als volkswirtschaftlich nicht mehr tragbar gewertet. Das Bildungswesen wie auch das Gesundheitswesen verfällt seitdem.

Eine Millitärparade in Arwaicheer eröffnet die Feierlichkeiten zum 60. Jahrestag der Gründung des Öwörchangaj-Aimaks. Aus diesem Anlaß wurde auch ein Denkmal zur Rehabilitation des in den 30er Jahren liquidierten Premierministers Genden eingeweiht.

deckend, bis in die einzelnen Sum mit Krankenhäusern, Sanitätsposten, Ärzten und mobilen Hilfsärzten ausgebaut.

Die Behäbigkeit des Beamtenapparates, ein schwerfälliger Dogmatismus, Selbstgefälligkeit und Kritiklosigkeit, aber auch der traditionell starke Glaube der Nomaden (immer weitestgehend auf sich selbst gestellt und damit eher Selbstversorger, denn Hilfeempfänger) an die eigene Unfehlbarkeit – all dies wirkte sich in der Mongolei besonders verlangsamend aus, so scheint es. Im Nachhinein werten es viele als gut, war das doch ein Schutzschild vor übereilter Entwicklung und Ausbeutung des Landes. Dennoch: Alles Mongolische, alte Handwerktechniken wie das Filzen, Schnitzen und Schmieden, das Gerben und Verarbeiten von Leder, die Seilerei, die Kunst und Kultur, galt als minderwertig. Fremdes Sowjetrussisches stand über traditionell Nomadischem. Keine Ideologie aber konnte die Naturgesetze überdecken, den Dürren in den Sommermonaten und dem Viehsterben im Winter konnte man als Nomade nicht entkommen.

Hardliner J. Zedenbal

Bedingungslose Treue galt als Tugend. Inbegriff dafür war J. Zedenbal, der 44 Jahre lang an der Spitze der Mongolischen Volksrepublik stand. Angeblich soll er auch dem KGB angehört haben. Seine Ehefrau Filatowa, gebürtige Russin, regierte mit. Sie soll ihm von offiziellen russischen Stellen zur Seite gestellt worden sein. Zedenbal, Sprößling einer Nomadenfamilie aus Dawst-Sum im Uws-Aimak, ging 1929 zur Ausbildung in die UdSSR und trat zwei Jahre darauf, also 1931, dem Komsomol (Kommunistischer Jugendverband der UdSSR) bei. Er war ein Muster an Gehorsam und so willig, daß er Rußland einen Teil seines Geburtsortes – der übrigens den Mongolen immer heilig ist – freiwillig abtrat. 1940, in Jahr, nachdem er Mitglied der MVRP geworden war, ernannte man ihn zum Generalsekretär des ZK der Partei. Nach Tschojbalsans Tod 1952 wurde er Premierminister und blieb es bis 1974, danach wurde er Staatspräsident. Das blieb er bis zu seiner Absetzung im Jahr 1984. Danach zog er nach Moskau, wo er 1991 starb.

Es wurde immer wieder versucht, die neuen Lehren mit dem Buddhismus zu verquicken, die Menschen hatten ihre innige Gläubigkeit nach innen gekehrt und tief in ihren Nomadentruhen Relikte der Klöster aufbewahrt. Die Stimmung jedoch blieb gedämpft, die Wunden schwärten. Der Staat und seine Überwachungsorgane waren mächtig. Statt Religion gab es jetzt Administration und statt Massenvernichtung die Verbannung in die entlegensten Gebiete der menschenleeren Mongolei.

Das System funktionierte präzise, Ordnungen und Handlungsabläufe waren einem unerbittlich starren Ritual unterworfen. In fast allem ahmte man den großen Bruder Sowjetunion nach: in der Wirtschaft, dem Staatsapparat und den Kommandostellen der Verwaltung. Etliche Gesetze, direkt ins Mongolische übersetzt, traten ohne weiteres unmittelbar in Kraft. Vollzog der nördliche Nachbar einen Schwenk, gab es Umorientierungen in der Sowjet-

Geschichte und Politik

politik, dann reagierte die Volksrepublik seismographisch genau und zog mit zeitlicher Verschiebung bald nach. Linientreue hieß das. Sowieso saßen an entscheidenden Stellen russische Experten und Berater, deren Zustimmung in allen wichtigen Belangen erforderlich war. Auffällig war, wie viele Politbüromitglieder mit russischen Frauen verheiratet waren: mehr als die Hälfte. Das Verhältnis unter Brüdern war eng – war dies der Ausdruck dafür?

Die brüderliche Freundschaft ging allerdings im November 1989 in die Brüche, als die Protestkundgebungen gegen die kommunistische Zentralgewalt in Ulaanbaatar einsetzten. Auf jedem Mongolen lasteten Schulden von 20 000 Rubeln gegenüber der UdSSR. Der Niedergang der Volksrepublik folgte dem Zusammenbruch der Sowjetunion; so eng miteinander verzahnt waren beide Staaten, daß viele im Westen immer noch glauben, die Mongolei sei eine russische Teilrepublik gewesen. Der Außenhandel, zu 95% über die COMECON-Länder abgewickelt, hatte einseitige Abhängigkeiten geschaffen. Rohstoffe, darunter auch Uran, Gold und Kupfer, aus dem Billigland Mongolei waren von Rußland auf dem Weltmarkt gewinnbringend verkauft worden, und im Gegenzug wurde das Bruderland mit verbilligtem Öl und ausgedienten Fabrikanlagen und Technologie beliefert.

Nun sah sich die Mongolei alleine gelassen, die zinslos gewährten Kredite blieben aus, ebenso die dringend benötigen Ersatzteile, Maschinen und Ausrüstungen. Die waren in den letzten Jahren ohnehin nicht mehr geliefert worden, und viele mittlerweile veraltete Betriebe konnten nur noch mit Geschick und Improvisationskunst technisch in Gang gehalten werden. Der unter Gorbatschow eingeleitete Truppenabzug, einschließlich Experten, vollzog sich weiter. Die Hinterlassenschaften boten keine Ausgangslage für einen Neuanfang: zerstörte militärische Anlagen, verlassene Kasernen, bewußt demolierte Soldatenunterkünfte, leere Wohnruinen und Einrichtungen, mit Abfall und Schrott übersäte Truppenübungsplätze, heruntergewirtschaftete Betriebe, die von Mongolen nun zusätzlich restlos ausgeschlachtet wurden.

Der Vertrag über freundschaftliche Beziehungen und Zusammenarbeit zwischen der GUS und der Mongolei von 1993 knüpfte an das Abkommen beider Staaten von 1921 an. Jenes war zu einer Zeit zwischen beiden geschlossen worden, als dies völkerrechtlich gesehen der Äußeren Mongolei noch nicht gestattet war und die UdSSR sie zumindest auf dem Papier noch als Bestandteil Chinas betrachtete. In der Neuauflage des Vertrages verzichtete die Mongolei auf Entschädigung für die Repressalien von damals und blieb Schuldner der GUS für die Zuwendungen aus Sowjetzeiten. Anfang 2004 erließ die GUS aber 95 % der Schulden.

Neuzeit auf Mongolisch

Früher haben wir uns auf die Pferde geschwungen und sind dorthin geritten, wo wir Reichtümer witterten, haben uns geholt, was uns fehlte; heute sind wir zu einem Nehmerland, einem Hilfsempfänger geworden. So lauten kritische Stimmen in der Mongolei selbst. In den vergangenen zwölf Jahren hat der Staat noch mehr Schulden verursacht als in den siebzig Jahren Sozialismus zuvor, und sie wachsen weiter an. Darüber hinaus berauben wir uns selbst, unserer für die Wirtschaftsentwicklung so notwendigen Grundlagen.

Äußerlich betrachtet sind es die Demontage – wie viele lebten vom Abmontieren und Verkauf alter Eisenteile nach China! – und der Abbau fast aller im Sozialismus errichteten Strukturen. Rückgang auf allen Ebenen ist die Folge. Auf dem Weg zu einem Entwicklungsland, dessen Ressourcenreichtum eigentlich erst entdeckt wird, verarmt die Gesellschaft erschreckend schnell. Das Wirtschaftswachstum der letzten Jahre beschränkt sich auf Ulaanbaatar und sein Umland. Das weite Hinterland fällt mehr und mehr zurück, die Ausgrenzung großer Gebiete und großer Bevölkerungsgruppen ist bedrohlich. Wildes Wirtschaften und Raubkapitalismus, Freiheit, die anarchisch anmutet, gefährden die Öffnung hin zu einer demokratischen Gangart.

Allein die 1992 zugesagte internationale Finanzierungshilfe von 320 Mio. US-$ auf 18 Monate entsprach einer Pro-Kopf-Hilfe von ca. 130 US-$ für jeden Mongolen. Damit ist die bevölkerungsarme Mongolei zweifellos einer der größten Empfänger internationaler Hilfe geworden, Deutschland und Japan sind wichtigste Geberländer. Auffällig, daß Kredite für Umstrukturierungen nicht abgerufen wurden, bemängelte der Internationale Währungsfonds allerdings. Es hinken die Reformen, die Wirtschaft schleppt sich hin.

Zu nennen ist da einiges: Ungereimtheiten in der Politik im Zusammenhang mit Korruptionsvorwürfen und dem Kampf, der mit einer neuen Antikorruptionsgesetzgebung geführt werden soll (von 1991 bis 1995 wurden 389, zwischen 1996 und 2000 1030 Dienstvergehen aufgedeckt); die Unfähigkeit sprich Unbeweglichkeit in vielen Bereichen der Verwaltung und des öffentlichen Sektors, die natürlich bis in die Provinzen hineinreicht (bei Zoll- und Finanzämtern, Kontroll- und Aufsichtsbehörden) und in eine nicht offene, häufig falsche Auslegung der Bestimmungen, ja in einen übereifrigen Bürokratismus mündet; die Undurchsichtigkeit bei Berichten und Verlautbarungen der Behörden, allen voran des Statistischen Amtes der Mongolei, das anstelle fundierter Statistiken nur Kostproben daraus bekannt gibt. Aber der Hang zur Verschleierung geht bis in die Jurten der Nomaden hinein. Ihr Vieh unterliegt der Steuer. Es weidet frei, zieht umher und entzieht sich daher schon von Natur aus dem Versuch, Kopf für Kopf gezählt zu werden. So weichen die offiziellen von den inoffiziellen Zahlen um Abermillionen von einander ab: 33 Mio. Tiere gegenüber 50 Mio. Ebenso ist es mit der Fördermenge des Goldes, das auch der Steuer unterliegt. 2001 soll es angeblich einen Anstieg der Förderung um 20% gegenüber dem Vorjahr gegeben haben, Schätzungen aber nennen eine 250%ige Steigerung. Die Bankenzusammenbrüche, bei denen Unsummen, auch Gelder ausländischer Partner verschwanden, sind ein ebenfalls noch nicht geklärtes Kapitel der jüngsten Geschichte. Selbst wenn sich die Finanzlage inzwischen gefestigt hat. Erst kürzlich prangerte der Präsident der Mongolbank O. Tschuluunbat die Selbstbedienungshaltung seiner Landsleute an: «Noch immer gilt das Wort, wonach ein Banker, der Kredite vergibt, dämlich ist, ein Geschäftsmann, der sie zurückzahlt, aber noch dämlicher.»

Die Volksrepublik Mongolei war Bestandteil der sozialistischen Welt, und alle Aktivitäten der Innen- wie der Außenpolitik waren von der Idee der Sozialistischen Internationale bestimmt. Das Auseinanderfallen der UdSSR und die darauf folgenden Umwälzungen in Osteuropa seit der Mitte der 1980er Jahre waren bald auch in der Mongolei spürbar, die einseitige Ausrichtung auf den Ostblock zeitigte katastrophale Auswirkungen: Die Mongolei stand plötzlich in einem Leerraum. Das Ende aller Anbindungen war die verspätete Freiheit, die Entlassung in die wirkliche Unabhängigkeit, wie sie schon 1921 erhofft worden war. Nach 1921 wollte man eine völlig neue Gesellschaft, die Sozialistische Internationale war der Lohn. Nach dem März 1990 war es ähnlich, die

Jungedemokraten wollten das Ende der bisherigen Geschichte, die Stunde Null. Das Aufbegehren erwies sich als richtig, die Regierung trat zurück, ohne Blutvergießen. Als es vorbei war, erwachte man wie aus einem Traum.

Was dann geschah, verlief nicht nach dem Muster anderer ehemaliger Ostblockländer. Ohnehin ist die Mongolei besonders, in ihrem Kern nomadisch, asiatisch, und da eben zentralasiatisch; war auch die Geschichte als Großmacht vergangen, hing man ihr dennoch inniglich an, den Glauben an die eigene große Staatlichkeit himmelhochhaltend. Die alte Partei, die MVRP, blieb nach der Kehrtwende an der Macht, war selbst der Vollzieher der Neuerungen.

Die demokratischen Kräfte formten sich, aus der Bürgerbewegung gingen rasch verschiedene politische Parteien hervor. Bat-Uul war der Begründer der ersten demokratischen Partei, der Mongolischen Demokratischen Partei (MDP), dem folgte D. Ganbold mit der Nationalen Fortschrittspartei, die als liberale Partei das alte Regime nicht für erneuerungsfähig hielt, B. Batbajar mit der Mongolischen Sozialdemokratischen Partei (MSDP), der auf seine Wahlplakate einen lächelnden Dschingis Khan drucken ließ. S. Dsorig, der zuversichtlich-überzeugende Führer, war zunächst Vorsitzender des Mongolischen Demokratischen Bundes, ehe er ein Jahr später die Republikanische Partei gründete (1998 wurde er ermordet).

Rasch wurde ein neues Wahlgesetz nach westlichem Muster verabschiedet. 430 Sitze im Großen Volkschural wurden nach dem Mehrheitswahlrecht und 53 Sitze im Kleinen Volkschural nach dem Verhältniswahlrecht besetzt. Die erste «freien» Wahlen 1990 verliefen unspektakulär, die neuen Parteien waren noch nicht etabliert, die Demokraten, auf dem Land unbekannt, hatten ohnehin nicht genügend fähige Kandidaten, bekamen aber dennoch nebst einigen Parteilosen einen kleinen Anteil an Mandaten. Der Löwenanteil ging an die alte MRVP.

1992 gab sich die Mongolei auf der Grundlage der deutschen eine neue Verfassung: die Volksrepublik wurde zur Republik. Die deutschen Gesetze waren auch Vorbild bei der sozialen Gesetzgebung. Der Große Volkschural schaffte sich konsequent selbst ab: Die Neuwahlen, die für den Juni desselben Jahres angesetzt waren, galten nur noch einer Kammer, die auf 76 Sitze verkleinert war und nun Großer Staatschural genannt wurde. Den Streit um

Verhältniswahl- und Mehrheitswahlrecht entschied man zugunsten des letzteren und somit für die alte MRVP; obwohl die Mongolische Demokratische Partei und die Nationale Fortschrittspartei ein Wahlbündnis eingingen, erreichten alle neuen Parteien und ein Parteiloser nur 6 von 76 Mandaten.

Die Genossenschaften wurden 1992 aufgelöst, das Vieh privatisiert. Der Staat hatte das Monopol auf das Bankwesen aufgegeben, Privatbanken wurden gegründet. Aber die Wirtschaft lag bald am Boden, die Krise spitzte sich 1992 noch zu. Die an sich schon dürftige Infrastruktur brach fast zusammen, Fabriken schlossen, Preise schnellten hoch, die Inflationsrate lag bei jährlich fast 350%, das Benzin ging aus, die Läden waren leer, die Menschen wurden arbeitslos. Die Angst vor dem Jahr des Affen (1992/93) regte sich. Affenjahre waren immer Krisenjahre gewesen, man verbindet ein Bild mit ihnen: Der Affe hockt auf einem Messer, und sobald er sich regt, tanzt auch des Messers Schneide. 1994 war die Talsohle durchschritten. Danach sollte es noch einmal zwei Jahre dauern, bis die demokratischen Kräfte reiften und sich erfolgreich bündelten. Der Umgang mit den neuen Politik und ihren Spielregeln wurde zermürbend für die Vertreter der jungen Demokraten.

Als Sprecher der Opposition wurde Z. Elbegdordsch aus dem Parlament gedrängt, er hatte behauptet, verdeckte chinesische Aktivitäten schadeten der mongolischen Wirtschaft. Bei der ersten direkten Wahl zum Staatspräsidenten wurde im Juni 1993 P. Otschirbat gewählt, ein Mann, der demokratiefreundlich war und der immer abzuwägen wußte; obwohl Mitglied der MRVP, war er der Kandidat der demokratischen Parteien.

Inzwischen gab es die Vereinigung der drei ersten Parteien mit einer vierten, der Renaissance-Partei, zur Mongolischen Nationalen Demokratischen Partei (MNDP). Ein Wahlbündnis, dem nun auch die MSDP unter dem neuen Vorsitzenden R. Gontschigdordsch beitrat, sollte die Aussichten für die Wahlen 1996 erhöhen. Im Februar kam das Bündnis Demokratische Union der MNDP und MSDP mit Grünen und anderen kleinen Parteien zustande. Auf dem Land wurde kräftig geworben, und es gelang ihm ein Wahlerfolg: nur 37% der Stimmen für die MVRP, aber 47% für die Demokratische Union, die um nur einen Sitz an der für Verfassungsänderungen notwendigen Zweidrittelmehrheit vorbeiging.

Das erste Regierungsjahr war ein beängstigend beschleunigtes, der neue Premierminister M. Enchsaichan hatte sich zum Ziel gesetzt, solange Staatspräsident P. Otschirbat ihn flankieren würde, Reformen zügig durchzubringen. Marktwirtschaft und Demokratisierung der Gesellschaft waren oberstes Gebot. Erst kam die Abschaffung der Preisbindung, auch für Strom und Wasser und das öffentliche Verkehrswesen, was aber Proteste auslöste. Die Privatisierung des staatlichen Wohnungseigentums gelang, erste Schritte zur Bodenreform auch, dann sollten die großen Betriebe und Staatsunternehmen an Private überführt werde, was aber nur teilweise gelang. Aber Steuer- und Rentenreform wurden eingeleitet.

Der Mai des Jahres 1997 brachte einen neuen Staatspräsidenten, der 2001 im Amt bestätigt wurde: N. Bagabandi von der MVRP. Im Herbst kam es zum ersten Mißtrauensantrag der MVRP gegen den amtierenden Premierminister M. Enchsaichan. Die Debatte wurde zwei Tage lang leidenschaftlich geführt und öffentlich übertragen, die Anteilnahme unter der Bevölkerung war groß. Das war neu. Der Premierminister blieb. Im April des folgenden Jahres wurde er dennoch abgelöst, Z. Elbegdordsch wurde sein Nachfolger.

Die Zeit der Demokraten von 1996 bis 2000 brachte viele Regierungswechsel, Wirbel und Widerstand der Oppositionspartei MVRP, die oft wochenlang den Sitzungen fernblieb, das Parlament beschlußunfähig machte und den Fortgang der Regierungsgeschäfte bremste. Ermattet, auch wegen der Auseinandersetzungen untereinander zunehmend zersplittert und entmutigt, zeigten viele Demokraten gegen Ende ihrer Amtszeit eine Art Politikverdrossenheit. Wir wollen uns erholen, es wird eh nichts zu verrichten sein in nächster Zeit, war es mutlos zu hören: Unkultur und Unbotmäßigkeit seien im Parlament an der Tagesordnung, wie läßt sich so vernünftig regieren? Und wo sind die Politiker, die sich für das Gemeinwohl im Land einsetzen? Sich sammeln, sich weiterbilden, sich rüsten und vorbereiten auf eine spätere Amtsperiode, so war es hier und da zu hören, als wenn man die kommende Wahlniederlage vorhergesehen hätte.

Westliche Beobachter (so auch von der Konrad-Adenauer-Stiftung) schätzten den Demokratisierungsverlauf in der Mongolei durchaus nicht negativ ein: Die Wahl der Demokratischen Union von 1996 kennzeichne das Hin zu mehr Reformen und sicher nicht die Rückkehr zum Alten. Das Umschwenken auf die alte MVRP von 2000 sei keine Abkehr von der neuen Richtung, bringe aber

Visionen für das Jahr 2010

Auszüge aus einem Manifest der mongolischen Studierenden der Rechts- und Gesellschaftswissenschaften in Deutschland, Heidelberg, Mai 2001:

«Wir haben das Glück, das erworbene theoretische Wissen sowie dessen Verwirklichung in der Praxis des öffentlichen Lebens in einer entwickelten rechtsstaatlichen Demokratie vor Ort mitzuerleben. Es ist daher selbstverständlich unser Wunsch, unser Heimatland im Jahr 2010 uns so vorzustellen, dass die Mongolei zu dem genannten Zeitpunkt den heutigen Rückstand zu Deutschland in der politischen, rechtlichen und gesellschaftlichen Entwicklung möglichst verringert haben wird.

Trotz der einsetzenden Globalisierung wollen wir künftig für die Aufrechterhaltung der staatlichen Souveränität der Mongolei eintreten. Eine der Voraussetzungen dafür ist die Bewahrung der nationalen Identität der Mongolen einschließlich des reichhaltigen kulturellen Erbes.

Einer Nation kann es nur gut gehen, wenn ihr Staat klug regiert wird und wenn das Volk geistig entwickelt ist.

Hier nun einige Visionen:
– Einführung des konstruktiven Mißtrauensvotums nach dem Vorbild des deutschen Grundgesetzes beim Sturz der Regierung.
– Einführung des Verhältniswahlrechts (materielles Verfassungsrecht), damit im Parlament ein normaler Wettbewerb zwischen den Fraktionen des Regierungsmehrheit und der Opposition entfaltet werden kann.
– Restriktive Auslegung der Befugnisse des Staatspräsidenten (Vorbild des deutschen Bundespräsidenten als Reservefunktion) im Normalfall
– Die Verbesserung der Arbeit der öffentlichen Verwaltung (auch der Gerichte), insbesondere die Bekämpfung der Korruption bei Inhabern öffentlicher Ämter wird voraussichtlich in den nächsten Jahren eine große Herausforderung für die mongolische Gesellschaft bleiben. Die Mongolen waren in ihrer Geschichte stark und haben etwas erreicht

vielleicht den Wunsch nach mehr Sicherheit zum Ausdruck. Gewählt wird, und das zählt.

Mit der neuen MVRP-Regierung, die seit Sommer 2000 im Amt ist, verschleppen sich dringende Reformen und Maßnahmen weiter, etwa die Privatisierung der letzten großen Staatsbetriebe, einschließlich der Fluglinie MIAT, Gesetzesregelungen zum Erwerb von Grund und Boden, auch wenn sie auf Unmut und Widerstand stoßen werden, die Schaffung von Arbeit statt ihrer Abschaffung,

nur dann, wenn Disziplin und Ordnung im öffentlichen Leben herrschten (bspw. unter Dschingis Khan).
- Natürlich sind nur aufrichtige, gerechte, gesetzestreue, fachlich geeignete Persönlichkeiten in den Staatsdienst zu übernehmen.
- Förderung des investigativen Journalismus im Kampf gegen Korruption.
- Verbesserung des Erziehungs- und Bildungswesens in der Mongolei. Das soziale Leben in einer Gesellschaft wird von geistigen Faktoren entscheidend mitgeprägt. 10 Jahre nach der demokratischen Wende stellen wir leider fest, daß in der Mongolei das geistigen Niveau der Gesellschaft ziemlich heruntergekommen ist. Verschiedene soziale Werte sind wertlos geworden, nur das kapitalistischen Denken (Geld, materieller Reichtum, Profit) beherrscht zunehmend den Lebenszweck der Mongolen. Viele Menschen sind ohnehin dem puren Überlebenskampf ausgeliefert, so daß für sie moralische oder rechtliche Verhaltensnormen ohne Relevanz geworden sind. Ein solcher Schaden hat Langzeitwirkung.
- Der Staat soll eine längst fällige Entscheidung bezüglich des sozialen Entwicklungskonzeptes der Gesellschaft treffen, und zwar über die Erhaltung der traditionellen Nomadenlebensweise auf dem Land und die Fortentwicklung des städtischen Lebens nach dem klassischen Modell. Sonst bezeugt der jetzige Zustand in den Ger Choroolol (Jurtenbezirken) der Städte die Perspektiv- und Trostlosigkeit dieser Mixtur von Nomadentum und Stadtleben.
- Die öffentliche Schulbildung soll auf ein ordentliches Niveau gebracht werden. Momentan ist die schulische Ausbildung im sehr beklagenswerten Zustand, die guten Lehrer und Pädagogen sind an den öffentlichen Schulen rar geworden. Die meisten suchen lieber ihr Glück in der Privatwirtschaft. Der Beruf des Pädagogen ist fast am Aussterben. Die Bildungspolitik muss nicht unbedingt den elenden Finanzen zum Opfer fallen, sonst wird nachher das geistige Elend die ganze Gesellschaft erfassen, was schließlich Aus und Ende der geschichtlich ruhmreichen mongolischen Nation bedeuten würde.

die Förderung von Absatzmärkten und einer Fertigungsindustrie, aber vor allem die Einbeziehung der Landbevölkerung in die Gesamtplanung. Die Kluft zwischen Stadt und Land tut sich weiter auf. Gibt es überhaupt ein Konzept? 20 bis 25 Jahre gibt der gegenwärtige Premierminister N. Enchbajar als Zeitspanne an, in der es geschafft sein müßte, echt demokratisch und marktwirtschaftlich zu sein, mit einem Pro-Kopf-Einkommen von 1 500 bis 2000 US-$. Gefährlich wird es, wenn dies nicht erreicht sein wird.

Die Mongolei ist ein Rohstofflieferant geblieben, Anzeichen des Aufbaus einer ausfuhrorientierten Fertigungsindustrie gibt es kaum. Das Land, so zeigte es auch die Wirtschaftskrise von 1998, ist anfällig, da es stark vom Weltmarkt und seiner Preispolitik abhängt; die sinkenden Kupfer- und Kaschmirpreise sind beispielhaft. Die Ansammlung von Macht im Zentrum, in der Landeshauptstadt, verbunden mit der Abwertung der Provinz kommt einer Entmachtung weiter Landesteile gleich. Die hohe Staatsverschuldung bewirkt auch die Verschlechterung des öffentlichen Bereichs, z. B. in Schulen, Krankenhäusern, für die Rentner, die Polizei und die öffentlichen Transportmittel, verbunden mit Personaleinsparungen, der Unlust an der Arbeit, niedrigen Verdiensten und geringen Weiterbildungsmöglichkeiten. Der schwach ausgebauten Verkehrsstruktur in dem dünn besiedelten Land mit unter 2000 geteerten Straßenkilometern in schlechtem Zustand steht allerdings ein gut funktionierendes Telekommunikationssystem gegenüber, das noch weiter ausgebaut wird.

Präsident N. Enchbajar antwortete auf die Frage, wie das Verhältnis zu Rußland und China sich gestalte und welche Erwartungen an Europa gestellt seien: Europa möge unser dritter Nachbar sein!

Überzeugten Liberalen erscheint die Mongolei als Hätschelkind. In einem Umfeld von krisengeschüttelten asiatischen Ländern verstehen sie sie als nahezu musterhaftes Fallbeispiel eines moralischen Tummelplatzes: als letzten, aber auch besten Platz zum Erproben neuer Entwicklungstheorien. Und es besser zu machen als andernorts ist fast zum Sport geworden für die unterschiedlichsten internationalen Organisationen, einschließlich der christlichen Gruppen, die nun einen der letzten weißen Flecken auf ihrer Weltkarte getilgt sehen wollen. Dieses Land, so überreich an allem, was die Natur in diesen Breiten zu bieten hat, fast ohne Analphabeten und mit einer gut ausgebildeten Elite, mit körperlich kräftigen und ausdauernden Menschen, die Schwerstarbeiten gut verrichten können, kann doch nicht die Rolle eines Versuchskaninchens auf dem Spielfeld der internationalen Gemeinschaft spielen?

1992 in der Ostmongolei: In der ehemaligen Bibliothek ist ein Kloster einquartiert worden. Die drei Initiatoren, damals alle weit über siebzig Jahre alt, sind inzwischen verstorben.

RELIGION

Die altmongolische Religion

"Himmel und Erde stärkten uns die Kraft», heißt es in der «Geheimen Geschichte». Mit dem Bild der weiten Natur Zentralasiens vor Augen, gegen die der Mensch klein und machtlos wirkt, fällt es nicht schwer, sich die Verehrung für den ewigen blauen Himmel und die Erdmutter vorzustellen. Als nomadisierende Stämme, vorrangig mit Jagd und Viehzucht beschäftigt, waren und sind die Mongolen den Elementarkräften und Naturgewalten ausgesetzt und ihnen verbunden, denn nur ein geschickter, respektvoller Umgang mit ihnen sichert ihnen das Wohlwollen aller sichtbaren und unsichtbaren Kräfte: Tu niemals etwas aus Bosheit oder Ärger, töte kein Tier unnötig und lebe in Einklang mit der Natur.

Sie lebten mit der Vorstellung – die heute wieder auflebt –, daß diesseitige Welt und jenseitige Welten in komplizierter wechselseitiger Abhängigkeit zueinander existieren. Nur durch beiderseitiges Einvernehmen kann ein Gleichgewicht aufrechterhalten werden. Man glaubt, eine parallele, feinstoffliche Welt voller *tenger* äußere sich sowohl positiv als auch negativ; Gebete, Opfer, Zeremonien sollten das Wirken dieser Wesenheiten für den Menschen günstig stimmen. Unter *tenger* verstehen die Mongolen den obersten Himmelsgott, den Schöpfer aller sichtbaren wie unsichtbaren Dinge, aber auch die große Heerschar von Himmlischen, Geistwesen und Ahnengeistern. In Schamanengesängen heißt es: Oben die 99 *tenger*, unten die 77schichtige Erdmutter. *Tenger* gibt es für alle Lebenslagen: Reichtums- und Fruchtbarkeitsgottheiten, Beschützergottheiten der Pferde und Rinder, Beherrscher von Naturgewalten wie Wind, Nebel, Donner und Blitz, Wolken und Regen, ferner auch *tenger* des Mitgefühls, einen *tenger* gegen Unfall und Epidemien, einen für die Schönheit, einen als Herren der Streitsachen, einen anderen als Herrscher der Verwünschungen und viele mehr. Sie werden in Gebeten angerufen, und dabei erfahren wir, wie sie aussehen, welche Attribute, Waffen, Reittiere sie besitzen und über welche Kräfte sie verfügen. In Anbetracht des Wiederauflebens der althergebrachten Naturverehrung von Aberglauben zu sprechen, ist vorschnell gedacht. Viele traditionelle Mongolen, Städter eingeschlossen, leben mit den alten Geist- und Naturprinzipien und tun dies auf vielerlei Art durch kleine, für den Fremden oft kaum wahrnehmbare Gesten kund.

Blau *(chöch)* ist die heilige Farbe, blau ist der hohe Himmel. «Möge dein Weg so weiß sein, wie diese Schale mit Milch! Möge vor Dir ein Land unter blauem Himmel liegen!» – so oder ähnlich lautet der Segen für den Reisenden, der einen langen, ungewissen Weg vor sich hat.

Wenn sie nicht zerstört wurden, verfielen unter der kommunistischen Herrschaft die alten Schreine und *owoo*, das sind die Wohnsitze der örtlichen Gottheiten und Geister. Heute errichtet man auf Pässen, Bergkuppen, an Kreuzwegen, Seen, Flüssen, Quellen, auch in Bäumen wie Weiden, Birken, Lärchen und Wachholder wie ehedem *owoo*, indem entweder Steine aufeinandergehäuft oder Holzstangen, Astwerk und Reisig, mit bunten Stoffstreifen behangen, zu einem runden, zeltförmigen Gerüst arrangiert werden. Groß war immer die Ehrfurcht vor den Bergen und ihren Herren. Der Lobgesang für den Altai, für den Changaj zeugen davon. Noch heute hüten sich viele Mongolen aus Scheu und Respekt, den Namen des Berges, der gerade in Sicht ist, die Paßhöhe, die gerade passiert wird, offen auszusprechen, sie umschreiben den Ort lieber mit «der Heilige» oder «der Hohe». Jeder an einem *owoo* Vorbeikommende sollte sich dort für die bislang erfolgreiche Reise bedanken, und während er gleichzeitig um den weiteren guten Verlauf bittet, sollte er zumindest einen Stein vom Weg, wenn nicht gar andere Opfergaben mit einem Gebet dort niederlegen und den *owoo* im Sonnensinn dreimal umrunden. Durch Opferhandlungen beim *owoo* soll das darin niedergelassene Geistwesen gnädig gestimmt und veranlaßt werden, seine Wohnung nicht mehr zu verlassen, und auch in Zukunft den Menschen Schutz zu gewähren. Heute erinnern manche *owoo*, insbesondere die an vielbefahrenen Straßen, eher an Müllabladeplätze. Traditionsbewußte Mongolen ärgern sich: «Unsere Eltern lehrten uns, weiße Gaben, also getrockneten Käse, Milch, auch Schädel von geheiligten Pferden und Schafen darzubringen.» Dann kamen die kleinen Kupfermünzen auf (so daß es mit der neu einsetzenden *owoo*-Verehrung zur landesweiten Münzknappheit kam), Geldscheine, Süßes, Räucherwerk. Jetzt stehen leere Schnapsflaschen und ausgediente Thermoskannen herum, und halbverrottete Kuhschädel neben Autoreifen, Eisenteilen aller Art und Patronenhülsen.

Religion

> **Feueropfer**
>
> Das Feuer an sich und die häusliche Feuerstelle, gegebenenfalls der Kohle- oder Holzherd einer Plattenbauwohnung in Ulaanbaatar, sind in den kalten Jahreszeiten lebenswichtig. Die Feuer-Gottheit gilt als Beschützerin der Jurte und des Hauses. Ihr kommt eine wohltuende, reinigende Wirkung zu. So wird vor der Mahlzeit oft von der Suppe oder dem Fleisch etwas dem Feuer geopfert. Das Feuer zu verunreinigen, indem Abfälle darin verbrannt werden, gilt als großes Vergehen. Ähnlich wird auch die Verschmutzung von Wasser durch Unrat oder wenn jemand sein Geschäft dort verrichtet, als Mißachtung der Wassergeister verstanden, die sich bei dem Verursacher dafür rächen können, indem sie Krankheiten und sonstige Mißgeschicke senden. Modern gesprochen: Es wird hier ein Hygienegesetz befolgt, das lebenserhaltend ist.

Schamanen: Heiler und Wahrsager

Ehe der tibetische Buddhismus in der zweiten Hälfte des 16. Jahrhunderts, verhältnismäßig spät, endgültig in der Mongolei Fuß faßte, war das Schamanentum *(böögin schaschin)* in diesem Teil Zentralasiens einschließlich Sibiriens vorherrschend. Der Schamane *(böö)*, Heiler und Wahrsager, fungiert als Mittler zwischen den Menschen und der Domäne der Geister und Gottheiten. Wir möchten auf das Schamanentum eingehen, um dem westlichen Menschen diese Weltsicht, die bis in die Neuzeit hinein die Lebenswelt der Mongolen prägt, etwas näherzubringen.

Schamane ist im wahrsten Sinne des Wortes ein «Beruf», denn der Mensch wird zu dieser Aufgabe «berufen», und zwar von den Geistern Verstorbener – ohne sein Zutun und gegen seinen Willen. Die Zeit der Berufung geht einher mit Krankheiten verschiedenster Art, Ausdruck einer Umstellung auf allen Ebenen des Organismus. Nach dieser Transformation hat der Berufene neu sehen gelernt, sieht mit einer Art Röntgenblick durch Dinge hindurch, hat Krankheit erfahren und überwunden, was ihn zum Heilerberuf ermächtigt. Es folgen Träume und Visionen von Ahnen sowie

Alte Orakeltechnik der 41 Steine, mittels derer man sich Rat in allen Lebenslagen holen kann. Die traditionellen Wahrsagetechniken erfreuen sich wieder großer Beliebtheit.

Zum Schamanen berufen

Wie es anfing bei mir? Wie ich Schamane wurde? Ich war dreizehn Jahre alt. Es war Herbst. Ich war draußen und da sah ich in der Ferne einen Reiter, und siehe da, plötzlich lenkte er sein Pferd in Richtung unseres Ail. Aber da konnte ich den Kopf des Reiters schon nicht mehr sehen. Der war so weit oben und reichte bis in den See hinein, der weiter hinten lag. So ein langer Mensch war das! Dann aber wurde ich gewahr, daß er eine Mistgabel aus Eisen in der Hand hielt und mich damit wie ein Stück Viehmist aufheben wollte. Da wurde ich bewußtlos. Dann – so erzählten sie mir später – habe ich eine eiserne Schüssel mit zwei Henkeln in die Hand genommen und angefangen, zu schamanen. Ich war im wahrsten Sinne des Wortes wahnsinnig geworden.

Zur Welt gekommen bin ich im Jahr der Schlange, also 1928. In der Nacht meiner Geburt sollen Menschen Licht über dem Dachreifen unserer Jurte gesehen haben. Als Mutter in den Wehen lag, lief Vater zu den Nachbarn hinüber, um eine alte Frau zu holen, die dem Neugeborenen, also mir, die Nabelschnur durchschneiden sollte. Die Alte kam mit, und auf halbem Weg hörten sie schon ein Kind schreien. In diesem Augenblick sahen sie am nächtlichen Himmel über der Jurte ein mächtiges weißes Licht in die Höhe schießen. Später entdeckte die Alte auf meiner Haut so einen weißen, durchsichtigen Schleier, der aussah, als ob der Körper mit Vaseline beschmiert gewesen sei.

Ich war ein Landkind, das ritt und nach den Tieren schaute. Mit acht Jahren nahm mich der Lama Chülchüü Badsar als Schüler an. Bis zu meinem dreizehnten Lebensjahr mußten wir das geheim halten. So war die Zeit damals. Ich war ja das Kind eines Konterrevolutionärs.

Aus: Amélie Schenk: Herr des schwarzen Himmels

Reisen in die obere himmlische und die unterirdische Welt, wo er von körperlosen Geistwesen belehrt und initiiert wird. Diese Zeit voller Qualen, Leiden und extremer geistiger Verwirrtheit, die «Schamanenkrankheit», hört erst auf, wenn der Neuling seinen Ruf annimmt und eine praktische Ausbildung bei einem «Schamanenlehrer» beginnt.

Der Wirkungsbereich des Schamanen ist die Welt der Seele, er überschreitet die Schwelle dieser Welt und dringt in einen Kosmos ein, der – anders als unsere kausallogische Welt – bestimmt ist von Raum- und Zeitlosigkeit und der Durchlässigkeit der Substanz. Er hat gelernt, willentlich in diese Dimension, diesen «veränderten

> **«Uns aber gab er Weissager»**
>
> Am Pfingstsonntag 1254 ließ der Khan Wilhelm von Rubruk zu sich rufen. Es war beschlossene Sache, daß der Franziskaner die Mongolei verlassen sollte.
>
> «Dann begann er, mir seinen Glauben zu bekennen: ‹Wir Mongolen glauben, daß es nur ein Gott ist, in dem wir leben und sterben, und auf ihn richten wir unser ganzes Herz. ... Aber so wie Gott der Hand verschiedene Finger gab, so gab er auch den Menschen verschiedene Wege, die Seligkeit zu erlangen. Euch gab Gott die Heilige Schrift, aber ihr Christen richtet euch nicht danach. So findet ihr zum Beispiel nicht in eurer Schrift, daß ein Mensch einen anderen tadeln darf, nicht wahr? ... Gleichermaßen findet ihr nicht darin, daß jemand für Geld von der Gerechtigkeit abweichen darf? ... Euch gab also Gott die Heilige Schrift, doch ihr haltet sie nicht. Uns aber gab er Weissager. Wir richten uns danach, was sie sagen, und wir leben in Frieden.›»
>
> Aus: Wilhelm von Rubruk: Reisen zum Großkhan der Mongolen

Bewußtseinszustand», zu reisen und wieder von dort zurückzukehren. Der Schamane stellt nun seine Kenntnisse seiner Stammesgemeinschaft zur Verfügung und kann auf Verlangen jederzeit eine Séance zum Heilen und Wahrsagen durchführen.

Die Praxis der Schamanen galt bis vor kurzem als Geschichte. Jahrzehntelang unterdrückte die politische Führung jegliche Religionsausübung, verfolgte und verhaftete also auch Schamanen und konfiszierte oder vernichtete systematisch ihre Ausrüstungsgegenstände. Mit der wiedergewonnenen Freiheit leben seit 1990 auch Phänome des Schamanentums wieder auf. Wahrsager, Heiler, Knocheneinrenker, medial Begabte treten wieder hervor. Schicksalsgläubigkeit und die überkommene Vorstellung, man stehe in der Gnade des Himmels, leben fort, sogar bei sich ganz modern gebenden Menschen. Selbst Staatspräsident Otschirbat hatte bis zum Frühsommer 1993 auf Staatskosten einen Seher *(üdsmertsch)* beschäftigt.

Buddhismus ist die wesentliche Religion in der Mongolei, allem zugrunde aber liegt das Schamanentum. Schamanen sind Helfer in allen Lebenslagen.

Mongolisch-tibetischer Buddhismus: Kultur- und Bildungsträger

Angeprangert als volksverdummendes Herrschaftsinstrument in einem angeblich kulturarmen, rückständigen Land, «mußte» die Religion von der volksrevolutionären Bewegung hinweggefegt werden. Heute wird allmählich der unwiederbringliche Verlust erkannt, den die antireligiöse Säuberungskampagne mit ihrem Höhepunkt in den Jahren 1937/38 gebracht hat.

Obgleich die Mongolei zu den buddhistischen Ländern zählt, trägt die Kultur stark synkretistische Züge. Bedingt durch die Beweglichkeit der nomadisierenden und kriegführenden Steppenbewohner ergaben sich vielseitige Kontakte sowohl zu anderen asiatischen Völkern als auch zu den Hochkulturen des Mittleren und Vorderen Orient und schließlich auch zu Europa: Manichäismus, Taoismus, Nestorianismus, Islam und auch Katholizismus und Buddhismus prägten die Nomadenwelt und hinterließen ihre Spuren in Alltagskultur und traditionellen Glaubens- und Brauchtumsformen. Erst ab dem Ende des 16. Jahrhunderts wurde der Buddhismus, aus Tibet kommend, richtungsweisend für das geistige und soziale Leben. Die Klöster wurden religiöse, kulturelle und pädagogische Wirkstätten. Jede Lamaserie besaß ihre eigene Universität mit verschiedenen Fakultäten (*dazan*). Mehr als 100 000 Lamas und Laien studierten schließlich vor der sozialistischen Revolution die Lehre, und zwar vor allem die Theorien der Medizin, Astrologie und Astronomie, Logik, Rhetorik und Prosodie, Kunsthandwerk und Yoga. Schätzungen nennen für das ausgehende 19. Jahrhundert 40 % der männlichen Bevölkerung, die Mönche waren, Zahlen von 1921 sprechen von 747 Klöstern und 1818 Tempeln auf dem Gebiet der nördlichen Mongolei. Dank der Klöster erhielten die Menschen einen gewissen Bildungsgrad, der keineswegs so gering war, wie gemeinhin angenommen. Die Lamas konnten Altmongolisch lesen und schreiben, aber auch Tibetisch und für die Rituale Sanskrit. Im alten Urga und in der Provinz verständigten sich Regierungsbeamte und Händler außer auf mongolisch auch auf chinesisch und mandschurisch. Daß 60 % der Bevölkerung damals lesen und schreiben konnten, ist aber eine sehr wohlwollende Schätzung.

Es war üblich, daß die Nomaden einen ihrer Söhne mit fünf oder sechs Jahren zu einem Lama *(lam)* schickten, der ihn in Altmongolisch und Tibetisch, Gesang und in den grundlegenden Zeremonialhandlungen unterwies. Mit zehn kam er dann in eine Lamaserie-Schule als Schüler *(bandi)*, wo er sich mit einem Schwur verpflichtete, der Religion zu dienen. Jetzt erst fingen die Unterweisungen in spirituellen Dingen an. Im Alter von 15 bis 20 Jahren schrieb sich der Schüler in eine Fakultät ein, wo er 14 Jahre lang bis zum Examen studierte. Logik war dabei ein Schlüsselfach. Diejenigen, die mit gutem Ergebnis abgeschlossen und weitere Ambitionen hatten, gingen danach auf eine weiterführende Schule, wo sie bis zu 10 Jahre lang verhältnismäßig unabhängig studierten, sich Grundwissen in den Sutras aneigneten und dazu Kommentare und philosophische Traktate verfaßten. Danach durften sie den Titel *gawdsch*, ein wenig unserem Doktortitel vergleichbar, erwerben. Einige wechselten danach an eine besondere Fakultät über, wo sie Kunst, Gesang oder Magie 10 bis 15 Jahre lang studierten.

Erst im Alter von 50 oder 55 Jahren konnten sie mit dem Titel *agramba* (unserem Professor vergleichbar) bedacht werden. Während der Zeit der Ausbildung hatten die jungen Mönche den älteren zu dienen. Aber die Stellung eines Mönches war auch abhängig von der Situation seiner Familie; Wohlhabende hatten es einfacher, sie konnten schneller aufsteigen und sich eher eine Ausbildung in einem der berühmten Klöster Tibets leisten, wo sie oftmals einen buddhistischen Titel erwarben. So war es nichts Ungewöhnliches, daß ein junger Mann, sobald er ausreichend gelernt hatte, durch seine wirtschaftliche Lage gezwungen war, das Kloster zu verlassen. Im Alter – er hatte inzwischen eine Familie gegründet, ein weltliches Leben geführt – war es ihm nicht verwehrt, wieder einzutreten. Einige Lamas mußten sich außerhalb des Klosters etwas verdienen, indem sie beispielsweise Zeremonien durchführten und Heilkräuter verabreichten.

In den Klöstern gab es Kunstschulen und Kunsthandwerkstätten sowie Druckereien, die Schriften zu Philosophie, Medizin, Geschichte usw. druckten, alles Werke, die noch heute aktuell und in Gebrauch sind. Die heilkundigen Lamas *(ototsch)* gebrauchten an die 3000 Medizinen, die aus pflanzlichen und tierischen Rohstoffen zubereitet waren. Die Schriften von Luwsandandsandschanzan (1639–1704), «Erläuterungen der medizinischen Grundsätze» und «Die Lehre vom Diagnostizieren der Krankheiten», sowie die Abhandlungen von Dandar und Schadawdandar besitzen bis heute Gültigkeit. Vor der kommunistischen Machtübernahme waren 10 bis 12% der Lamas *ototsch,* und ihre Praxis beinhaltete sowohl traditionelle Volksmedizin, Kauterisation und Massage als auch Allopathie.

Der Buddhismus setzte sich wie erwähnt spät, endgültig erst Ende des 16. Jahrhunderts in der Mongolei durch. Erste Kontakte hatte es vermutlich schon durch die türkischen Uiguren des 6. Jahrhunderts gegeben. Darstellungen Dschingis Khans als Förderer des Buddhismus in der Mongolei sind eine nachträgliche Erfindung. Noch am Hofe seines Sohnes Ögödei war der Einfluß des Buddhismus wie auch anderer fremder Religionen sehr gering, obwohl es damals auch schon zu ersten Klostergründungen und Übersetzungen buddhistischer Schriften kam.

Nach der Invasion ins tibetische Hochland Mitte des 13. Jahrhunderts wurden tibetische Mönche an den Hof nach Karakorum,

Sommer 1990. Überall eröffneten Klöster, von jenen getragen, welche die Pogrome der 30er Jahre überlebten.

später nach Beijing geholt. Viele Mönche wurden zu kaiserlichen Lehrern ernannt. Von Kublai Khan und dem Abt Phags-pa wird in der Chronik der «Weißen Geschichte» berichtet, wie sie das Konzept eines harmonisch regierten mongolisch-tibetischen Universalreiches entwickelten – auf der einen Seite die organisierte Religion, personifiziert durch den höchsten Lama Tibets, und auf der anderen die Staatsführung in den Händen des mongolischen Herrschers. Die große Welle der Verbreitung des Buddhismus setzte aber erst unter dem Tümed-Fürsten Altan Khan (geb. 1506) ein, der den tibetischen Abt Sodnomdschamz einlud und ihm 1578 den Titel (des dritten) Dalai Lama (mong. ‹Ozean des Wissens›) verlieh. Damit verbreitete sich vom tibetischen Ganden-Kloster aus die Lehre der von Tsongkhapa 1409 gegründeten Richtung der Gelugpa (reformierte «Gelbmützen») in der Mongolei. Ordenszucht und Studium der Schriften waren wesentlicher Bestandteil der «Gelben Lehre». Mit der Übereinkunft zwischen Altan Khan und dem dritten Dalai Lama lebte die alte Allianz zwischen Kublai Khan und Phags-pa Lama wieder auf. Nach dem Tod des Dalai Lama 1588 erkannte man in einem Familienmitglied des

Religion

Altan Khan seine nachfolgende Inkarnation. Politisches Kalkül? Der Buddhismus, der eine einigende neue Philosophie für die miteinander rivalisierenden Stämme und Völker bot, erwies sich als brauchbar; Recht und Verwaltung sollten sich fortan an buddhistischen Grundsätzen orientieren.

Der Buddhismus verbreitete sich entlang der Nomaden- und Karawanenrouten, und seine Anhänger ließen sich bei den vertrauten altmongolischen Heiligtümern nieder. Die örtlichen Naturprinzipien und schamanischen Elemente wurden dem Buddhismus einverleibt. Allmählich wurde das dünnbesiedelte Nomadenland mit einem Netz von Klöstern überzogen, um deren Mauern herum sich später die ersten Siedlungen bildeten. Die Klöster gewannen rasch an Bedeutung: Verwaltungsgebäude, Ställe ergänzten die Anlage, die Menschen suchten dort vor Räubern oder in Kriegszeiten Zuflucht, dann kamen chinesische, später russische Kaufleute und gründeten Handelsniederlassungen, andere Nomaden siedelten in unmittelbarer Nähe, um in den Dienst der Klöster zu treten.

Mit der buddhistischen Klosterkultur kamen Bildung und Gelehrsamkeit in verschiedenen Disziplinen aus den unterschiedlichsten asiatischen Kulturen ins Land, aber auch handwerkliche Techniken, Malerei, Musik und Erzählkunst fanden Eingang in den Alltag der Steppennomaden. Der Buddhismus stand allerdings lange im schärfsten Gegensatz zum Schamanentum. Der Kampf gegen die volksreligiösen und autochthonen schamanischen Praktiken – vor allem gegen Tieropfer und die Verehrung von Schutzgeistern – mündete in grausamste Verfolgungskampagnen.

Als Tschachar-Fürst Ligdan Khan mit dem beginnenden 17. Jahrhundert die Mongolen weiter einen wollte, kam ihm die Philosophie des Buddhismus gelegen. Die Residenz des Fürsten im Bayarin-Gebiet wurde zum neuen religiös-kulturellen Zentrum. Allmählich zeichnete sich das Ineinandergreifen von Staatsgeschäften und religiöser Praxis ab, wie unter Kublai Khan entworfen. In der nördlichen Mongolei kam es zu einer vergleichbaren Entwicklung, als der Sohn eines Chalcha-Khans zum geistlichen Oberhaupt, zum Dschebtsundamba Chutuktu ernannt wurde, indem er von allen sieben Bannern (Verwaltungseinheiten) und dem Dalai Lama selbst unterstützt wurde.

Nachdem 1644 die Mandschu in China an die Macht kamen und die Mongolei auch in ihr Herrschaftsgebiet eingegliedert wurde, war der Buddhismus nicht in Gefahr, im Gegenteil, die Mandschu-Herrscher, selbst seine Anhänger, förderten die neue Religion, weil sie darin ein Instrument der Befriedung der kriegerischen Reiternomaden sahen. Um 1700 entstand die Klosteranlage von Doloon Nuur und in der Folge eine Vielzahl von Klöstern bis ins westmongolische Alaschan-Gebiet. Aus der Mandschu-Zeit sind insgesamt 230 Übersetzungen religiöser Schriften ins Mongolische bekannt.

In der ersten Hälfte des 17. Jahrhunderts erreichte das buddhistische Gedankengut auch die westmongolischen Oiraten, schließlich die türkischen Tuwa, um 1700 auch die Burjaten am Baikalsee; die westlichen Burjaten in der Gegend des heutigen Irkutsk blieben allerdings Anhänger des Schamanentums.

So füllte der Buddhismus das durch die Unorientiertheit und Uneinigkeit unter den mongolischen Fürsten entstandene Machtvakuum. Die Einflußsphäre der Klöster gegenüber dem fürstlichen Machtanspruch wuchs beständig. Den Klöstern wurde ein in der Gesetzgebung verankerter Schutz zuteil, und parallel dazu wurden ihnen bestimmte Territorien zugesprochen, so daß Macht und Wohlstand zwischen ihnen und den Fürsten aufgeteilt waren. Aber obwohl die Fürsten zunehmend mehr Befugnisse und Rechte einbüßten, übernahmen die Klöster keine führende politische Rolle. Zum einen waren sie nicht landesweit organisiert, sondern stellten fast ausschließlich regionale selbständige Wirtschaftseinheiten dar; zum anderen bildeten sie keine Führungspersönlichkeiten mit politischen Ambitionen heran. Während aber schließlich die Adeligen mit dem anbrechenden 20. Jahrhundert aufgrund ihrer Verschuldung in immer größere Abhängigkeit von den chinesischen Händlern und Wucherern gerieten und verarmten, hatten die Klöster durch die freiwilligen Spenden der Gläubigen und die Abgaben und Steuern der in ihren Diensten stehenden Familien einen beträchtlichen Reichtum angesammelt. Am Vorabend der Revolution von 1921 waren die Klöster die mächtigsten wirtschaftlichen und sozialen und somit indirekt auch politisch mitregierenden Institutionen. Überall im Land verstreut liegend, hatten sie den Großteil des Volksvermögens unter sich, nicht vorrangig in Land- und Viehbesitz – Zahlen für 1921 nennen ein Fünftel des Viehbestandes in Klosterbesitz –, sondern vielmehr in den Klosterschätzen.

Die Meinungen damaliger Mongolei-Reisender über den Bud-

Die Vision des Torgut-Khan

«Einst fanden wir Schutz unter der Oberhoheit Chinas, und von China aus erneuerte sich unsere Religion, doch zu jener Zeit saßen Nachkommen der Nomaden auf dem Drachenthron. Chinas Oberhoheit gefährdet nicht unsere Traditionen, sondern führt zur Auslöschung des Nomadentums.

Die «rote Lehre» aus dem Norden könnte den Nomaden materiellen Reichtum bescheren, und ihre Verbreitung mag zum Wachstum und zur Verbesserung der Lebensbedingungen unseres Volkes führen, aber die «rote Lehre» hält *samsara*, das Materielle, für das einzige Gut, und dieser Geist erwürgt die ursprünglichsten Empfindungen der Nomaden.

Doch mit den Nomaden stirbt der Funken des Archaischen. Denn wir stellen das Ursprüngliche selbst dar; in dem traditionell lebenden Nomaden brennt die Flamme des Ursprungs, die einst alle Völker besaßen und die allein wahres menschliches Glück gewährleistet. Unsere Nachbarn, die Russen und die Chinesen, erkennen diese Wahrheit nicht, denn sie wandern im dichten Nebel der Gier und Gewinnsucht, erfüllt vom Verlangen nach irdischen Wohltaten.

In unserer lamaistischen Welt gelte ich als Reinkarnation einer Gottheit, doch mein Körper wurde geboren, um einen Auftrag in der Welt zu erfüllen. Mein Auftrag ist es, die Völker der Steppe zu einen und die Lebensart unserer Vorfahren aufrechtzuerhalten, das allein ist die Rettung der Nomaden.

dhismus und den Einfluß der Lamas auf das Volk sind sehr kontrovers. Heben die einen die Verdienste der arbeitsamen Mönche hervor, die die Mongolen zum gebildetsten Nomadenvolk der Welt machten, so bezeugen andere den unaufhaltsamen Verfall des Klosterwesens im ausgehenden 19. Jahrhundert. Die Lehre sei verwässert, der Lebenswandel der Mönche Gegenstand beißender Ironie, die eine ganze Erzähltradition festgehalten habe, und eine korrupte Hierarchie mit eingefahrenen Vorrechten soll das Leben im Kloster beherrscht haben.

Ungeachtet dessen waren die Mongolen äußerst gläubig. Kaum ein Schritt wurde ohne die Konsultation und den Segen eines Lamas getan. Man gab alles für sein Kloster und erhielt im Gegenzug religiöse Dienste; ja, es existierte ein fast symbiotisches Verhältnis zwischen den Klöstern und ihrem Umfeld. Und gerade weil die Vertreter des Buddhismus mit dem Rückhalt in der Bevölkerung rechnen konnten, besaßen sie auch eine gewisse politische Autorität.

> Jenseits der allerentferntesten Grenzen unserer Nachbarn leben andere Völker, die sich ebenfalls allein dem irdischen Gewinnstreben verschrieben haben, doch sie werden das Bedürfnis nach Befreiung lange vor unseren unmittelbaren Nachbarn erlangen. Sie werden umkehren und den Funken des Ursprungs zu suchen beginnen. Sie werden ihn in der Natur suchen und werden ihn in unseren Herden finden.
> Von uns wird also die Erlösung der Menschheit kommen.
> Die Chinesen haben die Fähigkeit, Krankheiten und die Schwäche des Körpers zu heilen. Die Menschen aus dem Westen haben die Fähigkeit, Maschinen zu bauen, all jene Spielzeuge zu schaffen, die sie lieben. Aber uns Nomaden gab Buddha die Einsicht in die tiefsten Wahrheiten. Er bestimmte uns, in der Natur zu leben, in der schweigsamen Einsamkeit der großen Räume, und gab uns den tiefen Frieden der Meditation, in der allein die Stimme der Wahrheit gehört werden kann.»
>
> Torgut-Khan, auch Gegeen Lama, lebte in der westlichen Dsungarei. Dem Dänen Henning Haslund, einem Mitglied der Sven-Hedin-Expedition, erzählte er um 1920 von seinen Visionen. Später wurde er mit Gefolgsleuten während einer Einladung zu einem Festessen von Chinesen hinterrücks erschossen.
>
> Zitiert in: Amélie Schenk: Die Mongolei. Weite Heimat der Nomaden, und in: Henning Haslund: Zajagan. Menschen und Götter in der Mongolei.

Der neuen kommunistischen Regierung mußten die damals 750 Klöster und rund 113 000 Lamas also ein zweifacher Dorn im Auge sein: sie waren reich und sie hatten das Volk auf ihrer Seite. Den Reichtum galt es zu verstaatlichen, den Einfluß der Mönche auf das Volk zu eliminieren. Der faule, schmarotzende Lama, der das Volk nur ausbeutet, war das «Feindbild», das bis in die jüngste Zeit hinein zur Abschreckung in jedem Provinzmuseum hing. Ab 1924, nach dem Tod des Staatsoberhauptes, des 8. Chutuktu, erfolgte zunächst die Trennung von Staatsgeschäften und religiösen Belangen, dann bis etwa 1939 die sukzessive Enteignung und Zerstörung der klösterlichen Besitzungen und Güter, die Verhaftung, Vertreibung und Ermordung der Mönche. Ein Großteil der alten buddhistischen Kultur – Kunstwerke, Schriften, Skulpturen, Thangkas, religiöse Objekte – ist zerstört oder unauffindbar.

Der «lebende Gott» von Urga

Der erwähnte 8. Dschebtsundamba Chutuktu machte viel von sich reden. Der letzte «lebende Gott» von Urga, die Wiederverkörperung der wichtigsten Inkarnationsreihe der alten Äußeren Mongolei, ist unbestritten umstritten. Extravaganzen sagen ihm seine Zeitgenossen als Steckenpferd nach. So erzählt man sich, er habe während eines Aufenthalts im russischen Irkutsk eine junge Dame auf einem Flügel spielen und dazu singen hören, was ihn so verzaubert habe, daß er sich den Transport dieses Instruments ins ferne Urga erbat. Man lieferte – nur wußte der Bogd Khan nicht, wie ihm die schönen Töne zu entlocken waren. Was ein Mönch nun regelmäßig darauf zum besten gab, enttäuschte den Chutuktu zutiefst ... Später wurde der Flügel in den Vorratskammern des Bogd-Palastes als Fleischhackbrett doch noch einer sinnvollen Bestimmung zugeführt.

Der 8. Chutuktu, 1869 als Sohn eines Beamten in Lhasa geboren, wurde bereits als Dreijähriger nach Urga gebracht, wo er unter Mongolen aufwuchs. Ein mönchisches Leben soll er schon als Jugendlicher nicht mehr geführt haben; allen weltlichen Vergnügungen habe er sich hingegeben. Obwohl das Oberhaupt der mongolischen Mönchsgemeinde eigentlich unbeweibt hätte bleiben sollen, hatte er eine Frau. Weiter sagt man ihm nach, er habe unmäßig getrunken. Gegenüber Untergebenen soll er oftmals jähzornig und grausam gehandelt haben. Doch seine Politik charakterisiert man heute als weise, weitblickend und von ungewöhnlichem Scharfsinn. Er erkannte den eskalierenden Unmut gegenüber den Chinesen, der mit der Gründung von Geheimbünden in der Inneren Mongolei gegen die Steuerlast der Mandschu ersten Auftrieb bekommen hatte, rief sogar zum Kampf für die Unabhängigkeit auf.

War dies einer der Gründe im Oktober 1911, nach der Loslösung der Äußeren Mongolei von der chinesisch-mandschurischen Herrschaft, für seine Einsetzung als Staatsoberhaupt? Tatsache ist, daß der Bogd Khan (auch: Bogd Gegeen), Repräsentant eines in Auflösung befindlichen Feudalsystems, über die Revolutionsjahre 1920/21 bis zu seinem Tod 1924 mit großer Ehrfurcht – ungeachtet seiner angeblichen Exzesse – behandelt wurde. Überliefert ist auch, wie er sich dem Ultimatum, das die chinesischen

Besatzertruppen unter Klein-Xu gestellt hatten und das die sofortige Wiedereingliederung der Äußeren Mongolei in das chinesische Territorium verlangte, durch Nichthandeln entziehen konnte. Die Unterschrift leisteten andere.

Die marxistische Geschichtsschreibung nannte ihn einen Alkoholiker, einen Gegner der Revolution, einen getarnten Konterrevolutionär; die verschiedensten Legenden stützten dies mit Berichten von seinem Palast als Widerstandsnest. Die junge sowjettreue sozialistische Regierung verhinderte die Suche nach seiner Inkarnation, indem sie sich diplomatisch darauf berief, es gebe gegenwärtig keine zuständige Instanz, solch eine überaus heikle Frage ordnungsgemäß zu klären. Erläuternd ist zu sagen, daß nach dem Tod eines Chutuktu nicht ein Nachfolger gewählt, sondern seine Wiedergeburt in der Bevölkerung gesucht wird.

Heute ist die Rehabilitation des Bogd Khan in Vorbereitung. «Unen», die Parteizeitung, fing im Sommer 1990 mit einem Artikel über eine revidierte Biographie an, seinen schlechten Leumund zu korrigieren, seine Leistung, sein Bild neu zu bestimmen. Historiker prüfen Dokumente und rekonstruieren die Sachverhalte von damals.

Allen Parteigenossen und Diskussionen zum Trotz gibt es eine zeitgenössische Wiedergeburt des höchsten Chutuktu (mong. ‹der Würdige›). Dessen erste Inkarnation des Maidari (oder Maitreya-Buddha) war der 1635 geborene chalcha-mongolische Prinz Öndör Gegeen, eher bekannt unter dem Namen Dsanabadsar, ein herausragender Künstler, Gelehrter und Politiker. Der gegenwärtige 9. Chutuktu, 1932 in Lhasa geboren, kam als tibetischer Flüchtling nach Indien und lebt unter Tibetern in Dharamsala, 75 Jahre nach dem Tod seines Vorgängers kehrte er 1999 erstmals als dessen Wiedergeburt in die Mongolei zurück. 1991 hatte ihn der Dalai Lama offiziell zum Bogd Gegeen ernannt.

Die düstere Zeit währte viel zu lange oder: Rückkehr des Buddhismus

Bis zum Spätsommer 1990 waren schätzungsweise 40 buddhistische Klöster wieder eingerichtet, inzwischen sollen es landesweit über 150 sein. Beachtenswert ist diese Zahl, bedenkt man, daß es zuvor nur ein richtig funktionierendes «Vorzeigekloster» im Land gab: Gandan Tegtschinlin in Ulaanbaatar mit angegliederter Ausbildungsstätte für Lamas und einer Klosterbibliothek.

In Erdene Dsuu, wo auf dem Trümmerfeld der ehemaligen Hauptstadt Karakorum 1586 die erste mongolische Klosteranlage gebaut worden war, gaben Anfang 1990 vierzig Mönche das Zeichen zum Start: Sie zogen in das alte Klostergebäude ein, bislang als größte Touristenattraktion im Land angepriesen, führten den musealen Tempel seiner ursprünglichen Bedeutung zu und nahmen ihr alltägliches Lesen von Ritualtexten wieder auf. Bis Ende der 30er Jahre hatten dort etwa 1500 Mönche praktiziert. Die Nachricht von der Wiedereröffnung erreichte schnell die entlegensten Täler und machte Schule. Das große Kloster Amarbajasgalan, nördlich des Selenge-Flusses, dessen Anlagen noch erhalten waren, belebte sich sofort wieder; es wurde mit Hilfe tibetischer Mönche aus Indien restauriert und ist heute bewirtschaftet. Handwerker aus Vietnam hatten wenige Jahre zuvor den Grundstein zur Restaurierung gelegt.

Ehemalige Lamas – jene, die den Säuberungen der Tschojbalsan-Ära Ende der 30er Jahre entkommen waren – fanden sich, als hätten sie nur auf diesen Zeitpunkt gewartet, rasch dort ein, wo früher ein Kloster gestanden hatte. Sie fingen wieder von vorne an, in einer Jurte. In vielen Fällen war bereits ein Jahr später, 1991, der Rohbau eines Steinhauses an der Stelle der Tempeljurte zu sehen, und 1992 war der Tempelbau vielerorts fertiggestellt. Wandmalereien zierten das Innere, und die Bevölkerung hatte Ritualgegenstände, Statuen, Thangkas und alte Bücher, die sie all die Jahre vor dem Zugriff des Staates gehütet hatten, dem Kloster übergeben. Großzügige Geldspenden der Gläubigen finanzierten den Aufbau mit. Durch das Wohlwollen, oftmals auch die tatkräftige Unterstützung der ortsansässigen MRVP-Mitglieder, die Transportmittel, Benzin, Land oder auch ein eigenes Gebäude für das neue Kloster abtraten, waren den Initiativen zur Wiederbelebung des Buddhismus keine Grenzen mehr gesetzt.

Wie konnte es so explosionsartig im Land zu Klosterneugründungen kommen? Lama Bulgan, stellvertretender Klostervorsteher des Gandan-Klosters in Ulaanbaatar, meinte 1990 dazu: «Der Hungerstreik vom März änderte die Lage über Nacht. Obwohl nicht sicher war, daß die Religionsausübung nun ohne Androhung von Restriktionen gestattet sein würde, handelten die Menschen spontan so, als wenn jetzt alles möglich wäre.» Der Hungerstreik von 7.–9. März 1990 war von Mitgliedern des Mongolischen Demokratischen Bundes organisiert worden; durch ihn erzwangen sie die Errichtung einer sogenannten demokratischen Plattform. Das bedeutete vor allem die Zulassung mehrerer Parteien, denn bis dahin existierte in der Mongolei nur die kommunistisch orientierte MRVP, und die Durchführung demokratischer Wahlen. Am 9. März 1990 trat das Politbüro des ZK der MRVP zurück. Staatschef Batmönch verhinderte eine chinesische Lösung wie auf dem «Platz des Himmlischen Friedens» in Beijing.

Die Verfassung der Mongolischen Volksrepublik hatte zwar kein Religionsverbot vorgeschrieben, aber die Religionsausübung war strafbar; es wurde den Praktizierenden der Prozeß gemacht und eine Gefängnisstrafe verhängt. Das ging so bis 1989. «Religion ist wie schwarzer Tabak», lautete ein Slogan, und ein alter Mann erzählt, wie er selbst diese Ansicht als Leiter des Jugendverbandes öffentlich vertreten, insgeheim aber die alten religiösen Schriften studiert habe. So wie er handelten viele Mongolen. Schamanen praktizierten, Lamas zelebrierten Totenzeremonien, wandten die alten Heilmethoden an und stellten Arzneien auf Kräuterbasis her, Astrologen führten ihre Berechnungen durch, – und das alles entweder nachts oder irgendwo unter freiem Himmel, weitab von den Siedlungen. Viele einfache Menschen holten, wenn sie sich unbeobachtet glaubten, zuunterst aus einer Kiste eine religiöse Schrift hervor, die sie rezitierten. Diese Berichte erscheinen heute um so verwunderlicher, als Reisende in der Mongolei immer wieder bemüht waren, Anzeichen für noch existierende religiöse Praxis aufzuspüren. Kaum etwas drang nach außen, zumindest offizielle Stellen taten so, als wenn sich das Land der alten Herrschaftsstrukturen und seiner Religion vollkommen entledigt hätte. Aber selbst Parteifunktionäre gestehen heute, daß sie Wahrsager und Astrologen konsultierten.

Jetzt, da offiziell Reue geübt, Dinge offen und hart beim Namen genannt werden, scheint die Schreckenszeit von damals plötzlich sehr nahe. Den alten Männern zwischen 65 und 95, die als erste wieder Mönche geworden sind, nachdem sie damals zwangsweise weltlich wurden, einen bürgerlichen Beruf ausübten und eine Familie gründeten, rollen Tränen über die Wangen, wenn sie etwas zu den damaligen Ereignissen sagen sollen. Was haben sie gesehen?

«Wenig, nichts, ich war zu jung, nur vom Hörensagen», sind die häufigsten Antworten. Oder: «Ich habe gesehen, wie sie die Mönche auf Lastwagen verpfercht und weggefahren haben. Man hat nie wieder etwas von ihnen gesehen noch gehört. Zuerst haben sie die Äbte und führenden Lamas verhaftet. Es war eine furchtbare Zeit, alles war in Panik. Hoffentlich kommt so etwas nie wieder.» Verhaltene Reaktionen, wenn nicht Schweigen. «Die düstere Zeit währte 70 Jahre», wehrt ein Mönch ab, als er gebeten wird, ausführlicher zu erzählen, «wechseln wir das Thema.»

Mühsam und voller Scheu ist das Aufrollen der Geschichte der Unterdrückung des Buddhismus. Doch das Bild der Zeit zwischen der Zerstörung aller Klöster und dem Wiederaufkommen der Religion verdichtet sich allmählich. Ziel der Politik war es, besonders unter Zedenbal, die Eigenständigkeit der mongolischen Kultur zu beschneiden. Für die erstaunliche Duldsamkeit, mit der die Eingrenzung des Alltags hingenommen wurde, gibt es erste Erklärungen: In den Klöstern der Mongolei (und auch Tibets) erwartete man das Heraufkommen eines neuen 60jährigen Zyklus; Prophezeiungen sagten eine kommende Leidenszeit der Gläubigen und den Niedergang der Religion voraus. Als Beginn dieser schweren Zeit wurde auch das Viehsterben durch extreme Wetterlagen bis in die Jahre 1932/33 in der Mongolei gewertet; allein im Winter von 1931/32 starben 6–10 Millionen Tiere. Dazu kamen das Stagnieren des Wirtschaftslebens und des Handels 1932 sowie die schweren bürgerkriegsartigen Zustände im Land, die Rebellionen zwischen 1930 und 1932, ausgelöst durch widerständige Mönche und politische Gegner der Linksregierung. Einige berichten, schon Ende der 20er, Anfang der 30er Jahre hätten viele junge Mönche die Klöster verlassen. Grund war die neueingeführte, verhältnismäßig hohe Kriegssteuer für die 18- bis 45jährigen. Man entledigte sich dieser Bürde durch Austritt, ein Schritt, auf den es die neuen Machthaber abgezielt hatten, um die Zahl der Mönche zu verringern. Auch seien Klöster, ehe es zur gewaltsamen Schließung kam, von Mönchen selbst ausgeräumt worden, berichtet ein alter Mönch, der damals Anfang 30 war. Zahlreiche Schriften und religiöse Gegenstände wurden vergraben oder in den Bergen versteckt und später vergessen oder unbrauchbar aufgefunden.

Heute geht die anfängliche Begeisterung für die wiedererlangte

> **Das Alibi-Kloster**
>
> 1944 wurde das Gandan Tegtschinlin-Kloster in Ulaanbaatar als eine Art «Alibi-Kloster» wiedereröffnet, ein Teil der konfiszierten Klosterschätze dorthin überführt. Man gliederte 1970 eine buddhistische Hochschule an, in der 1990 60 Lamas für die Mongolische Volksrepublik und 40 für die Sowjetunion studierten. Der Lehrplan war von der Partei vorgeschrieben, erlaubt war das Lesen der Ritualtexte, aber nicht das eigentliche Studium der buddhistischen Philosophie. «Bei den Aufnahmeprüfungen bestanden von zehn Kanditaten drei, die aus Überzeugung Mönch werden wollten, und mindestens sieben, die keine Buddhisten waren und bestimmte Aufgaben zu übernehmen hatten», erzählt ein Mönch, der heute nur noch altmongolische Medizin praktiziert und von einem alten Medizinlama bis 1978 lernte. «Die Staatssicherheit war also im Kloster aktiv! Dadurch, daß es im Grunde viele Nichtmönche unter uns gab, war auch die Mönchsdisziplin sehr mangelhaft, einige tranken und es kam oft zu Schlägereien.»

Religionsfreiheit etwas zurück, aus den eigenen Reihen wird bereits Kritik laut. Einige sagen etwa: Wir haben bereits zu viele Lamas. Man wird aus Mode Lama. Aber es ist ein Wendepunkt in der Geschichte und deshalb eine notwendige Erscheinung. Eine Zeit löst die andere ab. Das alte System wird zerstört, das neue bildet sich; es läßt sich mit dem Beginn der 20er Jahre vergleichen; kurz vor der Revolution, da hatten wir auch zu viele Lamas. Jede Familie hatte mindestens ein, wenn nicht zwei Kinder ins Kloster geschickt, in der Hoffnung, sich damit Verdienste zu erwerben. Schätzungen sprechen von über 20% der Bevölkerung, die Lamas waren. Damals ging auch das Ausbildungsniveau zurück. Buddhistischer Doktor konnte einer leicht werden. Die Folge war eine Verwässerung der Lehre. Die Gefahr besteht heute noch.

Ein weiterer Kritikpunkt junger Mönche ist die Weltabgewandtheit der alten Lamas: Der moderne Lama muß viel wissen, Weltkenntnis besitzen und er braucht eine solide Schulbildung. Der Einwand der Alten, die modernen Ausbildungsmethoden verdürben den Menschen für die religiöse Bildung, ist überholt. Der moderne Lama soll international denken.

Die Mönche selbst halten nach gut drei Jahren schon Rückschau: Anfänglich kamen noch mehr Leute, einige aus Neugierde.

Ein Bariatsch (Knocheneinrenker) konsultiert sein ihm vererbtes Buch, das gleichzeitig in Tibetisch und Mongolisch gehalten ist.

Es gibt viele, die noch nie bei uns im Tempel waren, besonders die Jungen weichen uns aus. Alte Leute sind glücklich, daß sie wieder beten dürfen und kommen regelmäßig. Aber zwei Relikte der alten Zeit hemmen die Entwicklung des Buddhismus in der Mongolei. Zum einen ist bei den Lamas ein gewisser Widerstand gegen das jetzt notwendig werdende tiefergehende Studium der Schriften zu bemerken, so auch beim Erlernen der Rituale, die vielfach verloren gingen oder von den jetzt Praktizierenden nie richtig gelernt wurden. Zum anderen nehmen viele die Gelegenheit, zur Weiterbildung in tibetische Klöster nach Indien zu gehen, nicht an. Erschwerend kommt die Bequemlichkeit vieler im mittleren Alter stehender Mönche hinzu, die gewisse Privilegien nicht aufgeben wollen.

Soweit die Kritik. Als Glücksfall aber betrachten alle Gläubigen die Tatsache, daß im November 1989 Bakula Rinpoche, ein hochangesehener Lama aus dem indischen Ladakh, als Botschafter Indiens in die Mongolei kam. Zuvor war er als Vertreter der buddhistischen Minderheit in der indischen Regierung in Neu Dehli tätig gewesen. Er blieb zehn Jahre lang in Ulaanbaatar. An Wochenenden, wenn er nicht gerade auf einer seiner zahlreichen Reisen im Land unterwegs war, drängelten sich die Gläubigen vor seiner Residenz, um sich Heilung, Rat und Segen zu holen. Insbesondere in den Monaten nach der Öffnung des Landes war er vielbesuchter, unentbehrlicher Ratgeber in allen buddhistischen Belangen. Ihm ist auch die Wiederanknüpfung der alten Beziehungen zwischen Tibet und der Mongolei zu verdanken: einerseits förderte er den Aufenthalt tibetischer Mönche in der Mongolei, womit es zum Wiederaufbau der Klöster kam und Tibetisch, Liturgie und Handwerkskunst unterrichtet wurden, andererseits entsandte er vermehrt mongolische Lamas zur Schulung in die Tibeterkolonie des südindischen Mysore, an die buddhistische Hochschule Sarnaths und nach Dharamsala.

Als endlich der Dalai Lama, auch von den Mongolen als ihr religiöses Oberhaupt angesehen, im Spätsommer 1991 in die Mongolei reiste, nachdem die Volksrepublik China ihre Vorbehalte aufgegeben hatte, wurde sein Segen so überaus dankbar angenommen, daß man das Heraufkommen eines neuen buddhistischen Zeitalters kommen sah. Als er im Sommer 1995, mit dem amerikanischen Filmschauspieler Richard Gere in der Gefolgschaft, ein weiteres Mal kam, gab es eine Kalachakra-Initiation. Dann verhinderten Proteste Chinas erneut sein Kommen. Ende 2002 reiste der Dalai Lama schließlich, die Route über Tokio nehmend, ein, nachdem ihm Rußland und Südkorea den Transit verweigert hatten. Er weihte Tempel und Schriften, leitete Zeremonien, nahm zwei Ehrendoktortitel in Empfang. Wen wundert es bei seiner Popularität noch, daß er vom ehemaligen Generalsekretär der MRVP als einer der bedeutendsten Religionsvertreter der Gegenwart bezeichnet wurde?

Zur inneren Stärkung der Gläubigen kommen kleine und größere materielle Hilfen, meist von der tibetischen Gemeinschaft weltweit: Längst arbeitet das große Amarbajasgalan-Kloster in Selenge-Aimak wieder, nachdem es restauriert wurde, in Ulaanbaatar selbst hat Bakula Rinpoche einen Tempel errichten lassen, und im Chentij-Aimak ist man dabei, mit Hilfe einer amerikanischen Initiative das ehemals bedeutende Baldan Bereeven-Kloster aus den Ruinen wieder aufzubauen. Andernorts, beispielsweise in Tariat, wo in den 30er Jahren Mönche besonders erbittert Widerstand geleistet und die Panzer, wilden Tieren gleich, mit Seilen gefesselt hatten, schleppt sich der Aufbau hin. Noch ist eine nur sommers aufgestellte Jurte das Kloster; zu mehr reicht es nicht, mit den dürftigen Spenden der Gläubigen läßt sich der Klosterbetrieb ganzjährig nicht aufrechterhalten.

Doch ungeachtet all dessen bleibt eine Frage: Wird der Buddhismus in der Mongolei weiterleben? Womöglich hängt das von seiner Fähigkeit ab, sich den neuen Verhältnissen anzupassen.

Wenn auch nur ein Yak den Winter überlebt, dann wird es wenigstens Milchtee geben. Schwarzer Tee gilt als Ausdruck der armen, entbehrungsreichen Lebens.

TRADITION UND KULTUR

Nomadenleben

Die kleine Jurte in der großen

> Meine Jurte pocht in der
> Steppe
> Die meine andere große Jurte ist
> Der Rauchfaden
> Der in der kleinen gedreht
> Hin durch die große steigt
> Und sich in die Wolken
> schraubt
> Ist meine Nabelschnur
>
> Bin das gemeinsame Werk
> Des Vaters Himmel und der
> Mutter Erde
>
> Habe mich am unruhigen
> Nomadenherd
> Für drei Pferdeleben eingerichtet
>
> Und werde zur Stunde einer
> Ankunft
> Hinüberwandern zu den
> Steinen, Gräsern und Kranichen
> Um auf dem großen Kreisfluß
> Abermals hinüberzuschwimmen
> Auf die wartende, wachende
> Schwelle
> Meiner großen und kleinen Jurte
>
> Aus: Galsan Tschinag, Wolkenhunde, 1998

Wer über die weiten Steppen reist, kann sich leicht in der Einsamkeit verlieren. Schlägt gar das Wetter urplötzlich um, kommen Sandstürme und Schneetreiben auf, ist das Weiterkommen erschwert und kann sehr lebensgefährlich sein. Da bleibt einem oft nur eines: Hilfesuchend tasten die Augen das Land ab – wo sind sie, die nächsten Jurten? Hoffnungspunkte in weglosen Weiten, so kommen sie einem dann vor. Dort ist Leben, Wärme, Menschlichkeit.

So unscheinbar sie aus der Ferne wirkt, so fragil sie mit ihrem filzlosen Gerippe beim Auf- und Abbau anmutet, so vorübergehend sie auf den Steppenboden hingesetzt aussieht: Die Jurte ist alles andere als vorläufig und unfertig. Ein Meisterstück der Überlebenskunst, ein Paradestück der Zelt- und Hausentwicklung wird sie genannt. Die unübertroffene Ausstattung der Jurte, bestes Beispiel angepaßter Technologie einer Nomadenkultur, bietet eine den unwirtlichen Naturbedingungen entsprechende Wohnstatt, die an Bequemlichkeit und Nützlichkeit ein festes Haus – Sanitäranlagen und Zentralheizung nicht gerechnet – um ein Vielfaches übertrifft. Allein die Geborgenheit unter dem Filzgewölbe, die eine Jurte bei Wind und Wetter gewährt, kann eine andere Wohnform wohl kaum bieten.

Die Jurte ist kein Zelt, auch wenn sie sich daraus entwickelt hat, sie stellt eine ganz eigene Architektur dar. Der Begriff Jurte kommt vom türkischen *jurt* ‹Zelt› und wird von den Mongolen nicht gebraucht, sie sprechen von *ger*. Hölzerne Scherengitter und Stangen für das Dach werden zu einer eigentümlichen konischen Konstruktion verbunden, mit Filzmatten eingeschalt und im Süden mit einer Holztür versehen. Die Jurte erwuchs ganz aus den praktischen Bedürfnissen einer Nomaden- und Hirtenkultur und stellt eine Mischung aus festem Wohnen und jederzeit aufzubauendem und auf 3 bis 5 Kamelen verladbarem Wohnzelt dar.

Die Mongolen haben sich auf die Filzherstellung spezialisiert, das Weben, das bei anderen Nomadenkulturen üblich ist, spielt hier keine Rolle. Ohnehin ließ die schon seit alters gewährleistete Versorgung mit Stoffen aus China keine große Webkultur aufkommen. Eine mittelgroße Jurte wiegt bis zu 1000 kg und besteht aus einem selbsttragenden Holzgerüst: also mehreren Scherengittern für die Wand, den Holzstangen des Dachs und dem Dachkranz, in den rundherum die Dachstangen eingesteckt werden, dann den Filzlagen, die je nach Außentemperaturen in mehreren Lagen um das Gitter gelegt werden, dem heutzutage üblichen weißen Bezugsstoff und der Verschnürung des ganzen. Die Dachöffnung dient als Rauchabzug und als Fenster. Je nachdem wie die Sonne einfällt, kann man in der Jurte wie bei einer Sonnenuhr die Tageszeit ablesen. Eine Jurte, der Wohnraum für eine Familie, mißt zwischen 20 und 30 m². Die Türen, früher gesteifte Filzklappen, sind heute aus Holz. Türrahmen und Tür bilden eine Einheit und werden beim Transport nicht zerlegt.

Die Aufteilung des Jurtenraumes geht nach Himmelsrichtungen vor sich; im Süden (vorn), auf der Sonnenseite, liegt der Eingang. Auf die Schwelle der Jurtentür zu treten bringt Unglück. Wer früher bei den Palastjurten stolperte, mußte hingerichtet werden. Das Zentrum bildet die Feuerstelle, heute ein Herd, in der Jurtenmitte; die Ostseite (links) der Jurte gehört den Frauen, die Westseite (rechts) den Männern. Früher hielt man sich streng daran, die Männerseite durfte nicht von den Frauen, die Frauenseite nicht von den Männern betreten werden. Doch viele Bräuche sind vergessen.

> **Filz**
>
> ist ein ausgezeichneter Kälteschutz und eine eigenständige Erfindung der Nomadenkultur. Traditionellerweise wurde Filz von jeder Familie selbst hergestellt. Die geschorene Schafswolle wird zunächst gelockert und auf einer festen Matte verteilt, dann mit siedendem Wasser eingesprengt und schließlich mit der Matte aufgerollt; und diese längliche Rolle wird dann gedrückt und gepreßt oder aber in eine Lederhülle gesteckt und mit einer hindurchgeschobenen Stange, an beiden Seiten mit einer Schnur verbunden, von einem Pferd oder Kamel zum weiteren Durchwalken über die Steppe gezogen. Das Rollen und Walken bewirkt, daß sich die Schafhaare ineinander verkrallen, also verfilzen und sich so ein homogener Wollteppich bildet. Da der Filz jedoch schnell verfällt, muß er dauernd erneuert werden. Durch die moderne Fabrikation gerieten die alten Filzherstellungstechniken in Vergessenheit, doch findet man in letzter Zeit wieder dazu zurück.

Der Norden (hinten) ist der Ehrenplatz, auch der des Jurtenherrn, und je näher dem Süden in Richtung Tür, um so geringer achtet man den Platz. Der Nordbereich gilt als Schlaf-, Erholungs- und heiliger Bereich für den Altar, wo früher auch die *ongod* der Sippe, die Schutzgeister, hingen; die Jurtenmitte dient als Sozial- und Essensbereich, am Eingang befindet sich der Wirtschaftsteil. Der Platz der Jurtenherrin liegt im Nordosten. Im Südosten, dem heutigen Küchenteil, finden sich die Küchengerätschaften, das Geschirr, die Lebensmittel, der Wasserbehälter, im Südwesten dagegen die Sättel, die Gerätschaften, die Wolle, die zum Verkauf bestimmt ist, Vorräte ganz allgemein und sommers das Gefäß mit der vergorenen Stutenmilch, in Kälteperioden hält man dort die frisch geborenen Lämmer und Zicklein.

Der Herd in der Mitte, also eine Feuerstelle mit aufsteigendem Rauch, und die Dachöffnung stellen eine Weltachse dar, eine kosmische Asche, mittels der bei vielen Völkern die daran liegenden Weltsysteme symbolisch vorgestellt werden. Jurten können eine oder zwei Stützen aufweisen, die den Dachkranz tragen. Wer diese Stützen umreißt oder zwischen ihnen hindurchreicht, gilt als äußerst unschicklich, wird doch damit das Weltengebäude, das sie halten, ins Wanken gebracht.

Die Jurte als mikrokosmisches Spiegelbild des Makrokosmos kommt auch in jener kosmologischen Vorstellung zum Ausdruck,

Holz und Filz, das ist die nomadische Behausung seit Jahrtausenden. Eine baubiologisch gesunde und günstige Wohnform, der Landesnatur optimal angepaßt.

wonach die Welt aus drei Welten besteht. Der obere Teil – das Dach hinunter bis zu den Scherengitterwänden – verkörpert den Kosmos, dort wo keine Menschen leben können. Der mittlere Teil ist das Reich der Menschen, dort lebt man. Der untere Teil ist der Erdboden, eine harte Welt, die der Mensch nicht sehen und in die er nicht so ohne weiteres eindringen kann.

Im Zusammenhang mit der Jurte gibt es viele ungeschriebene Gesetze, die früher peinlich genau befolgt wurden. Bestenfalls kann man sich heute noch daran erinnern. Bei einem Todesfall klemmte man früher einen Holzstab quer in den Türrahmen. Das sollte dem Verstorbenen anzeigen: der Eingang ist nicht mehr passierbar. Daher ist es wohl heute noch verpönt, sich mit ausgestreckten Armen, den Türrahmen umfassend, in der Tür aufzuhalten. Um den Toten herauszubringen, hob man die Jurtenwand ein wenig an und schob die Leiche ins Freie. Die Seite, ob links oder rechts, wurde von einem Lama oder Schamanen astrologisch bestimmt. Alles war so eingerichtet, daß der Tote den Weg nicht zurück in die materielle Welt finden würde, und indem alles «falsch» herum angegangen wurde, fand gleichsam seine Vorbereitung auf die im Todesreich spiegelbildliche Verkehrung aller menschlichen Situationen statt.

Die Jurte ist immer noch Inbegriff der nomadischen Mongolei, ohne sie ist das Landleben unvorstellbar. Dem unruhigen Nomadenleben und den Witterungsbedingungen optimal angepaßt – jedes Teil kann von den Hirten selbst instandgesetzt werden – gewährleistet die Jurte den behutsamen Umgang mit der Natur. Einmal abgeräumt und fortgebracht, sieht man nach einem Umzug bestenfalls noch einen runden niedergetretenen Platz – den ehemaligen Standort.

Noch immer lebt weit mehr als die Hälfte der mongolischen Bevölkerung in Jurten, die einen als Nomaden auf der Steppe, die anderen aus einer Notlage in den Randbezirken der Hauptstadt Ulaanbaatar. Der Traum altkommunistischer Tage, die Jurte abzuschaffen, muß ein kranker gewesen sein. Die Jurte wird so schnell nicht aus der Geschichte gehen, vorerst wird sie sich wandeln: in den Siedlungen elektrifiziert und mit Fernseher ausgestattet sein, zum Schrecken mancher Traditionalisten gelegentlich auch schon einmal modisch blau oder grellgelb bezogen auf der Steppe stehen. Die Jurte scheint ergeben, sich dem Wandel der Gesellschaft anzupassen, so wie der wendige Nomade sich den Launen der Natur anzupassen hat.

Gras ist nicht gleich Gras und Wasser nicht gleich Wasser

Nomadentum ist vor allem ein Lebensgefühl und erst in zweiter Linie ein Erwerbszweig, selbst wenn man davon leben muß – so die weitläufige Ansicht der traditionsbewußten Landbewohner. Gibt es doch kein anderes Land der Welt, in dem auf einen Einwohner so viele Tiere kommen. Mongolei und Nomadentierhaltung sind wie zwei Seiten derselben Sache, nicht von einander zu trennen. Hierin mag ein Grund für die entspannte Haltung der Hirten gegenüber ihrer Arbeit und dem Leben insgesamt liegen. Die Nomaden betrachten den Hütedienst und alle mit der Viehzucht verbundenen Verrichtungen als das Natürlichste von der Welt. Viehzucht und Nomadendasein sind ihr Leben. Wer in diesen Einöden aufgewachsen ist, kennt nichts anderes; von Kindheit an ist er mit Pferden und Rindern verwachsen.

Jahrhundertelang charakterisierten die Chinesen die Mongolen abschätzig als Umherziehende, die dem Gras und dem Wasser gezwungenermaßen folgten. Das weckt den Eindruck, sie seien beliebig irgendwohin getrieben worden. Dem ist nicht so. Für die Hirtennomaden und ihre Tiere ist das eine Gras nicht wie das andere und Wasser nicht gleich Wasser. Obwohl die Natur das Regiment in der Nomadenwirtschaft führt, erfordert das Nomadenleben dennoch eine genau durchdachte Organisation und Arbeitsteilung. Grundlage dafür sind ein breites Erfahrungswissen, eine wache, fortwährende Beobachtung der Umgebung und die Fähigkeit, sich den natürlichen jahreszeitlichen und klimatischen Verhältnissen anzupassen: eine hohe Kunst, fast eine Wissenschaft des Überlebens. Wir Mitteleuropäer können uns kaum vorstellen, was es heißt, nomadisch zu leben. Das Nomadendasein ist je nach Jahreszeit und Witterung zeitweise sehr hart und entbehrungsreich.

Für die Landbewohner sind die Herden immer noch Lebensinhalt und Lebensgrundlage. Noch heute leben von den etwa 2,5 Mio. Einwohnern der Mongolei 800 000 Menschen als Nomaden, also etwa ein Drittel. Das Nomadendasein bleibt im Kern weitestgehend unberührt von politischen Wechselbädern. Ungeachtet der Übernahme des Kommunismus Anfang der 20er Jahre und der Öffnung für Marktwirtschaft und westliches Gedankengut mit Beginn der 90er Jahre leben die Hirtennomaden auf dem Land fast so traditionell wie zu alten Zeiten: Sie vollziehen alljährlich mit ihren Herden einen bestimmten Wanderzyklus, wohnen in der Jurte und bestreiten ihren Lebensunterhalt fast ausschließlich durch die Herdenhaltung. Die Weidewirtschaft basiert wie ehedem auf der ganzjährigen Weidehaltung, allerdings findet heute eine – wenn auch bescheidene – Pflege der Weiden statt, und es wird Winterfutter auf Vorrat gehalten, das in der Regel jedoch nur zu Notzeiten verfüttert wird.

Grundsätzlich läßt sich das Nomadenjahr einteilen in den Aufenthalt auf der Sommerweide, wo Menschen und Vieh auf einem größeren Gebiet verteilt sind, und der begrenzten Winterweide, wo Mensch und Vieh auf einem engeren Gebiet zusammenrücken. Das Winterlager war und ist immer noch der eigentliche feste Bezugspunkt der umherziehenden Gruppe. Dort findet sich ausreichend Weideplatz und zudem Schutz vor dem rauhen Klima. Nach den kargen Wintermonaten mit einer Weidezeit von nicht

Tradition und Kultur

*Winter in der Mongolei ist die meiste Zeit des Jahres.
Das Leben zieht sich in sich zusammen. Die Naturgesetze herrschen,
das schwache Leben muß weichen. Nur die kräftigsten Tiere überleben
auf der Steppe, wo es keine Winterstallhaltung gibt.*

mehr als sechs bis sieben Stunden täglich wird, sobald es die Witterung erlaubt, rasch der Weidegrund gewechselt, was für das Jungvieh lebensnotwendig sein kann. Die Sommerweidezeit gilt es jetzt intensiv zu nutzen; binnen weniger Monate müssen die Tiere Fleisch und Fett ansetzen, um wiederum den strengen zentralkontinentalen Winter zu überstehen. Schafe, Ziegen und Pferde sollten vorzugsweise auf an Kräutern, Gräsern und Zwiebelgewächsen reichen Plätzen weiden, Rinder eher auf hochwüchsigen Wiesen und Steppen, Kamele auf Böden mit gemischtem Pflanzenwuchs und hohem Salzgehalt. Im Sommer werden alle Tiere mehrmals zur Deckung ihres Salzbedarfs auf salzhaltiges Land getrieben, außerdem noch einmal kurz vor Wintereinbruch.

So verlangt jede Tierart eine andere Weidetechnik, die der Viehzüchter den natürlichen Gegebenheiten entsprechend planen muß. Ist die Gegend trocken oder wasserreich, karg oder grasreich? Das und die Klimaverhältnisse bestimmen die Länge des Aufenthaltes, aber auch die Wegstrecken, die mit den Herden bis zur nächsten Weide zurückgelegt werden müssen. In nahrhaften, wasserführenden Weidegebieten, vornehmlich in den nördlichen Aimaks mit Gebirgswaldsteppe, sind die Wanderungen entsprechend kurz, und der Standort wird durchschnittlich fünfmal im Jahr gewechselt; weiter südlich, auf den Grassteppen und Halbwüsten, können die Strecken bis zur nächsten Weide und Wasserstelle dagegen 50 km und mehr betragen, und umgezogen werden muß bis zu fünfundzwanzig Mal im Jahr, wobei das auch kurze Strecken sein können. Der Sommer- und Winterweidewechsel richtet sich auch nach der Höhenlage. So ziehen im Altai Familien während der Sommermonate auf die winters schneebedeckten Almen und leben in der kalten Jahreszeit in tiefliegenden Senken und an geschützten Hanglagen.

Herdenumfang und Zustand der Tiere richten sich nach der Qualität und Quantität der Winterweiden. Der Übergang vom Winter zum Frühling stellt immer noch den schwächsten Punkt in der Nahrungskette dar und ist für Mensch und Tier gleichsam entbehrungsreich. Schafe und Ziegen können in extremen Wintern bis zu einem Drittel und Rinder bis zu einem Sechstel ihres Gewichts einbüßen. Nicht selten bedeuten diese Wochen eine Hungerszeit, die einhergeht mit großem Tiersterben. Rückblickend auf das letzte Jahrhundert erinnert man sich an die schlimmen Jahre von

Winterweidehaltung

Im kurzen Herbst fallen die Temperaturen rasch unter den Gefrierpunkt. Die Weiden sind verhältnismäßig trocken, und so wird das Gras quasi schockgefriergetrocknet und damit für die kommenden vier bis fünf Wintermonate konserviert. Dieses gefrorene Gras heißt *öws*. Es dient während der verhältnismäßig niederschlagsarmen Zeit und Tiefstwerten um −40° den Tieren als Winterfutter, das gleichzeitig auch noch durch seinen Wassergehalt und eine gewisse darüber liegende Schneeschicht die teilweise Wasserversorgung der Herden garantiert. So gleicht die Mongolei im Winter einem riesigem tiefgekühlten Futtervorratslager. Allerdings gerät dieses an sich schon anfällige System leicht durch Klimaschwankungen aus dem Gleichgewicht, und dann hilft auch ein lenkendes Eingreifen der Viehhalter kaum. Das Frühjahr birgt wie gesagt die größten Gefahren für die Herden. Fällt zuviel Schnee, leiden vor allem die Kleintiere, also Schafe und Ziegen, die den Schnee, um ans Futter zu kommen, nur mehr mühsam wegscharren können. Fallen Eisstürme ein oder überfrieren die bereits leicht aufgetauten Weiden, so daß die Verharschung zu Maul- und Klauenverletzungen der Tiere führt und die Tiere nicht mehr fressen können, setzt der weiße *dsud* ein, das Tiersterben durch Schnee. Ist der Winter dagegen zu niederschlagsarm, greift der schwarze *dsud* um sich: Es fehlt die schützende Schneedecke und die Erde gefriert bretterhart, so daß besonders die Großtiere, also Pferde, Rinder und Kamele, bald an schmerzhaften Abnutzungen der Hufe und Hornsohlen leiden, nicht mehr richtig laufen und schnell abmagern. Die Wasserstellen frieren zu, die Tiere verdursten. Und kommen dann noch Wetterunbilden hinzu, so drängen sich die Tiere, um sich gegenseitig zu wärmen, dicht aneinander, können dadurch aber nicht mehr genug fressen und verhungern schließlich. Im Frühjahr können besonders die Wölfe, da sie selbst Junge haben und auf Futtersuche sind, für Schafe und Ziegen gefährlich werden. Junglämmer werden dann oftmals mit in die Jurte genommen oder in eigens dafür errichteten Zelten untergebracht. Früher war es nichts Ungewöhnliches, wenn der Winter einen Viehverlust von einem Fünftel des Gesamtbestandes mit sich brachte. Heutzutage sind die Verluste dank Wintervorratshaltung und Winterställen meist weniger groß.

1928/29, 1932/33, 1944/45, 1967/68, 1976/77, die durch Unwetter und Kälte große Verluste brachten. Die über acht Millionen Tiere, die im letzten Kriegsjahr verendeten, waren die traurigste Bilanz. Doch im jeweils darauffolgenden Jahr erholten sich Mensch und Tier, nicht so aber seit 1999 bis auf den heutigen Tag. Da folgte ein

Kältewinter auf den anderen, und hat acht bis zehn von den ehemals weit über 33 Millionen Tieren das Leben gekostet. Dies waren offizielle Zahlen, inoffizielle lassen wohl weit mehr Tiere vermuten.

Interessant ist die Tatsache, daß sich zuvor die Anzahl der Tiere seit gut einem halben Jahrhundert – seit den ersten Erhebungen – nie wesentlich verändert hatte, etwa 22 bis 24 Millionen. Zahlen von 2002 nennen knapp 24 Millionen Tiere. Die Verluste infolge der extremen Lebensverhältnisse ließen sich auch durch menschliche Eingriffe nicht wirklich meistern. Dennoch ist die Mongolei heute ein Land mit sehr hohem Tierbestand; Zahlen von Ende 2004 beziffern wieder ca. 28 Millionen Tiere.

Die traditionelle Form des Nomadentums ist seit mindestens zweieinhalbtausend Jahren im nördlichen Zentralasien vorherrschend. Das mongolische Hochland ist mehr als andere ökologisch vergleichbare zentralasiatische Gebiete fast ausschließlich auf Viehzucht ausgerichtet, während andere mittelasiatische Völker zusätzlich noch Ackerbau betreiben. Die einseitige Ausrichtung der Steppenbewohner bildet ein durchaus sinnvolles Gegengewicht zu den Ackerbauern des nördlichen China, wo die Viehhaltung vergleichsweise untergeordnet ist. Die sich daraus ergebende Arbeitsteilung und der Tauschhandel über den Kontinent hinweg sind uns schon aus der Zeit der Hsiung-nu-Föderation bekannt und prägen seit alters die politisch-sozialen Beziehungen zwischen den Mongolen und Chinesen.

Die altmongolische Gesellschaft gründete sich bis auf den Tauschhandel von Getreide, Tee, Zucker und Luxusgütern auf Selbstversorgung. Man stellte her, was man zum täglichen Leben brauchte, die Überschußerzeugnisse, die bei gemeinschaftlichen Anlässen und Feierlichkeiten nicht aufgebraucht wurden, aber auch Tiere, insbesondere Pferde, dienten als Zahlungsmittel für den Handel mit den benachbarten Völkern und Seßhaften im Süden. Die meisten Gerätschaften für den Alltag, die Kleidung und den Filz für die Jurte, all dies stellte die kleine soziale Gruppierung, die sich aus miteinander patrilinear verwandten Familien zu einem *ail* zusammenschlossen, selbst her. Einige Familien konnten sich durch besondere Fähigkeiten und Geschicklichkeiten hervorheben, doch eine Arbeitsteilung, spezialisiertes Handwerkertum, entwickelte sich daraus nicht.

Erziehen – dieses Wort kennt man in der nomadischen Welt nicht. Kindern wird vorgelebt, und sie machen mit. Sie sind der größte Reichtum des Landes.

Das liebe Vieh

Das Vieh der Hirtennomaden – traditionellerweise die fünf mongolischen Tierarten, also Pferde, Rinder/Yaks, Kamele, Schafe und Ziegen – weidet auf Naturweiden. Die Prinzipien der Weidewirtschaft und Viehzucht haben sich nicht grundlegend geändert: ganzjährige Weidehaltung mit niedrigem Kosten- und verhältnismäßig geringem Arbeitsaufwand sind charakteristisch. Außer Schafen und Ziegen grasen die Tiere selbständig. Kleinvieh wird morgens auf die Weide getrieben und abends wieder zurück zum Jurtenlager; Pferde, Rinder, Kamele bestimmen ihren eigenen Weiderhythmus und suchen sich von selbst ein wettergeschütztes Nachtlager.

Zur Zeit der Genossenschaften wurden die Tierarten meistens voneinander getrennt gehalten; einer Brigade, einem Zusammenschluß von mehreren Familien, wurde eine Tierart zur Zucht überantwortet. Bei der Privatisierung des Viehbesitzes der Genossenschaften ging man von der traditionellen Nomadentierhaltung aus, wonach jede Familie für erfolgreiches Wirtschaften alle fünf Tierarten besitzen soll, und so verteilte man den *negdel*-Bestand derart, daß jede Einheit in der Regel von allen fünf Tierarten bekam. Seitdem gibt es artgemischte Herdenhaltung. Die reinrassigen Langhaarschafe und die Kaschmirziegen sind beispielsweise nun gestreut; die reinrassigen und mühsam eingekreuzten Tiere, wie beispielsweise das Karakul-Schaf, vor gut 50 Jahren mit sowjetrussischen Experten des begehrten Fells wegen gezüchtet, werden über kurz oder lang in den Landrassen, vorwiegend den genügsamen und widerstandsfähigen mongolischen schwarzköpfigen Fettschwanzschafen, aufgehen.

Schafe machen den weitaus größten Teil der Herden aus, sind sie doch Hauptnahrungsmittel und Lieblingsspeise in der Mongolei. Und schon vor Tausenden von Jahren, wie Grabbeilagen aus dem Archangaj-Aimak es nahe legen, wurde ihre Wolle zu Filz und Seilen verarbeitet.

Jede Gegend hat ihre eigenen Schafsorten, die dort vorwiegend gezüchtet und meist nach den Nomadenstämmen, die dort siedeln, genannt werden. Dornod und Süchbaatar haben Üdsemtschin-Schafe, Bajanchongor hat die langhaarigen Baidrag-Schafe, das nördliche Chöwsgöl Darchad-Schafe, welche die sibirische Kälte besser ertragen, Uws hat Bajad-Schafe, die ein großes Gewicht erreichen, in der Zentralmongolei gibt es Chalcha- und in neuester Zeit Orchon- und Changaj-Schafe. Die Orchon-Schafe werden gut 80 kg schwer und geben mit über 7 kg Wolle pro Jahr überdurchschnittlich viel.

Nur was nützt das, fragt man sich heute vermehrt, wenn Wolle immer weniger den Weg auf den Markt findet? Wenn die Aufkäufer ausbleiben oder nicht zahlungswillig sind bzw. nur einen geringen Anteil der Kaufsumme in Bargeld, den Rest in Naturalien, zumeist Mehl leisten? Wenn der Aufkaufspreis nicht mehr stimmt? Landleute können sehr stolz in solchen Dingen sein: Wie oft sieht man in letzter Zeit geschorene Wolle auf der Steppe verfliegen, in einer Felsspalte verrotten. Tauschwarenhandel ist zwar üblich, aber nicht gerade wünschenswert; auch die Nomaden brauchen Geld: für den Arzt und die Medikamente, für den Tierarzt, die Schule der Kinder und für dringende Gebrauchsgüter, die auf dem Land wegen der langen Transportwege oft teurer sind als in der Hauptstadt.

Ziegen liefern den auf dem Weltmarkt begehrten Flaum und die Haare, was knapp ein Fünftel des Bruttosozialproduktes aus-

Tradition und Kultur 123

macht. Kaschmirwolle aus der Mongolei gehört zu den besten der Welt, heißt es. Und so hat der vielversprechend hohe Preis für Kaschmirrohwolle den Ziegenbestand binnen zehn Jahren schnell unverhältnismäßig anwachsen lassen, ja er hat sich verdoppelt. Schafe und Ziegen machen etwa vier Fünftel des Gesamttierbestandes aus. Zwei Ziegenrassen bestimmen den Bestand: die Gobi-Gurwansajchan-Rasse und die Altai-Rasse. Sie grasen in Halbwüsten und auf Hochgebirgsweiden, wo andere Tiere kaum lebensfähig wären. Sie liefern dort auch Milch – das können im Jahr bis zu 100 l sein, mit einem Fettgehalt von bis zu 9,4 % –, die dann zu Quark, Käse und Butter verarbeitet wird. Die Bilanz: Landesweit liefern die Tiere zwar jährlich mehrere tausend Tonnen Haar und Ziegenflaum, dazu kommen viel tausend Felle und Tausende von Tonnen Fleisch, stellen einen Wirtschaftsfaktor dar, gleichzeitig aber zerstören sie die an sich schon anfälligen Weidegründe, fressen sie kahl. Und dennoch heißt das Zauberwort weiterhin: Kaschmir. Die Regierung setzt auf zunehmende Wollqualität und auf die Verarbeitung im Land selbst.

Neuerdings haben Angebot und Nachfrage den Preis pro Kilogramm reguliert, sprich: mehr als halbiert, was die Ziegenhalter hart trifft, die unzähligen Kleinnomaden sogar in ihrer Existenz vernichtet.

Es gibt kein nennenswertes Verkaufsnetz, die Nomaden haben oft nur kiloweise Rohkaschmir anzubieten. Dies vor allem aufgrund der Tatsache, daß 80 % der Nomaden nur weniger als 200 Tiere besitzen, die nicht viel abwerfen und gerade mal die Existenz sichern. Der Großteil des Kaschmir findet seinen Weg über fliegende Händler, die aufs Land zu den einzelnen Jurten reisen, über Aufkäufer auf lokalen Märkten, und weiter über Zwischenhändler, Weiterverkäufer und Großhändler, um dann nach China zu gelangen. Von den 53 Kaschmirfirmen sind 34 ganz oder teilweise in chinesischer Hand und nur fünf allein in mongolischer. Der Abgang des wertvollen Rohstoffs ins Ausland gefährdet die landeseigene Kaschmirverarbeitung, die zusehends in Bedrängnis gerät und nun gänzlich privatisiert werden soll.

Rinder machen etwa ein Zehntel des Viehbestandes aus. Nur drei von den weltweit 400 Rinderarten gibt es in der Mongolei: das mongolische Rind, das Yak und den Chainak, eine Kreuzung aus Yak und Rind. Es kamen dann Kreuzungen der Schwarz-Bunten aus der DDR hinzu. Russische Alatau und kasachische Weißkopfrinder findet man ebenfalls gelegentlich. Die Kuh gilt als wertvoller Viehbesitz, wenigstens eine haben, heißt auch Milch haben. Zwischen 500 und 800 l Milch mit einem Fettgehalt von durchschnittlich 4,5 % gibt eine mongolische Kuh im Jahr. Die Yaks, auch Grunzochsen nach dem Geräusch, das sie ausstoßen, genannt, leben vor allem in Höhenlagen: im Altai, im Changaj und um den Chöwsgöl-See. Zwar gibt das Yak mit 350 bis 450 l im Jahr weniger, dafür aber eine um so fetthaltigere (6 bis 7,5 %) Milch. Yakhaar ist Exportware und wird im Land selbst zu Seilen verarbeitet. Das Fleisch ist Winternahrung. Ein Chainak ist fester und schwerer als ein Rind, gibt 900 bis 1000 l Milch mit 5 bis 6 % Fettgehalt im Jahr.

Pferde sind ein eigenes, hoch gelobtes, heiliges Kapitel in der Mongolei, gilt doch das Pferd als Freund und Helfer in der Not. Nirgendwo anders scheinen in einem Land so viele Pferde auf einen Einwohner zu kommen. Statistisch gesehen besitzt jeder Mongole ein Pferd. Die Tiere sind zäh, widerstandsfähig, genügsam und können bis zu zwei Tonnen ziehen. Bei Rennen – der beliebtesten Sportart des Landes – zeichnen sie sich durch Schnelligkeit und Ausdauer aus, wenn sie über eine Entfernung von 20 bis 35 km laufen. Pferde geben Fleisch, das vor allem im Winter gegessen wird, und im Sommer die nahrhafte, heiß geliebte Stutenmilch. In Rindsledersäcken oder neuerdings in Plastiktonnen vergoren, ergibt sie ein prickelndes heilsames Getränk – *airag* –, das in vielen Gegenden während der Sommermonate literweise getrunken wird.

Kamele wurden schon vor Tausenden von Jahren als Haustiere gehalten, Felszeichnungen bezeugen es. Von den weltweit 15 Millionen Kamelen sind 90 % einhöckrig, Dromedare genannt; der Rest, wovon der Großteil in der Mongolei beheimatet ist, sind Trampeltiere oder Baktrische Kamele. Sie werden vor allem in Wüsten und Wüstensteppen gehalten und geben wie Rinder Milch, die zu verschiedenen Milcherzeugnissen verarbeitet wird, und auch Fleisch, das dem Rindfleisch anderenorts gleichkommt. Die Kamelpopulation ist in den letzten Jahren in der Mongolei sehr stark zurückgegangen. Nach der Wende schlachtete man sehr viele dieser Tiere, da eine Schlachtung ungleich viel mehr Fleisch ergab als ein Schaf. Mit jedem Haufen Fleisch kam ein Haufen Geld herein.

Hymne auf das Pferd

Was sein Pferd, das Windroß,
das Reittier betrifft, das er zu reiten pflegte,
so war es breit in seiner Stirn,
es war stark, was seine Muskeln betrifft,
es hatte ein dünnes Haarbüschel auf der Stirn,
es hatte eine glatte Kruppe,
es war schnell, was seine Beine betrifft,
es hatte dichte Augenbrauen,
es hatte einen dichten Schweif,
es hatte einen Nacken wie die Tülle,
es hatte Lamaglöckchen und Vajra als Ohren,
es hatte Bohrerspitzen als Hauzähne,
es hatte ein Kinn wie der Rachen einer Kneifzange,
es hatte einen schönen fahnenähnlichen Schweif
und einen schönen Rücken wie ein Hase.
Es war geboren, ohne daß
giftiger gelber Schweiß hervortreten sollte,
auch wenn es durch bergige und felsige Gegenden rannte,
es war geboren, ohne daß
es je fallen und von der Strömung getrieben werden wollte,
auch wenn es in ein Meer geriet.
Sonne und Mond konnten
in seiner Nierengegend leuchten,
Sterne konnten
in seiner Gürtelgegend strahlen.
Es war hoch und stark,
wohlernährt und fett geboren.
Es besaß gelegentlich einundsiebzig Geschwindigkeiten,
ansonsten (aber)
besaß es zweiundachtzig Zauberkräfte.
Es war kein Roß,
sondern es war etwas aus Bronze Verfertigtes,
es war kein Pferd,
sondern etwas aus Kristalljuwelen Hergestelltes.

Aus dem Epos «Edsen Ulaan Bodon», in: Müller/Heissig, Die Mongolen.

Das Pferd ist auf dem Land immer noch das Maß aller Dinge. Lieder und Lobeshymnen preisen das Pferd als den engsten Vertrauten des Menschen.

Kamele sind langlebig, sie werden rund 40 Jahre alt, vermehren sich aber nur alle zwei Jahre, trägt doch eine Stute 13 Monate lang. Ihre Wolle, zwischen 5 bis 6,5 kg im Jahr, ist begehrt. Eine Kamelstute gibt im Jahr bis zu 250 l Milch, die übrigens für den Menschen bei Erkrankungen der inneren Organe eine wohltuendheilende Wirkung hat.

Kamele sind gute Lasttiere in der Steppe und Wüstensteppe, sie sind äußerst genügsam und kommen tagelang ohne Wasser aus. Ehe es Lastwagen und Traktoren gab, wanderte man mit ihnen zur nächsten Weide. Über kürzere Strecken trägt ein Kamel gut 300 kg, über längere Entfernungen 200 kg, einen Karren kann es mit bis zu 600 kg beladen ziehen. Seit der Benzinverknappung und schließlich der extremen Verteuerung halten sich Nomaden wieder vermehrt Kamele für die Umzüge.

Die fünf Tierarten werden traditionell eingeteilt in hochbeinige und kurzbeinige, wobei Pferde und Kamele zu den hochbeinigen zählen, in Herden frei umherziehen und von den Männern gehütet werden, während Schafe, Ziegen und Rinder zu den kurzbeinigen gehören, in Jurtennähe weiden und eher von den Kindern und Frauen gehütet werden. Dann gibt es heiß- und kaltatmige, und damit ist die Nähe zum Menschen und die Fleischbeschaffenheit des Tieres gemeint. Pferde und Schafe sind heißatmig, Kamele, Rinder und Ziegen sind kaltatmig. Die heißatmigen taugen zum Opfer. Und ihr Fleisch wird eher alten Menschen zum Essen empfohlen.

Rentiere werden von den turksprachigen Zaatan im nördlichen Chöwsgöl-Aimak in großen Herden gehalten. Ihr Fleisch, die reichlich fetthaltige Milch und die verschiedensten Milcherzeugnisse sind dort Hauptnahrungsmittel.

Andere Tiere wie Schweine, Kaninchen, Hühner, Enten, Gänse ißt man traditionellerweise nicht, nur wenn sie als Wildbret vorkommen. Zwar hatte man hier und da Farmen, aber die sind nach der Wende alle eingegangen. Die Jagd dagegen, vor allem die aufs Murmeltier im Herbst, bereichert den Speiseplan.

Wie lange noch?

Mit der Ausrufung der Mongolischen Volksrepublik im Jahre 1924 legte die Mongolische Revolutionäre Volkspartei neue Ziele fest. Mittels Kollektivierung des Viehbestandes und Planwirtschaft sollte sich das sogenannte unterentwickelte Land der Nomaden rasch in ein modernes sozialistisches Industrie-Agrarland verwandeln. 1927 wollte die Partei, getreu Stalins Vorbild in der Sowjetunion, die Verstaatlichung der Herden gewaltsam durchdrücken. Die Nomaden sollten ihr Vieh den neueingerichteten Musterkollektiven überantworten und seßhaft werden. Doch man trotzte dieser Anordnung und schlachtete lieber die Tiere, als sie abzugeben. Ein voller Mißerfolg – das Programm wurde eingestellt. Nach 1930 wurden aber dann die Großherden der Fürsten und Klöster verstaatlicht, und in den 50er Jahren fing die endgültige Kollektivierung aller Herden an, indem privaten Viehbesitzern derart hohe Steuern aufgebürdet wurden, daß sie sich notgedrungen, ehe bankrott zu gehen, den Genossenschaften *(negdel)* anschlossen. Jetzt war es erklärtes Ziel der Regierungspolitik, die Produktivität zu erhöhen, und da setzte man besonders auf die Viehzüchter. Tierärztliche Versorgung, Winterställe und Heuvorratshaltung für den Winter, Brunnenbau und Einkreuzungen mit anderen Rassen sollten die Voraussetzungen der Viehzüchter verbessern. Die Verstaatlichung ging nur schleppend voran und war erst mit Beginn der 60er Jahre abgeschlossen.

Alle Hirten waren jetzt einer Produktionsgemeinschaft zugeteilt. Wie aber funktionierte das *negdel*-System? In einem alljährlichen Vertrag zwischen der Genossenschaft und dem Viehzüchter wurde festgelegt, wie viele Tiere (der Einfachheit halber meist eine Art) er übernehmen würde. Für seine Arbeit gab es zwei Lohnformen, eine für das Hüten und eine für die abgelieferten Erzeugnisse. Produktionsziel und Preise legte der Staat von Jahr zu Jahr neu fest. Zusätzlich durfte jede Familie eigenes Vieh halten; vor der Demokratisierung waren es in den nördlichen Landesteilen 50 Tiere und im Süden nicht mehr als 100 Stück, nicht gezählt die geheim gehaltenen Privattiere, die man bei offiziellen Zählungen immer geschickt zu verbergen wußte. Übernahm der Viehzüchter beispielsweise eine hundertköpfige Schafherde, wurden die Lämmer nach einem Jahr im Herbst dem Kollektiv abgeliefert, das davon die

Hammel für die Mast aussortierte, um sie anschließend einem anderen Viehzüchter aufgrund eines Vertrages zu übergeben. 100 Tiere aber, von denen die alten Muttertiere geschlachtet und durch Jungtiere ersetzt wurden, blieben weiter zur Aufzucht beim Viehzüchter. Die Hoffnung auf erhöhte Produktivität sollte sich aber als Fehlschlag erweisen, die Eigeninitiative der Viehzüchter war erstickt.

Obschon inzwischen alle Nomaden Mitglied der sozialistischen Produktionsgenossenschaften waren, die das Einkommen festlegten und auszahlten, veränderte sich ihr traditioneller Lebensstil nur unwesentlich. Die Verantwortung für das Hüten und das Wohl der Herden oblag ihnen weiterhin, nur den Absatz ihrer Erzeugnisse bestimmte die Regierung über Direktiven. Obwohl es weniger als die Hälfte der Bevölkerung war, die derart lebte, bestimmten den Export des Landes nicht unwesentlich die Produkte der Viehwirtschaft, als da sind Fleisch, Wolle, Kaschmir, Felle und Häute. Zukünftige politische Erfolge werden wesentlich vom Umgang mit den Nomaden abhängen und davon, ob die immer noch große Unsicherheit gegenüber der Marktwirtschaft zu überwinden ist. Darüber hinaus gilt es jetzt, das fragile Ökosystem zu wahren, das heißt Überweidung und Zerstörung der dünnen Grasnarbe zu vermeiden. Vielerorts scheint es allerdings schon zu spät.

Die Privatisierung der Herden, die Anfang 1991 einsetzte, stieß auf dem Land zunächst auf wenig Gegenliebe. Die Zugehörigkeit zum *negdel* hatte schließlich gleichzeitig auch ein sicheres regelmäßiges Einkommen bedeutet. Würde das die Marktwirtschaft auch? Erste Reaktionen der Nomaden zeugten von Abwehr, Unsicherheit und Unverständnis. Auf dem Land war die Demokratisierung nicht spürbar. Wichtiger war: Wer würde das Fleisch, die Wolle, die Felle kaufen? Wie ohne *negdel* auskommen? Der Staat hatte willfährig für alle gesorgt; die Altersversorgung – für Frauen ab 50 bis 55, für Männer ab 60 – war der Inbegriff der Wohlfahrt. Natürlich konnte sie nur durch Bezuschussung der sozialistischen Verbündeten aufrechterhalten werden und war nicht eigentlich erwirtschaftet worden. Volkswirtschaftlich gesehen war die Herdenhaltung kein Gewinngeschäft. Eine Nichterfüllung des Plansolls wurde ebenso wenig geahndet, wie eine Übererfüllung – außer durch die im Sozialismus übliche Medaillen- und Preisvergabe – finanziell belohnt wurde.

Nach der Auflösung der Sowjetunion blieben auch hier die Zuwendungen aus. Der freie Markt sollte zügig eingeführt, die Konkurrenz unter den Hirtennomaden entfacht werden. Aber es gab kein Muster für die Überführung der kollektiv geführten Nomadenwirtschaft in eine marktwirtschaftlich ausgerichtete. So war die Privatisierung der Herden zwar beschlossen, aber der Staat behielt sich weiterhin vor, regulierend einzugreifen. Zwar wurden die festen Preise für viele Produkte aufgehoben, Staatsbetriebe an Private veräußert, der Tugrik abgewertet, aber die Kaschmir- und Fleischproduktion unterlag weiterhin der staatlichen Kontrolle, da Preise und Quoten festgesetzt waren. Konservative Politiker wollten die allmähliche Privatisierung, um eventuelle Schockwirkungen zu vermeiden. Die Fleischproduktion sollte 1991 erhöht werden, aber die Viehzüchter sollten trotz mindestens verdreifachter Produktionskosten nicht mehr als zuvor dafür erhalten. Dies hatte ab 1992 dramatische Auswirkungen: Die Nomaden hielten landesweit ihr Fleisch zurück. Sie übten damit politischen Druck aus, den man ihnen wohl auf der Regierungsseite gar nicht zugetraut hatte. Der Boykott traf zunächst die Städter. Fleisch ist Hauptnahrungsmittel der Mongolen, und wenn in einem Land, das eigentlich dank des Herdenreichtums genügend Fleisch für alle bieten sollte, infolge Mißwirtschaft nicht einmal mehr das beliebte Schaffleisch zu bekommen ist, dann können die ansonsten so genügsamen Mongolen recht ungehalten werden. Der Knall blieb jedoch aus, weil die meisten Bewohner der Städte über ihre Verwandten auf dem Land versorgt wurden: Eltern oder Geschwister halten in den Steppen Vieh, welches zum Teil den Kindern bzw. Geschwistern in der Stadt gehört, die es bei Bedarf jederzeit «abrufen» können.

Ob die alten Genossenschaften langfristig durch neue ersetzt werden? Es gibt zwar ein Programm, gefördert von deutscher Seite, das Genossenschaftswesen zu fördern, aber die Willensbekundungen, etwas unternehmen zu wollen, scheinen lauter als die Taten, die dies bezeugen würden. Die Nomaden fühlen sich landesweit alleingelassen, ohnmächtig einem System ausgesetzt, deren Maßgaben und Regeln – die einer von den Städtern verordneten frühkapitalistischen Marktwirtschaft – sie kaum verstehen. Sollen sie Teilhaber der inzwischen in Aktiengesellschaften *(kompani)* umgewandelten Genossenschaften werden oder privat wirtschaften?

Tradition und Kultur

Die Euphorie, die nach der Abkehr vom Sozialismus mit der Möglichkeit, privat Vieh zu halten, aufkam, ist gebrochen. Die Privatisierung des Viehs kam zeitgleich mit einer Welle von Arbeitslosigkeit aufgrund des Zusammenbruchs des alten Systems; Ingenieure, Fahrer, Veterinäre, Gewerkschafter, Armeeangehörige, Hochschulabsolventen, Schulabgänger fanden keinen Platz mehr im Gefüge und suchten ihr Glück auf dem Land, wanderten aus den Siedlungen ab und versuchten sich als Viehhalter – zweifellos eine damals vernünftige Entscheidung, nicht aber ohne einen sentimentalen Unterton, der da hieß: zurück aufs Land, zurück zum Jurtenleben der Vorfahren. Sie wurden die neuen Nomaden nach der Wende, vormals Viehlose, ohne Erfahrung als Viehhalter.

Was sich erst so gut anließ – der Viehbestand wuchs auf eine nie gekannte Größe an (Stand 1999: zirka 33,6 Mio. offiziell, geschätzte Dunkelziffer 40 Mio.) – scheint nun vor einem Aus zu stehen. Die Natur spielt dagegen: sommers Hitze und Dürre und winters Unmengen von Schnee und ausgedehnte Eispanzer. Das große, abermillionenfache Viehsterben der letzten Katastrophenwinter hat viele Menschen in Verzweiflung gestürzt: ihr Vieh ist verendet, sie sind arbeitslos, einkommenslos, zukunftslos. Es gab Selbstmorde unter den Hirten, wovon man niemals zuvor gehört hatte, und im Zorn warf manch einer sein Buddha-Bildnis vor die Jurte. Gerade sie, die Glücksucher und Neunomaden, verloren als erste ihr Vieh. Die Lage ist unverständlich, da undurchsichtig. Man erhofft sich staatliche Unterstützung, und die sollte es auch geben, leistet doch das Ausland Katastrophenhilfe (Stand Winter 2001/02: 21 Mio. US-$ in den beiden Jahren zuvor, davon allein 13 Mio. von Japan). Aber sie kommt zu spärlich oder zu spät an, klagen die Viehzüchter. Das Vieh ist Privatbesitz, steht aber laut Verfassung unter dem Schutz des Staates. Vor wenigen Jahren noch lieferten die Tiere über 80% aller für die Ausfuhr bestimmten Waren; die Nomadentierhaltung stützte sich auf die widerstandsfähigen Tiere, die dem rauhen Klima standhielten ...

Heute ist nicht nur der Viehbestand bedroht, sondern damit auch das ganze Nomadentum und das Leben unzähliger Menschen, denn in der Steppe gibt es keine andere Erwerbsquelle als das Halten von Vieh. Handwerksbetriebe, Kleinstbetriebe gibt es nicht. Da wo Gold vorkommt, hat der Goldrausch angefangen, mit all seinen dramatischen Auswirkungen auf Mensch und Umwelt.

> **Vom Umgang mit den Seelen der Tiere**
>
> Seit Urzeiten sind die Nomaden Meister im Umgang mit Tieren, sie kennen die Tierseele bis in die tiefsten Gründe und wissen, wie man ein Tierwesen mit Gesang zum Erweichen bringt. Diese alten Kenntnisse finden besonders im Frühjahr Anwendung, wenn die magere, entbehrungsreiche Zeit für Mensch und Tier kommt, wenn Nachwuchs zur Welt kommt, die geschwächten Muttertiere aber ihre Jungen nicht immer annehmen wollen. Dann singen die Hirten, hängen beschwörend am Euter, bis die Mütter sich erweichen lassen und die Kleinen trinken lassen. Dies ist Tag für Tag ein Ringen mit den widerborstigen Tieren, auch mit sich selbst – draußen bei den Herden bei Eiseskälte und Schnee, bei Wind und Wetter.
> Und das klingt dann so:
>
> Gib dein weiße, weiße Milch, Mutter!
> Lösch den roten, roten Brand aus,
> Den Durstbrand, der brennt auf der Zunge,
> Auf der Zunge deines armen Kindes,
> Guruj-guruj-guruj!
>
> Gib deine weiße, weiße Milch, Mutter!
> Erhelle damit die schwarze, schwarze Nacht,
> Die Seelennacht, die brütet über dem Leben,
> Über dem Leben deines Kindleins,
> Guruj-guruj-guruj!
>
> Gesang zitiert nach Galsan Tschinag: Das Ende des Liedes

Die Hirten haben einen Wechsel in der Viehwirtschaftspolitik zu erdulden. Hatten in den 60er und 70er Jahren des 20. Jahrhunderts die Berater aus den sozialistischen Ländern gedrängt, die traditionellen Methoden, wonach alle fünf Tierarten gemeinsam weideten, aufzugeben und sich nur auf eine Tiersorte in der Zucht zu beschränken, wollte man nach 1990 zu den alten Praktiken zurückkehren. Nur: Die uralten Kenntnisse über Weiden und Gräser, Tierkrankheiten und ihre Behandlungsmethoden, über Wetterlagen und vieles mehr, von Generation zu Generation überliefert, waren weitgehend vergessen. Trug das auch mit dazu bei, daß die Erwartungen, mit der privatwirtschaftlichen Viehhaltung zu einem neuen Markt mit neuen Verdienstaussichten zu gelangen, nicht erfüllt werden konnten?

Die Regierung, die zwischen 2000 und 2004 fast ausschließlich von der alten reformierten MRVP bestimmt war (von 76 Parlamentssitzen hatte sie 72 inne), hat die neue Viehhaltergesellschaft entworfen: fort von den großflächig frei weidenden Herden und dem arbeitsaufwendigen Hütedienst zu Fuß und zu Pferd hin zu konzentrierter maschinenunterstützter intensivierter Viehhaltung an ausgewählten Orten, zu Massentierhaltung mit Zufütterung, besonders in den Wintermonaten. Und entlang der geplanten Milleniumsstraße, die das Land längs durchlaufen wird und mit deren Bau schon im Jahr 2001 begonnen wurde, werden neue Siedlungen entstehen, wo die Landleute sich ansiedeln und Arbeit finden können. Das Ende des Nomadentums ist voraussehbar.

Unabhängig davon werden der tägliche Hütedienst und das Ringen mit den Naturgewalten weiter Leben und Alltag der Hirtennomaden prägen. Die alten Begrüßungsworte, die auf der Steppe gebräuchlich sind, um sich nach dem Wohlbefinden zu erkundigen, gelten immer noch: Wie ist der Sommer? Ist das Vieh fett und stark? Aber wie lange noch – war doch in den letzten Sommern immer wieder zu hören: Ist Regen gefallen? Gibt es Heuschrecken? Wo brennen die Wälder? Ist auch bei euch der Wasserstand gesunken?

Von Gästen und Festen

Gastfreundschaft oder:
Kleiner Knigge für Mongoleireisende

Auf dem Land einen Besuch abzustatten oder zu empfangen ist für alle Beteiligten ein freudiges Ereignis. Es ist eine kurzweilige Abwechslung im Alltag der oftmals isoliert und einsam gelegenen Jurtensiedlungen *(ail)*. Im Gespräch erfährt der Gastgeber von allerlei Begebenheiten in der Heimat des Besuchers, womöglich auch etwas über den Zustand der Weiden auf dem Weg zu ihm, die klimatischen Verhältnisse, das Vorhandensein von Wasser, alles Dinge, die für ihn von großer Wichtigkeit sind, wenn er daran denkt, einen neuen Weidegrund aufzusuchen. Obgleich es inzwischen in den allermeisten Jurten Transistorradios gibt, damit Nachrichten auch zu den entlegensten Hirten gelangen, kehrt doch die ferne Welt mit dem Gast direkt in die Jurte ein. Umgekehrt kann auch der Gastgeber seinerseits eine Quelle interessanter Nachrichten sein. Und so verblüfft es einen Besucher aus dem Westen, wie schnell und zuverlässig über weite weglose Strecken Nachrichten durch Stippvisiten beim benachbarten Ail – was in der Gobi auch eine Entfernung von 100 und mehr Kilometern bedeuten kann – verbreitet werden.

Nach altem Brauch wird ein Gast regelrecht verehrt und verwöhnt. Ist da ein Deut Eigennutz im Spiel? Die Pflicht zur Gastfreundschaft ging einher mit dem Recht, überall und jederzeit in eine Jurte einkehren zu dürfen. Die nomadische Lebensweise in einem dünnbesiedelten, unwirtlichen Land ohne stationäre Siedlungen und Gasthäuser bedingte dieses uralte Sozialgeflecht von Hilfs- und Dienstleistungen, die jedermann Nahrung und Schutz für die Nacht gewährleisteten.

Zahlreiche ungeschriebene Regeln begleiten den Besuch in einer Jurte. Zunächst einmal sollte man beim Betreten der Jurte nie auf die Schwelle treten und immer den Kopf so weit beugen, daß er nicht an den oberen Türbalken stößt. Auch wenn man es eilig hat, nur etwas fragen möchte – Zeit zum Hinsetzen und mindestens zum Nippen an einer Schale Tee sollte man haben, wenn man nicht ganz unkultiviert erscheinen möchte. In der Jurte wird der Gast immer aufgefordert, nördlich der beiden Jurten-Säulen Platz zu nehmen. Vor ihn stellt die Frau des Gastgebers weiße Speisen, d. h. die verschiedensten Milchprodukte, hin, und der Gast sollte, selbst wenn er keinen Hunger hat, zumindest davon kosten. Gewöhnlich wird sich jetzt der Hausherr nach dem Woher und Wohin erkundigen und dabei dem Gast seine Schnupftabaksflasche reichen, sollte er eine besitzen. Früher gehörte das Austauschen der Schnupftabaksflaschen sowie der Pfeifen unabdingbar zum Begrüßungszeremoniell, als Zeichen dafür, daß man in friedlicher Absicht gekommen war. Die Flasche wird mit leicht geöffnetem Verschluß mit der rechten Hand übergeben, so empfangen und auch so zurückgegeben. Wer keinen Schnupftabak mag, sollte vor dem Zurückgeben wenigstens am Verschluß riechen; das gilt vor allem für Frauen.

Beim Hinsetzen sollten nie die Füße in Richtung Herd ausgestreckt werden, und das Hocken oder das Sitzen mit gerade ausgestreckten Beinen gilt als ungebührlich. Man hüte sich auch davor, zwischen den beiden Säulen, die den Jurtenkranz halten, etwas

Tradition und Kultur

Das Leben ist nicht viel mehr als ein Tag. Und jeder Tag kann ein Fest sein. Auf der Steppe allemal, wo es keine Zerstreuungen der Neuzeit gibt.

hindurchzureichen oder sie gar zu berühren, denn sie umreißen würde heißen: Unglück für die Familie.

Kommt ein Besucher von weit her, wird ihm, wenn nicht extra ein Hammel geschlachtet wird, zumindest eine warme Mahlzeit angeboten. Wie gesagt, es ist ein Sakrileg, von dargebotenen Speisen und Getränken nicht wenigstens zu kosten, einerlei, ob es ein Scheibchen reines Fett vom Schafschwanz ist oder ein Schafs- oder Ziegenkopf – mongolische Köstlichkeiten, die für den europäischen Gaumen recht ungewohnt sind.

Alles wird mit der rechten Hand oder beiden Händen überreicht und entgegengenommen, nackte Arme sind ungehörig. Als besonders höflich gilt, wer etwas mit der rechten Hand entgegennimmt und mit der linken dabei den rechten Ellenbogen unterstützt. Messer werden nur so übergeben, daß die Spitze nicht in Richtung des Empfangenden weist. Kommt eine Schüssel mit Fleisch auf den Tisch, so schneidet der Hausherr dem Gast die saftigsten und fettesten Stücke ab und reicht sie ihm. Sollte der Gast selbst etwas abschneiden, muß er darauf achten, daß anschließend das Messer so in den Fleischberg gesteckt wird, daß Schneide und Spitze auf keinen der Anwesenden weisen.

Beim berühmten selbstgebrannten *schimijn archi* sollte man Zurückhaltung üben. Dieser Schnaps trinkt sich wie Wasser, und doch ist die Wirkung verheerend: Zwar bleibt zunächst der Kopf klar, doch versagen bald die Beine, und erst am nächsten Tag plagen einen Kopfschmerzen.

Vor dem Trinken wird der Hausherr nach einem Trinkspruch mit dem Ringfinger der rechten Hand in sein Glas stippen und einige Tropfen verspritzen. In Ulaanbaatar halten es manche Leute so, daß sie in die vier Himmelsrichtungen einige Tropfen schnipsen, um den vier die Stadt umgebenden Bergen zu opfern. An manchen Orten verspritzt man, ein Gebet murmelnd, dreimal von seinem Getränk – himmel- und erdwärts und auf sich selbst – und bittet dabei den blauen Himmel, die Erde und das Volk um Schutz und Segen.

Die Regeln der Gastfreundschaft sind von unzähligen Aufmerksamkeiten, großzügigen Gesten, unvergeßlicher Herzlichkeit und Beweisen des Anstands und der Tugend bestimmt. Nach dem Grundsatz, dem Gast das Allerbeste zu geben, war es früher eine Ehrensache, dem Reisenden zusätzlich zu Verköstigung und Lager auch eine Frau des Hausstandes anzubieten.

Sind mehrere Gäste in einer Jurte versammelt, beginnt oft ein fröhliches Singen. Jeder der Beteiligten erhält eine Schale mit Airag, trägt sein Lied vor, trinkt einen Schluck und reicht die Schale weiter. Meist bestehen die Anwesenden darauf, daß der Sänger austrinkt. Wer sich weigert, an diesem Spiel teilzunehmen, erhält von den Anwesenden eine «Strafe». Diese liegt meist in Höhe einer Schale *airag*, die es zu leeren gilt. Man ist stets gut beraten, wenn man erst einmal das Treiben beobachtet, das Geschehen nachahmt und dann eventuell einen eigenen Beitrag leistet. Falsche Töne, Schritte oder Bewegungen werden bestenfalls belacht, aber einem Weithergereisten nicht gerade übelgenommen.

Obwohl Mongolen immer noch sehr gastfreundlich sind, nimmt die uneigennützige Verehrung des Gastes deutlich ab. Die seit alters gerühmte mongolische Gastfreundschaft verfällt; die Aussicht, mit Reisenden gutes Geld zu verdienen, macht selbst nomadisierende Hirtennomaden erstaunlich erfinderisch. Insbesondere die Städter fördern das marktwirtschaftliche Denken. Dennoch: Wenn bei einer Nomadenfamilie Station gemacht wird, ist es immer noch Selbstverständlichkeit, die Gäste zu versorgen. Aber heute wird die Schale Stutenmilch bereits genauso selbstverständlich entlohnt, wie sie ehedem kostenlos angenommen wurde.

Das Leben in den Städten hat ohnehin eine eigene Dynamik, die dem Nomadischen der Landleute zuwiderläuft. Dort ahmt man das Fremdländische vielfach verbissen ernsthaft nach, und so sieht dann auch das neumongolisch-neureiche Lebensgefühl aus: Man ißt deutsche Kekse und deutsche Schokolade, fährt einen koreanischen oder japanischen Geländewagen, lieber jedoch ein deutsches Auto der Mittelklasse, leistet sich ein Ferienappartement in Hongkong, und all das ist plötzlich finanzierbar, weil man ein geldbringendes Geschäft hat.

Das Bild einer Familie, in der zwei Generationen aus zwei Zeitaltern zusammenkommen, ist der seltsam-kuriose Ausdruck der Gleichzeitigkeit von eigentlich Ungleichzeitigem. Während die Eltern noch in einer Jurte auf der Steppe leben, können sich die Kinder schon kein anderes Leben mehr vorstellen als das in einem Einfamilienhaus, möglichst einer «Villa», in Ulaanbaatar. Mit diesem Lebensplan ändert sich auch der Speiseplan. Zu französischem Rotwein paßt aber bitte kein «hammlig» riechender Fleischtopf. Und die milchsäuerlich, rauchig riechenden, verschwitzten und ungewaschenen Nomaden finden auf dem Sofa mit Plüschtieren und Sofakissen bestenfalls nur noch eine halbe Stunde lang Platz, denn das ist die Zeit, die man für eine Teepause miteinander braucht.

Von Fettschwanzschaf bis Stutenmilch

Was weiß man in unseren Breiten schon von der Küche und den Eßgewohnheiten der Mongolen? Wer hätte vermutet, daß die Mongolen lange vor uns bereits die Instantfleischbrühe kannten und sie mit Vorliebe benutzten, wenn sie lange unterwegs waren? Folgendermaßen wurde sie zubereitet: Das Fleisch von Tieren, die nach dem ersten Kälteeinbruch im Herbst geschlachtet wurden, hängte man in lange schmale Streifen geschnitten zum Dörren auf. Die trockene frostige Luft entzog dem Fleisch bald alle Flüssigkeit, den deftigen Eigengeschmack behielt es aber. Die derart «gefriergetrockneten» Fleischstreifen *(borz)* wurden zerkleinert, zerrieben und mit Salz (aus den Salzseen), Pfeffer und Wildzwiebelpulver vermengt. In der Blase eines Ochsen beispielsweise konnte man das gewürzte pulverisierte Fleisch eines ganzen Tieres transportieren. Am Sattel befestigt nahm man es als Wegzehrung mit, und bei der Rast wurde daraus mit heißem Wasser oder Tee im Nu eine nahrhafte Bouillon zubereitet. Für Trockenfleisch eignet sich besonders Rind- oder Yakfleisch, das vom Pferd und Schaf dagegen nicht.

Eine andere recht zweckmäßige Eßgewohnheit hatten noch die mongolischen Soldaten Anfang des 20. Jahrhunderts bewahrt. Wenn sie in großer Eile keine Zeit zum Rasten hatten, versorgten sie sich mit frostgetrockneten Fleischstreifen aus ihren Satteltaschen. Liegt darin vielleicht die Erklärung für das Geheimnis des schnellen Stellungswechsels, der schon mittelalterlichen Augenzeugen bei den einfallenden Mongolenheeren aufgefallen war? Lang haltbares Trockenfleisch wie auch Trockenmilchprodukte sind Ausdruck der angepaßten Lebensweise der Steppennomadenkultur Zentralasiens.

Wenn es die Umstände erlauben, sind die Mongolen große Esser und vor allem große Trinker. Und sie können ein einfaches Gericht gleich einem Festmahl freudig genießen. Die Lust am Essen hat allerdings nicht dazu geführt, eine raffinierte Kochkunst zu entwickeln. Die Küche – bedingt durch die nomadische Lebensweise und das geringe Nahrungsmittelangebot – ist verhältnismäßig einfach, wenig abwechslungsreich, aber durchaus nahrhaft und weitgehend naturbelassen. Obwohl die Vielfalt der chinesischen Kochkunst und russische Lebensmittel hier und da den mongolischen Speiseplan beeinflußt haben mögen, ist die mongolische Küche durchaus eigenständig.

Traditionellerweise – und das hat sich auch im 20. Jahrhundert mit der erzwungenen Seßhaftmachung der nomadisierenden Viehzüchter und der Industrialisierung nur unwesentlich geändert – besteht die Grundlage der Ernährung aus Fleisch und Milchprodukten, gewonnen durch Weidewirtschaft und Jagd. Dazu kommen einheimische Pilze, Wildgemüse und -früchte, sowie importiertes Getreide, Tee, Zucker und Gewürze, vorrangig aus den beiden Nachbarländern. Gemüseanbau allerdings, um den sich seit den Versorgungsengpässen vermehrt auch Privatpersonen bemühten, kann das Angebot auf städtischen Märkten kaum vergrößern. Liebstes Getränk ist der mit Salz und sehr fetthaltiger Milch zubereitete Tee von gepreßten Teeziegeln, die früher aus Kasachstan kamen, heute fast ausschließlich aus China importiert werden. Alkoholische Getränke wie mongolischer Wodka *(archi)*, Milchbranntwein *(nermel archi)* und die vor allem im Sommer erhältliche, leicht vergorene Stutenmilch *(airag)* sind sehr beliebt.

Früher wurden als Grundnahrungsmittel im Winter Fleisch und im Sommer fast ausschließlich Milchprodukte konsumiert, *zagaan idee* (weiße Speise) genannt. Diese jahreszeitlich bestimmte Ernährungsweise ist Kennzeichen der jahrhundertealten mongolischen Nomadentierhaltung: Da man keine richtige Winterstall- und Vorratshaltung kannte, gaben die Tiere im Winter und Frühjahr keine Milch, so daß Fleisch (vorzugsweise Hammel mit viel Fett, nahrhaft und vitaminreich) gegessen wurde; und in den warmen Sommermonaten ließ sich Frischfleisch nicht lagern, so daß außer bei festlichen Anlässen, zu denen man schlachtete, Milch und deren Erzeugnisse die Ernährungsgrundlage bildeten. Die Wintermonate ohne Milch galten als die magere Zeit *(ötgön chonog)*, die Sommermonate mit einem Überfluß an Milcherzeugnissen als die fette Zeit *(schingen chonog)*. Diese alten Eßgewohnheiten entsprechen genau dem kontinentalen Klimawechsel: Im tiefen Winter mit seinen extremen Außentemperaturen brauchte der Körper fettes Fleisch, im Sommer und Frühherbst dagegen leichte, weniger kalorienreiche Nahrung. Der neuzeitliche Haushalt, besonders der städtische, kennt diese klare Einteilung in Fleisch- und Milchsaison immer weniger; zudem gilt es als Zeichen von Fortschritt und steigendem Lebensstandard, sich ganzjährig Fleisch und Milchprodukte leisten zu können.

Fleisch *(mach)* gehört für immer mehr Mongolen zu einem kräftigen Essen einfach dazu. Vom vitaminreichen Fettsteiß des heimischen mongolischen Fettschwanzschafes schwärmen viele Mongolen als *der* Delikatesse schlechthin. Grundsätzlich ißt man das Fleisch aller Haustiere, lediglich Pferdefleisch, das früher bei Zeremonien gereicht wurde, wird in neuester Zeit von den Chalcha-Mongolen nur noch selten gegessen. Auf dem Land variiert die Küche von Region zu Region. So werden in den bewaldeten nördlichen Aimaks eher Schafe und Rinder und deren Produkte genossen, in den Gobi-Regionen mehr gekochtes Kamelfleisch, aber auch Kameljoghurt und -käse. Da beim Schlachten der Tiere das Blut mit allen Spurenelementen im Körper bleibt, hat das Fleisch einen hohen Nährwert und schmeckt intensiver als bei uns. Beim Zerlegen des Fleisches darf nach alter Sitte kein Knochen gebrochen werden. Fleisch wird kleingeschnitten und mit Nudeln in einer Suppe gegessen; oder es wird in ganzen, nicht vom Knochen abgelösten Stücken in Wasser gegart, anschließend in einer großen Schüssel serviert, aus der sich dann jeder einen Teil nimmt, um sich davon mit dem Messer mundgerechte Stücke abzuschneiden. Wichtig dabei ist es, die Knochen vollständig vom Fleisch zu befreien. Die Fleischbrühe, mit Salz und Zwiebeln gewürzt, wird aus Schalen getrunken.

Eine andere Art der Fleischzubereitung, die heute vor allem noch für das Murmeltier in der Steppe, aber auch für die Ziege üblich ist, ist eigentlich ein jahrhundertealtes Nomadenrezept *(boodog)*: Dem Tier werden, ohne die Haut zu verletzen, Innereien und sämtliches Fleisch samt Knochen herausgeschält. In den unversehrten Balg – wie in einen Sack – werden abwechselnd Fleischstücke, Salz, Zwiebeln und zuvor in einer Erdgrube erhitzte glühende Steine gefüllt; das ganze wird luftdicht zugebunden und dann zusätzlich von außen gebraten, früher in der Erdgrube, neuerdings mit einer Lötlampe. Das Fleisch gart im eigenen Saft, wird wunderbar zart und schmeckt sehr würzig.

Bei den Viehzüchtern auf dem Land wird gewöhnlich nur einmal am Tag, vorzugsweise gegen Abend gekocht. Morgens und nachmittags trinkt man Milchtee und ißt dazu entweder in schwimmen-

---

Benimm-Regeln

Beim Essen gelten bestimmte Regeln, die in der modernen Gesellschaft jedoch immer weniger eingehalten werden. Wer fängt mit dem Zerteilen an? Wie darf von einem Fleischstück abgeschnitten werden? Wie wird das Messer gehandhabt? Fleisch abbeißen ist verpönt! Wer darf wieviel von dem Fleisch am Schulterblatt, das traditionellerweise für das Orakel verwendet wird, abschneiden? Eigentlich sollten möglichst viele vom Schulterblattfleisch kosten, es alleine aufzuessen zeugt von schlechtem Benehmen. Ältere essen vor den Jüngeren, Frauen nicht in Gegenwart von Männern.

Tradition und Kultur

dem Fett gebratene Küchlein aus Weizenmehl *(boorzog)*, Milchprodukte der Saison oder das am Vorabend gekochte Fleisch, das, um es aufzuwärmen, in den heißen Tee getaucht wird.

Milcherzeugnissen kommt aufgrund ihrer Farbe Weiß, die als rein, heilig und daher glückverheißend gilt, eine besondere symbolische Bedeutung zu. Milch, auch zu Milchbranntwein oder Sauermilch weiterverarbeitet, ist oft ein Bestandteil von Opfergaben und wird in Zeremonien verwendet. Die Zubereitungen aus Milch sind sehr vielfältig. Roh wird Milch gewöhnlich nicht getrunken. Meist wird die Milch verschiedener Tiere vor der Verarbeitung zusammengeschüttet. Die Milchwirtschaft kennt zwei unterschiedliche Verwertungsweisen: eine fußt auf dem Erhitzen und der damit einhergehenden Reduktion und die andere auf Fermentierung. Die mongolischen Milchprodukte sind in der Regel nicht lange haltbar, es sei denn, sie werden luft- oder frostgetrocknet.

Äußerst nahrhaft sind Gerichte aus Kolostrum (der ersten Milch). *Uurga* beispielsweise ist rasch zubereitet. Über Dampf gerinnt das Kolostrum zu einer Art Pudding, der dann in Stücke geschnitten oder gebrochen wird – eine delikate Süßigkeit, die sehr beliebt ist. *Öröm*, Rahm, der sich durch kurzes Aufkochen frischer Milch schaumig oben absetzt, ist etwas typisch Mongolisches für Feinschmecker. Gesottene Butter entsteht durch Einkochen von *öröm*. Aus der entrahmten übrigen Milch läßt sich *bjaslag* (salzloser Käse), *aaruul* (eine Art Quark), *eesgij* (süßer Quark aus Schafs- oder Ziegenmilch) herstellen oder durch Vergärung *tarag* (Joghurt). *Aaruul* (oder *churuud*) läßt sich zerbröckeln, in Stücke oder kunstvolle Modelle formen. Tablettweise wird es auf den Jurtendächern an der Sonne getrocknet – ein für die Sommermonate charakteristischer Anblick bei Überlandfahrten. Die Molke wird vor allem zum Gerben der Felle benutzt. Die verschiedenen Milchbranntweinsorten *(archi)* entstehen durch Destillieren von Sauermilch, vergorenem Joghurt oder *airag*. Wiederholtes Erhitzen im Dampfdruckfaß erzeugt einen höherprozentigen Milchbranntwein; insgesamt ist ein fünfmaliges Destillieren möglich *(archi, ards, schards, chords* und *chor)*, obwohl heute fast nur noch *archi* und *ards* gebrannt werden.

Von Sommer bis Herbst werden die Stuten gemolken, und aus der Milch wird der leicht alkoholhaltige *airag* hergestellt, in Europa bekannter unter dem Begriff Kumiss. Schon Marco Polo berichtete, die Mongolen tränken vergorene Stutenmilch wie weißen Wein. Während militärischer Operationen, auf Wanderungen oder bei der Jagd nähmen sie ausschließlich *airag* zu sich. Ohne sonst irgend etwas zu essen, kämen sie damit für einen Monat, wenn nicht sogar länger aus. Mongolen wissen um die medizinisch-wohltuende Wirkung von *airag*, dessen Eigenschaften bereits in alten Abhandlungen beschrieben wurden. Schon Hippokrates nannte Stutenmilch als Heilmittel gegen Tuberkulose. Sie wirkt gegen Lungen- und Magen-/Darmkrankheiten, stimuliert das Nervensystem, gilt als Appetitanreger und fördert die Verdauung. Heute bieten Kliniken und Sanatorien in der Mongolei Heilkuren mit *airag*-Verabreichungen an. Und es gibt inzwischen sogar Hautcremes, die auf Stutenmilchbasis hergestellt sind. Für viele Chalcha-Mongolen ist ein Sommer ohne *airag* undenkbar. Es ist ihr Lieblingsgetränk: erfrischend und belebend, nahrhaft und entschlackend. Ein zu wenig gegorener *airag* kann aber Magendrücken und starken Durchfall verursachen, abgestandener alter *airag* führt zur Übersäuerung des Magens. Je nach Landesteil und Futter der Stuten schmeckt auch die Stutenmilch verschieden: Für Mongolen kommt der beste *airag* aus den Aimaks Öwörchangaj, Archangaj, Bulgan und Dundgowj; einige sprechen auch dem Gobi-*airag* besonders zu, bei dem man den Duft des Gobi-Grases herausschmecken soll. Gute Stutenmilch sollte in der Schale, in der sie gewöhnlich dargeboten wird, prickeln und dem Trinkenden bis ins Gesicht spritzen. Es ist nichts Ungewöhnliches, wenn Mongolen mehrere Liter davon an einem Tag trinken; *airag*-Trinken ist der Inbegriff der Steppennomadenkultur. Viele Lieder besingen dieses urmongolische Getränk. Daher darf *airag* bei einem wichtigen Fest auch nicht fehlen. Bereits im Herbst wird für das mongolische Neujahrsfest *(zagaan sar)* vorgesorgt und ausreichend *airag* tiefgefroren.

Archi, der mongolische Wodka, ist das neuzeitliche Muß bei allen Arten von geselligen Anlässen. Doch der Kampf gegen den Alkohol, der seinerzeit von Michail Gorbatschow so eifrig geführt wurde, verstopfte die mongolische Quelle. 1987 realisierte man den «Alkoholbeschluß» in aller Konsequenz auch in der Mongolei. Der Alkohol wurde von Seiten des Staates künstlich verknappt. Prompt entstanden in den Städten mafiaähnliche Kleinsteinheiten, die flexibel reagierten, den Markt mit Alkoho-

> **Bier**
>
> Auch Bier gibt es in der Mongolei. Der Deutsche Xaver Diedenhofer betrieb in Urga eine kleine Brauerei, bis er 1911 ermordet wurde. In den Jahren vor der Wende wurde mit tschechoslowakischer Hilfe Bier gebraut. Die Mongolen hofften, mit tschechischen Rezepten, mongolischem Wasser und sowjetischer Technik ein absatzfähiges Bier zu brauen. Tatsächlich wurde der Export nach Irkutsk ein großer Erfolg. Die mongolischen Bierlieferungen wurden dort immer sehnsüchtig erwartet. Heute gibt es etliche einheimische Brauereien, teils unter deutscher Leitung, die unter könig- und kaiserlich klingenden Namen sehr beliebte Biersorten herstellen und steigenden Absatz finden, sommers gar in eigenen Biergärten auf Holzbänken. Das im Volksmund als gelber *airag* bezeichnete Bier scheint zum neuen städtischen, das Fremdländische nachahmenden Lebensgefühl vor allem der Jugend in der Hauptstadt einfach dazuzugehören. Zu einer festen Größe im Kulturleben Ulaanbaatars ist inzwischen das deutsche Khan-Bräu geworden.

lika versorgten und beträchtliche Gewinne erzielten. Wieder einmal hatte die mongolische Regierung bis ins Detail von der Sowjetunion kopiert und erntete nun die gleichen negativen Ergebnisse. Heute ist übermäßiger Wodkakonsum landesweit ein großes Problem.

Wenn jetzt der Eindruck entstanden ist, die Mongolen frönten gerne der Völlerei und dem Trinken, dann stimmt dies nur teilweise. Zwar wird vielerorts gerne auf Vorrat gegessen und getrunken. Doch sei an den mittelalterlichen Grundsatz erinnert, wonach eine ausgewogene Ernährung, die sowohl Leichtes als auch Schwerverdauliches umfaßt, das Beste für die Gesundheit und das Wohlbefinden sei. Daher die alte mongolische Empfehlung: Es ist am besten, den Magen halb mit Essen, ein Viertel mit Flüssigkeit zu füllen und ein Viertel leer zu lassen.

Maultrommeln, pferdeköpfige Geigen und lange Lieder

Mongolen, die nicht singen können, gibt es wohl kaum. Gesungen wird allein oder gemeinsam, zum Zeitvertreib auf langen Reisen oder während des Viehhütens, beim Melken oder bei einer der zahlreichen häuslichen Verrichtungen; nach einem Anlaß – einmal abgesehen von Feiern im Familien- oder Freundeskreis – muß nicht eigens gesucht werden. Der Gesang, geprägt durch stilistische Vielfalt und ein schier unerschöpfliches Repertoire, ist Hauptkennzeichen der mongolischen Musik; er ist in zahlreichen Funktionen Teil des Alltags und der Kultur der Hirtennomaden. Obwohl es professionelle Sänger gibt, ist die Überlieferung althergebrachter Lieder, insbesondere auch der epischen Gesänge, nicht an einen Berufsstand gebunden.

Die Liedtexte sind ausdrucksstarke und gefühlvolle Äußerungen des Nomadenlebens und besingen – sei es nun voller Lob und Ehrerbietung oder auch auf poetische und nicht selten ironischlustige Weise – häufig die Pferde, die Mutter, den Vater, Liebe und Freundschaft, Heimat und Natur. Zu der Vielzahl traditioneller Lieder kamen und kommen immer noch neue Kompositionen hinzu, zu Beginn der 20er Jahre auch revolutionäre Lieder.

In der mongolischen Musik, die auf fünf Tonstufen ohne Halbtöne basiert, lassen sich drei Gesangsstile unterscheiden. Die klassischen Epengesänge *(tuuli)* und Lobeshymnen *(magtaal)* werden als Schreigesang *(chajlach)* bezeichnet und sind bestimmt durch einen rezitativen Vortragsstil, ein tiefes Register und einen rauhen Klang der Stimme. Die geläufigste Art zu singen ist der Singvortrag *(duulach)* oder melodische Vortrag *(ajalach)*. Die kurzen, aber auch die langen Lieder sowie einige Lobeshymnen sind von dieser Vortragsart bestimmt, typisch sind eine helle Stimmlage und unterschiedlich viele Verzierungen, dem Können eines jeden Sängers entsprechend. Bei der dritten Gesangstechnik, einer Art Kehlgesang *(chöömij)*, wie sie auch bei den Tuwa und anderen Kleinvölkern Sibiriens vorkommt, erklingt über einem langen summenden Grundton eine Melodie aus Obertönen. Die häufigsten Varianten sind der Brust-*chöömij* mit einem hellen, hohen Grundgesang, der Rachen-*chöömij* mit einem eher rauhen und mittellagigem Grundton und der *charchira-chöömij*, der noch eine Oktave tiefer ansetzt als der Rachen-*chöömij*. Gewöhnlich singen nur Männer diesen Kehlgesang. Für den *chöömij* muß man eine schwierige Atemtechnik, die Aktivierung des Bauchfells und eine ganz bestimmte Inanspruchnahme von Lippen, Zunge und Kehle erlernen. Und dies belastet das Zwerchfell derart, daß ein Sänger nicht zu lange hintereinander *chöömij* singen darf. Gesungen werden vor allem kurze Gesänge oder Volkslieder; eine vorgeschrie-

Das Nomadische ist das Grundgewebe der Sprache

«Wer ... mit einem kurzen Blick den Bereich der gesprochenen Sprache und der literarische Denkmäler überfliegt, wird mit Leichtigkeit vier verschiedene Grundzüge in der Kultur der Mongolen unterscheiden können ...

Der erste dieser Grundzüge, den man den nomadischen nennen kann, umfaßt das gesamte Leben der Hirten und der Jäger, ihren Glauben, ihre Sitten, ihre Tugenden und ihre Laster. Hier ... begegnen wir einer Menge von Wörtern, die die Mongolen mit den benachbarten Tungusen und den Turkvölkern gemeinsam haben. Der zweite Bestandteil ist fremdartig und gewissermaßen angeglichen worden; es handelt sich um das Indo-Tibetische, das eine neue Religion, den Buddhismus, einführte, erhabenes Gedankengut und eine Enzyklopädie der Wissenschaften, die seit langer Zeit und mit Erfolg im Süden Asiens ausgebildet worden waren ... Den dritten Bestandteil bildet das Chinesische, das die mongolische Sprache mit einer recht bedeutsamen Terminologie bereicherte, welche die unter der Mandschu-Dynastie eingeführte Verwaltung und die chinesischen Werke betraf, die philosophische und ethnische Themen behandeln. Diesen drei Bestandteilen hat sich in neuester Zeit ein weiterer zugesellt, den man als den europäischen bezeichnen kann, weil er aus dem Einfluß, den die Europäer auf die Kultur der Mongolen ausgeübt haben, hervorgegangen ist.

Jedes dieser vier Elemente bildet für sich allein eine Gruppe von klar umrissenen Erscheinungen; der nomadische Bestandteil ist jedoch die unveränderliche Grundlage, auf der die übrigen in einem untereinander völlig ausgewogenen Gleichgewicht ruhen: das Nomadische ist für sie das Grundgewebe, auf das gewissermaßen bizarre Muster aufgestickt werden können.»

Aus dem Vorwort des polnischen Mongolisten Joseph Etienne Kowalewski zu seinem 1844 in Kasan herausgegebenen mongolisch-russisch-französischen Wörterbuch, wo er die Eigentümlichkeiten der Sprache aufgrund der Lebensweise der Mongolen beschreibt. Heute ließe sich ein fünftes Element hinzufügen, das mit der Öffnung für die westliche Welt entstanden ist: die Internationalismen und die Sprache der globalen Einheitskultur, die durch Konsumgüter, Medien und Reisen Eingang finden.

Aus: Werner Forman und Bjamba Rintschen: Lamaistische Tanzmasken

bene Form existiert nicht. Oftmals flicht der Sänger auch *chöömij*-Passagen in Loblieder ein.

Volkslieder sind gewöhnlich kurze Lieder *(bogino duu)*, vergleichsweise schlichte Strophengesänge mit Versen von vier 4/4-Takten, also leicht erkennbarem Rhythmus und einer eingängigen Melodie, die zwar individuell interpretierbar ist, meist aber ohne große Raffinessen vorgetragen wird. Volkslieder sind beliebt bei geselligen Anlässen, dann wird häufig in großer Ausgelassenheit gesungen, und jeder reihum stimmt aus seinem Repertoire ein Lied an, in das dann bald alle einfallen.

Das lange Lied *(urtyn duu)*, auch Steppenlied genannt, erinnert mit seinen langgezogenen Tönen und seinem verhaltenen Vortrag, in dem der Sänger an kein Metrum gebunden ist und einzelne Phasen beliebig dehnen kann, an die weiten mongolischen Steppen und einsamen, wilden Gebirge, wo die menschliche Stimme verloren scheint. Dieser Gesang umfaßt gewöhnlich zwei Oktaven, und der Vortragende spielt gerne mit dem Übergang von Brust- zu Kopfstimme. Wird beispielsweise ein Lob in Form eines langen Liedes auf den Hausherrn gesungen, tut dies der Sänger vorzugsweise im Stehen und hält dazu traditionellerweise eine Schale mit einem weißen Getränk in beiden Händen.

Abgesehen von den eher formgebundenen Gesängen haben die Mongolen viele an Urklänge und Vorformen zum eigentlichen Lied erinnernde Ausdrucksformen. Das sind Hirtenrufe oder Lautsignale, Rufe, die einzelne Tierstimmen nachahmen, das Singen, mit dem die Kinder-Jockeys ihre Rennpferde und die Sekundanten die Ringer vor dem Kampf anspornen, Anerkennungsformen im Singstil, etwa bei einem Treffer im Bogenschießen; bei den Burjaten wird die Lobpreisung von einem Händekreisen unterstützt, skandierend im Singsang vorgetragen. Und immer wieder hört man, daß ein Muttertier mittels Gesang dazu bewegt wurde, ein fremdes Junges anzunehmen. Wer längere Zeit mit den Nomaden verbracht hat, kommt nicht umhin, diese schwer definierbaren Gesangsformen – den Romantikern gleich – mit Jean Paul als «Nachklang aus einer entlegenen harmonischen Welt» zu empfinden.

Eines der ältesten mongolischen Instrumente, das man fast als eine Art Bindeglied zwischen menschlicher Stimme und instrumental erzeugtem Klang bezeichnen könnte, ist die Maultrommel

*Es wird gesungen und musiziert in der Jurte.
Morin chuur, die pferdeköpfige Geige, hat einen wehmütig
schneidenden Klang.*

(*aman chuur*), ein altes schamanisches Instrument, das mit dem Mund gehalten wird. Ehemals aus Holz, heute fast ausschließlich aus Metall gefertigt, erzeugt es, indem die Maultrommelzunge gezupft wird, im Resonanzkörper Mundhöhle einen anhaltenden Summton, der durch Obertöne, die durch sich verändernde Mundstellungen hervorgebracht werden, überlagert wird.

Zu den alten Instrumenten gehören auch die Pauke und bestimmte Blas-, Zupf- und Streichinstrumente, die uns in Abwandlungen bis heute erhalten sind. Unter den Zupfinstrumenten ist besonders die dreisaitige, mit Haut bespannte langhälsige *schudraga* (chinesisch: *schands*) erwähnenswert, die nur von Frauen gespielt wird. Das wichtigste Streichinstrument ist die pferdeköpfige Geige *(morin chuur)*, die allerdings wie ein Cello und traditionellerweise auf dem Boden sitzend gespielt wird. Der trapezförmige Resonanzkörper, früher mit Haut überzogen, heute mit Holz abgeschlossen, hat einen langen Hals mit zwei, seltener vier Pferdehaar- oder Pferdesehnensaiten, dessen gebogenes Ende ein geschnitzter Pferdekopf bildet. Die *morin chuur* begleitet vor allem den Sänger oder Tänzer. In ihrem intensiven Klang schwingt ein fast melancholischer Unterton mit.

> **Wie die *morin chuur* entstand**
>
> Die Legende erzählt, daß ein junger Mann namens Chöchöö Namschil, der wunderbar singen, dichten und auch schnitzen konnte, drei Jahre lang bei einem Fürsten in der westlichen Mongolei diente. Dort verliebte er sich in ein schönes Mädchen. Als seine Zeit um war, kehrte er heim in die südliche Mongolei. Aber er verging vor Sehnsucht nach seiner Geliebten. Und so stieg er jede Nacht, nachdem er die Pferde auf die Weide getrieben hatte, auf sein schwarzes, geflügeltes Pferd namens Dschonon Char und reiste zu seinem Mädchen in den fernen Westen. Den ganzen Sommer über flog er Nacht für Nacht dorthin und kehrte am Morgen unbemerkt zurück. Nur ein Mädchen seines Heimatortes, das sich unglücklich in ihn verliebt hatte und wußte, daß sie vergebens auf Gegenliebe hoffte, entdeckte Chöchöo und Dschonon Char eines Morgens. Sie sah, wie sich die zwei Flügel unter den beiden Vorderbeinen des schwitzenden Pferdes zusammenzogen. Am nächsten Morgen sah sie Chöchöö wieder frühmorgens heranfliegen. Am dritten Morgen, nachdem er sein Pferd angebunden hatte und in seiner Jurte verschwunden war, nahm sie voller Eifersucht und Trauer eine Schere und schnitt dem Tier die beiden Flügel ab. Chöchöös geliebtes Pferd starb, ohne daß er wußte warum. Nun konnte er nie mehr zu seiner Geliebten. Voller Gram zog er seinem Pferd das Fell ab, fertigte ein Holzkästchen und bespannte es damit. Den Pferdekopf schnitzte er in den Knauf eines Steckens und befestigte diesen am Holzkörper. Aus Haaren vom Schweif machte er zwei Saiten und bespannte damit auch einen Bogen. So entstand die *morin chuur*. Und wenn er fortan darauf spielte, kamen ihm alle Erinnerungen an seine Geliebte und an sein stolzes Pferd wieder und belebten ihn.

Wenn auch nicht jeder das Spielen eines Instruments erlernen kann, das Singen lernen bereits die Kleinkinder. Wer erlebt hat, mit welcher Begeisterung in der Mongolei vielerorts und häufig auf ganz natürliche und ungezwungene Art gesungen wird, der wird verstehen können, mit welcher Freude die Demokratisierung des Landes begrüßt wurde, da sie auch ein Zurück zu den alten Liedern bedeutete. Die staatlich bezahlten Sänger und Musiker hatten häufig ausschließlich sowjetrussische Lieder und Kompositionen des Sozialismus singen müssen.

Ein Mongole, der nicht frei singen darf, ist wie ein Vogel, dem man das Zwitschern verbietet ... Aber nun, da man wieder singen darf, bleiben viele dennoch stumm oder haben es gar verlernt, besonders die jugendlichen Städter. Schlager, Popmusik, Rapp auf mongolisch, gelegentlich auch alte Volksweisen dröhnen einem an vielen öffentlich Plätzen, auf dem Schwarzmarkt, in Cafés und Gaststätten, ja aus Radios in Taxis und Bussen entgegen.

Das Naadam-Fest – die drei Spiele der Männer

Naadam – schon das Wort läßt viele Mongolenherzen höher schlagen. Naadam-Zeit bedeutet heutzutage Zeit haben zum Feiern, zum Entspannen, zum Geselligsein in der Familie und mit Bekannten. Aber Hauptanlaß der Feierlichkeiten sind die Wettkämpfe, die im örtlichen Stadion oder auch auf freiem Feld ausgetragen werden. Daher stammt auch die eigentliche Bezeichnung für diese Feiertage: die «Drei Spiele der Männer» *(eriyn gurwan naadam)*. Schon zu Zeiten der Hunnen wurden in der Mongolei Naadam-Feste veranstaltet, gleich, ob die Herrscher die Geburt eines Nachkommen, eine Hochzeit oder einen Sieg über die Feinde feiern ließen. Die Feierlichkeiten dienten, wie uns vor allem aus der Zeit des mongolischen Großreiches unter Dschingis Khan und seinen Nachfolgern überliefert ist, sowohl der Zerstreuung als auch dazu, die Geschicklichkeit der Krieger unter Beweis zu stellen. Aus jenen Tagen ist ein Gedenkstein erhalten, der bis 1918 am Ufer des Örgönö-Flusses stand und jetzt in den Sammlungen der St. Petersburger Ermitage zu finden ist. Dieser Stein erzählt von den Naadam-Festen, die zwischen 1219 und 1225 in Buga Sotschich stattfanden, und wie sich dabei ein Bogenschütze namens Jesönchij Mergen auszeichnete, indem er im Bogenweitschießen eine Distanz von über 500 Metern (335 ald) überwand.

Mit Beginn der Mandschu-Oberhoheit im 17. Jahrhundert büßte das altmongolische Naadam-Fest zunehmend an Bedeutung ein. Die Mandschu fürchteten die wiedererstarkende Wehrkraft der Mongolen und untersagten insbesondere den Mönchen, an den Wettkämpfen teilzunehmen. Die Machthaber beargwöhnten große Menschenansammlungen und taten alles, um das traditionelle Fest in seiner Bedeutung herunterzuspielen.

Erst nach 1911 wurde auf Geheiß der neuen, nationalen Regierung das Fest stärker in das Bewußtsein der Mongolen zurückgeholt. Die kommunistische Volksregierung, die 1921 an die Macht gekommen war, verknüpfte dann das traditionelle Fest mit einem

*Ringen ist der beliebteste nationale Sport.
Einst rangen die Krieger zur Ertüchtigung für den Ernstfall miteinander;
heute werden alljährlich am Nationalfeiertag (11./12. Juli) überall im Land
Ringerwettkämpfe ausgetragen.*

neuen Feiertag, dem Tag des Sieges der Volksrevolution am 11. (und 12.) Juli. 1948 fügte man noch das Wörtchen staatlich *(ulsyn)* hinzu, um dem Naadam-Fest landesweite Gültigkeit zu verschaffen. Heute begeht man es überall im Land an diesen beiden Tagen mit regionalen Wettbewerben in den drei Nationalsportarten Ringen, Bogenschießen und Pferderennen. Und im Volksparkstadion von Ulaanbaatar wird der Staatsnaadam ausgetragen, zu dem allein 512 Ringer geladen sind. Der über Stunden andauernde Kampf, der sich am zweiten Tag zum entscheidenden Höhepunkt steigert, fesselt Unzählige, wenn sie schon nicht im Stadion mit dabei sein können, an den Fernseher, der in fast jedem Haushalt der Großstadt alle Ringerrunden überträgt.

Trotz des neuen politischen Hintergrundes wurde an den alten Riten und Überlieferungen des Naadam-Festes festgehalten. Das Ringen ist des Mongolen Lieblingssportart und bei allen, gleich welchen Alters und Geschlechts, gleichermaßen beliebt. Wetten werden abgeschlossen, wer siegen wird, alles diskutiert vorher und

Tradition und Kultur

noch lange nachher, welcher dieser Ringer diese und jene Tricks, Griffe, Hebel und Würfe angewendet hat. Es gehört sozusagen zum Bildungsgut, die Lebensgeschichten der Nationalringer und ihre speziellen Techniken zu kennen.

Nach Ulaanbaatar zum Staatsnaadam kommen nur die besten Ringer, die sich bereits in den drei Vorrunden der einzelnen Betriebe und Genossenschaften, der Sum und Aimaks hervorgetan haben. Grundlegendes Prinzip beim Ringen ist: jeder, egal welchen Alters, ob Leicht- oder Schwergewicht, bekommt die gleiche Chance und darf am Wettkampf teilnehmen. Dem Wettringen selbst sind auch keine Zeitschranken gesetzt. Was zählt, ist der Mut, den einer aufbringt, auch angesichts eines womöglich stärkeren und besseren Ringers anzutreten.

Vor dem eigentlichen Ringkampf führen die einzelnen Ringer eine Art Tanz *(dewech)* auf, bei dem sie das Flügelschwingen des mythischen Garuda-Vogels *(gard)* nachahmen. Dem kundigen Publikum sagt dieses Flügelschwingen – übrigens ein Bestandteil des Ringertrainings – viel über die Fähigkeiten eines Ringers. Jeder Ringer wird von einem Sekundanten unterstützt. Vor dem Kampf der dritten und fünften Runde preist dieser die Siege und Taten des Ringers.

Die Ringerkleidung, aus mehrmals gefalteter, meist roter oder hellblauer Seide genäht, besteht aus einem Oberteil *(dsodog)*, mit zwei Ärmeln und einem kurzen Rückenteil sowie einer kurzen, badehosenartigen Hose *(schuudag)*. Dazu kommen mongolische Stiefel *(gutal)*, deren Spitze nach oben gebogen ist, und ein Hut *(dschandschin-malgaj)*, der allerdings zum Kampf abgenommen wird. Jacke wie Hose sitzen fest am Körper, damit es dem Gegner schwerfällt, seine Hände zwischen Kleidung und Körper zu zwängen.

Vorherrschende Meinung ist es, daß ein Ringer sich am besten beweisen kann, wenn er es mit einem stärkeren Gegner aufnimmt. Wer zuerst mit dem Ellenbogen, dem Knie oder Rücken den Boden berührt, hat verloren. Daher der Kampfstil im Stehen und die gutausgebildete Beinmuskulatur vieler mongolischer Ringkämpfer. Es können vier Titel während des Staatsnaadam gewonnen werden: beim Sieg über fünf Gegner «Falke» *(natschin)*, sieben Siege bringen den Titel «Elefant» *(dsaan)*, und der beste bekommt den Titel «Löwe» *(arslan)* zugesprochen. Erst wenn er beim darauffolgenden Naadam zum zweiten Mal gewinnt, wird der Löwe zum Riesen *(awraga)*. Jeder neue Sieg des Riesen wird mit einem Zusatz im Titel belohnt, so kann im Laufe der Jahre aus einem Riesen ein «Unbesiegbarer Riese», später ein «Mächtiger Unbesiegbarer Riese» etc. werden. Der bislang erfolgreichste Ringkämpfer war Chorloogiyn Bajanmunch aus dem Uws-Aimak; er trug den Titel: «Der Gefällige Nationale Berühmte Mächtige Unbesiegbare Riese».

Nach dem Wettkampf läßt der Sieger den Verlierer unter seinem rechten Arm durchlaufen, setzt seinen Hut wieder auf, imitiert, um die aufgesteckte Nationalfahne kreisend, den Garuda-Flug und zieht sich dann vom Feld zurück. Die Ringer der Endrunde werden vom Präsidenten beglückwünscht und erhalten kostbare Preise.

Gleichzeitig zum Ringen finden die Bogenschießwettspiele statt, die sowohl mannschaftsweise als auch individuell von Männern und Frauen, Jugendlichen und Erwachsenen in verschiedenen Runden ausgetragen werden. Die Bogenschützen werden in zwei Teilnehmergruppen unterteilt, die 8–17jährigen und die über 18 Jahre alten. Heutzutage starten auch Kinder und Frauen in eigenen Mannschaften. Pfeil und Bogen stellen viele Schützen noch selbst her. Die 1 m langen Pfeile aus Weidenholz wiegen zwischen 92,5 und 222 g (2,5–6 *lan*). Die Bögen aus Birkenholz, Bambus und Fischleim haben drei verschiedene Größen, 170, 160 und 150 cm, und keine Hilfsvorrichtung zum Anvisieren oder Stabilisieren wie moderne Sportbogen. Der Schütze muß sich auf sein gutes Auge, seine sichere Hand und eigene Erfahrungswerte verlassen.

Wesentliche Eigenart des mongolischen Bogenschießwettbewerbs ist: Die Schützen haben nicht ein einziges Ziel, sondern eine Vielzahl von aus Filz oder Leder und Lederriemen gefertigten faustgroßen Riemenkörbchen, die zu einer Wand aufgebaut sind. Früher bei großen Wettspielen türmte man bis zu 1000 derartiger Riemenkörbchen auf, heute sind es weniger, so daß das Zielfeld nur noch etwa vier auf einen halben Meter zählt. In der Mitte ist ein rotes Riemenkörbchen zur Orientierung plaziert. Die Entfernung beträgt 75 m für Männer und 60 m für Frauen. Jedem Schützen steht je nach Wettbewerb eine bestimmte Anzahl Pfeile zur Verfügung. Den Schützen werden die getroffenen Riemenkörbchen innerhalb eines bestimmten Feldes angerechnet. In der nächsten Runde wird eine bestimmte Zahl von Körbchen weggenommen, das Gesamtzielfeld somit kleiner und das Treffen schwieriger. Die Schiedsrichter stehen mit roten und weißen Fähnchen in unmittelbarer Nähe des Ziels und signalisieren das Ergebnis. Die Sieger werden mit dem Titel «Treffsicherster Schütze» geehrt. Unabdingbarer Bestandteil der Teilnahme am Wettbewerb ist das Tragen des nationalen Deel, manchmal auch einer dazugehörigen Kopfbedeckung.

Zum Schluß des Naadam werden die Pferderennen ausgetragen. Hierfür begeistern sich die Zuschauer ähnlich wie für den Ringkampf. Wetten sind auch da beliebt. Und wer stolze Pferdebesitzer kennt, deren Pferde schon unter den Siegern waren, weiß um ihre Fiebrigkeit und übersprudelnde Gesprächigkeit kurz vor und nach dem Rennen.

Die Pferde werden bereits einige Monate zuvor trainiert. Das zukünftige Rennpferd muß vor allem lernen, seinen Lauf trotz aller erdenklichen Zwischenfälle nicht zu unterbrechen. Im Ausdauertraining wird es bergan getrieben, und das möglichst während der heißesten Tageszeit. Vor dem Rennen wird das Pferd auf Diät gesetzt, damit es leichter wird und während des Rennens möglichst wenig schwitzen muß.

Die Reiter sind Kinder, in der Regel zwischen 6 und 12 Jahren alt und sozusagen im Sattel groß geworden. In alten Zeiten waren die Reiter allerdings Erwachsene. Gleich den Pferden werden auch die jungen Reiter und Reiterinnen auf den großen Tag von den Eltern und Großeltern eingestimmt. Um die Pferde anzuspornen, singen die Kinder während des Rennens bestimmte Lieder.

Das Pferderennen geht über die ebene Steppe, früher genau über ein *örtöö* (ca. 30 km), genau jene Wegstrecke, die ehemals zwischen zwei Poststationen zurückzulegen war. Mitte der 20er Jahre wurden die Bestimmungen leicht verändert: zweijährige Hengste laufen über 15 km, dreijährige 20 km, vierjährige Wallache 25 km, fünfjährige 28 km und sechsjährige 30 km, die Hengste, die älter als drei Jahre sind, 28 km, und zwar in unterschiedlich großen Gruppen von 100 bis 500 Tieren.

An der Ziellinie bestimmen die Schiedsrichter *(morin baria)*, welches Pferd als erstes durchs Ziel geht. Das Gewinnerpferd wird mit dem Titel «Allererster von Zehntausend» *(tumny ech)* geehrt.

Die Reiter erhalten Geschenke, beim Staatsnaadam in Ulaanbaatar eine Goldmedaille. Die ersten fünf Pferde und ihre Jockeys werden ausgezeichnet: Sie reiten ins große Naadam-Stadion ein, während die Ringer zur dritten Wettkampfrunde antreten, ein traditionell gekleideter Sänger stimmt einen Lobgesang auf die Pferde an und segnet sie mit einer Schale Stutenmilch. Das letzte zweijährige Pferd im Rennen wird ebenfalls geehrt: Der Nachzügler erhält den Namen «Voller Bauch» *(bajan chodood),* dann erklingt ihm und dem jungen Reiter oder der Reiterin zur Ehrenrettung ein tröstendes Lied, das für die Zukunft beiden alles Gute wünscht und vor allem, daß just dieses Pferd beim nächsten Naadam großen Ruhm ernten möge.

Unterwegs in der Steppe. Kamele sind seit alters dankbare Lasttiere, können über längere Strecken bis zu 250 kg und mehr tragen. Eine Jurte mit Einrichtung wiegt etwa 1000 kg.

WIRTSCHAFT UND GESELLSCHAFT

Wie die Mongolen mit den Schätzen der Natur wirtschaften

Schützenswertes weites Land: Lebensraum und Lebensgrundlage

Die Mongolei ist eines jenes Länder, das im Grunde mit seiner wilden, unvergleichlichen Natur für die Menschheit unter Schutz gestellt werden sollte. Sie weist die größte biologische Vielfalt in Zentralasien auf; Wüste, Steppe, Nadelwald, gebirgige Tundra fließen von Süd nach Nord ineinander. Endlich hat die mongolische Regierung eine Absichtserklärung abgegeben: 30% der Landesfläche sollen bis zum Jahr 2020 unter Schutz gestellt werden. Dem vorausgegangen waren zähe Verhandlungen unter Maßgaben des World Wildlife Fund (WWF), in denen um die Einrichtung von Schutzzonen geworben wurde, nicht nur in Verbindung mit Tabuzonen und der Beschneidung für Entwicklungsmöglichkeiten im Land. Im Gegenteil, gerade in Randzonen – in der Gobi beispielsweise, wo kaum Infrastruktur vorhanden ist – bestünde erst durch Naturschutzprogramme Aussicht, Arbeit zu finden, wo sonst nur Viehhaltung möglich wäre.

In den letzten Jahrzehnten vor der Wende, ehe die westlichen Umweltschutzorganisationen ihre Arbeit in der Mongolei aufnahmen, gab es gemessen an der riesigen Landesfläche nur 24 sehr verstreut liegende Naturschutzgebiete, meist Inseln gleich, sogenannte Naturdenkmäler. Ein schöner Fels, ein Gebirgsstock, ein kleiner See, ein Vulkankegel oder erloschener Krater. Die zwei großräumigen Gebiete waren der Chöwsgöl-See, auch Chöwsgöl Nationalpark genannt, und die beiden Groß-Gobi-Reservate, die dann zum Großen Gobi-Nationalpark zusammengefaßt wurden, der mit 5 Mio. ha nach dem Nationalpark Grönlands und der Kalahari im Südwesten Afrikas der drittgrößte der Welt ist. 1975 eingerichtet, setzt er sich zusammen aus Teil A Transaltai-Gobi und Teil B, Dsungarische Gobi, wo die Urwildpferde ausgewildert werden.

Mittlerweile sind landesweit etwa 10% der Gesamtfläche nach vier unterschiedlichen Kriterien unter Schutz gestellt:

– *Streng geschützte Gebiete:* Sie sind in ihrer Natur und Landschaft ohne menschliche Einflußnahme noch weitestgehend natür-

Urwildpferde in der Gobi

Seit über zehn Jahren werden in der Mongolei Urwildpferde ausgewildert. Zunächst schien die große Sterblichkeit der Tiere in freier Wildbahn das Projekt zu gefährden. Ende des 19. Jahrhunderts brachte der russische Forscher Nikolai Prschewalski Fell und Schädel eines Urpferdes aus der Westmongolei zurück nach St. Petersburg und erkannte erst gar nicht, was er da entdeckt hatte. Jahre darauf fand ein anderer Forscher namens Semjonowitch Poljakow heraus, daß es sich bei der Trophäe um ein der Wissenschaft bislang nicht bekanntes Tier handelte. Dem Entdecker zu Ehren wurde es Prschewalski-Pferd genannt. Die Kunde von den Urpferden begeisterte die Sammler, so daß viele Tiere gnadenlos gejagt oder abtransportiert wurden. 1965, also fast 90 Jahre später, war das letzte Urwildpferd (mongolisch: *Tachi*) ausgestorben, lediglich außerhalb der Mongolei überlebte es in Zoos und bei privaten Pferdehaltern. Die Zucht in Gefangenschaft gelang, und der langgehegte Plan zur Zurückführung konnte ab 1990 Schritt für Schritt verwirklicht werden. So gelangten die ersten Pferde nach Gobi Altai. Der Erfolg dieses Unternehmens blieb jedoch zunächst aus, die Tiere wurden blutkrank, vermehrten sich nicht und verendeten. Inzwischen widmet sich die 1999 gegründete internationale Stiftung ITG (International Takhi Group) dem Projekt und hat die wissenschaftliche Betreuung der Tiere und Präventivmaßnahmen zum Erhalt der Herden eingeleitet. Unter der Leitung von Dr. Chris Walzer vom Zoo Salzburg hat Simon Ruegg, Tierarzt an der Universität Bern, 2001 eine Studie in der Gobi durchgeführt und daraus eine Schutzimpfung für die vor der Auswilderung stehenden Pferde entwickelt: Sie werden mit Blutparasiten infiziert, damit sie die Krankheit durchmachen und entsprechende Abwehrstoffe entwickeln. Ohnehin birgt das Leben in freier Wildbahn viele weitere Gefahren – wie die eisige Kälte im Winter und hungrige Wölfe – für die 14 Urwildpferde, die im Juni 2002 von Europa in die Mongolei gebracht wurden.

lich erhalten, allein in der Kernzone darf geforscht werden, und in einer Schutzzone dürfen Regenerationsmaßnahmen stattfinden, Wege angelegt, Jagd und unter Aufsicht auch Tourismus betrieben werden. Nach internationalen Kriterien wäre das undenkbar. Eines der frühen, aber kleinen Schutzgebiete (von 1965) ist der Chasagt Chairchan Berg im Gobi-Altai-Aimak. Dort hausen Hirsch, Steinbock, Berggziege, Schneeleopard, Steinmarder, Steppen- und Tigeriltis, Hermelin, Altaiwiesel, Vielfraß, Bartgeier,

Geier und Berghuhn. Der Uws-See, der große Salzwassersee im Gebiet der großen Seen der Westmongolei, wurde 1993 ausgewiesen; ein Jahr zuvor waren es zwei Gebiete in der nördlichen Ostmongolei, die als grenzüberschreitende Schutzgebiete erweitert werden sollen: Mongol Daguur, im Dreiländereck China – GUS – Mongolei, wo fast alle großen asiatischen Kranicharten durchziehen und brüten, also Schnee-, Nonnen-, Weißknacken- und Mandschurenkranich und der selten gewordene Mönchskranich, ein mongolischer Endemit.

Das Schutzgebiet des Chöwsgöl-Sees – unter den großen Süßwasserseen weltweit an 14. Stelle – wurde erst nach 1981 um die Uferzone erweitert, und zwar nach Protesten zahlreicher Naturschützer und Intellektueller, die gegen den dort geplanten Abbau von Phosphorit rebellierten. Jenseits der Grenze unter Russen fanden sie rasch Gleichgesinnte, denn man bangte um die Erhaltung des ökologischen Gleichgewichts des über den Selenge-Fluß verbundenen Baikalsees weiter nördlich. Der über 1600 m hoch liegende Bergsee beheimatet zahlreiche Wasserinsekten, neun Fischarten, 244 Vogelarten, davon 22 Entenarten wie Sichel-, Fleckschnabel-, Samt- und Knäkenten, zwölf Mövenarten, Singschwäne, gelegentlich auch Höckerschwäne. Die Wasserflora ist außergewöhnlich, so wurden bisher unbekannte Mikroorganismen entdeckt. Von den vorzufindenden 750 Pflanzen sind 60 Heilpflanzen. In der Gebirgstaiga und den bewaldeten Steppen nördlich und westlich des Sees leben die Rentiere haltenden Zaatan, ein kleines Tuwa-Volk mit rund 40 Sippen. Der Chöwsgöl-See ist zur Aufnahme in das Weltkulturerbe vorgeschlagen worden.

Im Süden des Dornod-Aimaks sind wegen der großen Antilopenherden noch zwei kleinere Schutzgebiete eingerichtet worden. Diese Mongolischen Antilopen, die sich in Herden bis zu 10 000, ja 20 000 Tieren zusammenschließen können, sind nur hier heimisch, ziehen allerdings auch nach China. Hier finden wir im Übergangsgebiet zur Mandschurei die letzten intakten Hochsteppen Zentralasiens, wenn nicht gar der Welt. Aber wie lange noch angesichts der nahen Ölförderfelder?

Viele der im Roten Buch zum Schutz der Natur und Umwelt aufgeführten Arten sind in den streng geschützten Gebieten zu finden. 77 Tier- und 80 Pflanzenarten gelten in der Mongolei als besonders gefährdet. Zu ihnen zählen außer dem Urwildpferd, dem

Wildesel oder Kulan und dem Wildkamel auch die mongolische Saiga-Antilope, das Moschustier, der Maral-Hirsch und der Madsalaj oder Gobibär, von dem man nach Schätzungen nur noch 30 Exemplare gibt. Aufgrund der großen Kälte, des vielen Schneefalls und sonstiger Unbillen beobachtete man im Winter 2001/02, daß die Tiere nicht mehr wie gewohnt zwischen Dezember und Februar Winterschlaf hielten, so sehr waren sie unter Druck.

– *Nationalparks:* Es gibt dort nicht unbedingt Primärlandschaften, aber Natur und Landschaft haben sich natürlich erhalten und sind bedeutsam für Geschichte, Forschung und Kultur. Tourismus ist im Gesamtgebiet unter bestimmten Auflagen gestattet. So wurde im Südgobi-Aimak der Gurwansaichan-Nationalpark mit Jolyn Am, der Bartgeierschlucht, in Changor-Sum unter Schutz gestellt, ein beliebtes Reiseziel von zahlreichen Mongolei-Besuchern. Hier in den Ausläufern des Altai-Gebirges liegt auch das Touristencamp Chanchonchor. Weitere Nationalparks sind der Bulgan-Gebirgszug, der mit seiner Südflanke die Stadt Zezerleg in Archangaj berührt, der erloschene Vulkan Chorgo mit dem Terchijn Zagaan See in Tariat-Sum.

– *Nationaldenkmal oder Naturdenkmal:* Das kann ein Vulkankegel oder ein herausragender Felsblock, eine Platte mit Felszeichnungen, eine alte Grabanlage sein.

– *Naturreservat:* Vergleichbar mit Naturparks in Deutschland, also einer Landschaftsschutzzone wie die Lüneburger Heide. Landschaftsbild und Kulturlandschaft sollen erhalten bleiben, doch sind keine strengen Zonen innerhalb des Gebietes ausgewiesen. Das wohl größte zusammenhängende dieser Art ist das Altai Sajan-Gebiet, das über die drei westlichen Aimaks von Chowd, Bajan Ölgij und Uws reicht, nach Rußland hinein und den Russischen Altai und die Republik Tuwa mit umfaßt.

Wie wirksam werden also die Schutzmaßnahmen sein, welche der WWF gemeinsam mit der mongolischen Regierung entwickelt halt? Feuchtgebiete erhalten und neue Schutzzonen ausweisen, um bedrohte Tierarten besser zu schützen, Naturparkpersonal schulen und Programme zur Umwelterziehung entwickeln? Immerhin werden Nichtregierungsorganisationen beraten und gefördert, die Naturparklehre im weitesten Sinne zu verbreiten. Die Nationalparkverwaltung der Mongolei hat ein Ausbildungsprogramm für Naturschützer – inzwischen also ein offizieller Beruf – entwickelt.

Wirtschaft und Gesellschaft im Wandel

*Die Schwarzen Berge und der Weiße Fluß im Hohen Altai.
Berge erwecken Ehrfurcht, gelten als erhaben, und ein lebensspendender
Fluß, der wild und gefährlich sein kann, wird nicht beim eigentlichen Namen
genannt, sondern mit Mutter oder große Schwester umschrieben.*

Vorzeigeprojekt ist wohl der Char Us Nuur-Nationalpark (850 000 ha) im Chowd-Aimak, das letzte große Schilffeuchtgebiet Zentralasiens mit Brut- und Rastplatz für über 200 Vogelarten, von denen 10 weltweit und 20 national bedroht sind, und Lebensgrundlage für über 40 Säugetiere. Die etwa 1300 dort siedelnden Nomadenfamilien mit über 200 000 Stück Vieh stellen die erste Bedrohung für dieses Gebiet dar. Das Land ist überweidet, zumal der Viehbestand angewachsen ist. Die Erosion des Bodens begünstigt die Verwüstung; die Schilfgürtel, die Brutstätten der Vögel werden zerstört. Lebensgrundlagen der Menschen und Lebensraum der Tiere sind gleichzeitig gefährdet. Das Nationalparkprojekt will ein verträgliches Mit- und Nebeneinander von Natur, Mensch und Tier verwirklichen und wurde 1999 zum Ramsar-Gebiet erklärt.

Ihm droht dennoch der Bau eines Wasserkraftwerkes und die Anlage eines Erdölfeldes in unmittelbarer Parknähe. Wie sich dazu stellen, wo bislang der Strom für die westlichen Gebiete aus Rußland kommt, aber immer wieder wegen offener Rechnungen abgestellt wird? Einerseits benötigt das Land bessere Energieversorgung, ohne infrastrukturelle Neuerungen wird sich die Mongolei künftig schwer tun; andererseits kennt man anscheinend immer noch nicht den wirklichen Preis dafür. Die Diskussion um Atomkraftwerke in diesen Weiten, wo zunehmend Energie benötigt wird, führt vehement eine Gruppe alteingesessener Wissenschaftler. Ihr Argument lautet: Da 99,6 % der Gesamtenergiemenge durch das Verbrennen von Kohle erzeugt werden und nur 0,03 % durch Wasser- und Sonnenkraft, sei Kernkraft die Alternative – verläßlich, sicher und umweltfreundlich. Dem setzen westliche Berater entgegen, Investitionen zur Versorgung der ländlichen Bevölkerung mit erneuerbarer Energie voranzubringen, etwa den Bau von Kleinwasserkraftwerken und die Einführung von Photovoltaikanlagen unter den verstreut lebenden Nomaden. Von den 21 Mio. Euro bis Ende 2003, die von Deutschland zur Verfügung gestellt wurden, wurde knapp die Hälfte für den Ausbau des bestehenden und neu zu gestaltenden Energiebereichs verwendet.

Naturschutz ist vorrangig Kampf gegen die Zerstörung der Natur durch die skrupellosen Händler, die Holz, Felle, Gehörn und Geweihe und alle zu medizinischen Zwecken verwertbaren Teile von Tieren kaufen und weiterverkaufen. Er ist aber auch Kampf gegen die kleinen Leute, die etwas zum Markt tragen müssen, wenn sie existieren wollen: Sie sind es, die die Weidenbäume in den Flußauen brechen, weil sie Feuerholz brauchen, die lebende Bäume Stück für Stück abschlagen, ihre Baumrinde weghacken, die Berghänge voller Wildzwiebeln plündern, um sie säckeweise auf den nahen Markt zu tragen. Es ist der Jäger, der den Schneeleoparden jagt, aus Rache, weil er seine Herden angefallen hat, aber auch mit der Aussicht, daß ein Fell ihm bares Geld bringt, das kaum im Umlauf ist, und da eben eine Summe, die gut den Verdienst eines halben Jahres ausmacht. Die jüngste Meldung von einem Zwanzig-Fuß-Container, der bis oben hin gefüllt mit dem Gehörn des vom Aussterben bedrohten Argali-Schafes gefunden wurde, läßt alle Absichtserklärungen des Naturschutzes wieder einmal zum Hohn werden. Raubbau an der Natur, der meistens so beiläufig geschieht, ist für Naturschützer ein krimineller Akt – für die ländliche Bevölkerung ist er der sicherste Weg zum Geld, zum Überleben da, wo es außer Viehzucht keine anderen Verdienstmöglichkeiten, keine verarbeitenden Industrien und Handwerksbetriebe gibt. Und verenden dann noch die Herden, was im Winter 2001/2002 unzählige Familien traf, dann bleibt nur das Naheliegende: Entreißt der Natur, was sie hat. Wie lautete doch gleich die altsozialistisch-kämpferische Parole, die viele noch aus ihrer Kindheit kennen? Wir haben keine Furcht vor dir, Natur. Wir werden dir den Reichtum entreißen ...

Naturverehrung gestern – Umweltsünden heute

Vor einiger Zeit sendete das mongolische Fernsehen Werbespots zur Erweiterung des Umweltbewußtseins. Thema Nr. 1: Umweltverschmutzung. Menschen eilen durch die Straßen Ulaanbaatars. Schnitt: Abgase. Schnitt: Es qualmt aus Schornsteinen. Schnitt: Schienen der transmongolischen Eisenbahn. Wieder Menschen, die umhereilen, aber sie haben jetzt vereinzelt Gasmasken auf. Bald tragen alle Gasmasken. Das Ende der Geschichte: einsames Stück Land, auf das eine Stange mit einer Gasmaske gepflanzt ist. Jetzt erst erklingt leise eine Stimme: «Mensch und Natur sind wie mit einer Nabelschnur miteinander verbunden.»

Thema Nr. 2: Müll. Aus extremer Froschperspektive werden vorwärts strebende Menschen gezeigt, die auf einen Platz permanent irgend etwas fallen lassen. Jetzt noch mehr Beine, die sich vorwärts kämpfen. Dazwischen fällt Müll, immer mehr Müll. Dann Schnitt: Gesicht eines jungen Straßenkehrers. Er sieht nicht verärgert aus. Vielmehr lächelt er. Er sieht dem Geschehen zu, großmütig, wie es scheint. Man weiß spätestens jetzt, er wird alles richten, das ist ja seine Aufgabe, dafür ist er angestellt. Endlich greift er ein: ein Wisch – und aller Müll verschwindet vom Bildschirm, die Stadtlandschaft, die eben noch im Abfall zu versinken drohte, weicht einem blühenden hügeligen Wald- und Wiesenland. Eine Stimme mahnt eindringlich: «Verehrte Freunde, werft doch nicht überall euren Müll hin!»

Ein Nomade auf dem Land, der weitestgehend Selbstversorger ist, mag einen solchen Spot befremdlich finden, Städter dagegen müssen mit solchen Initiativen wachgerüttelt werden. Ihnen bringt die neue Zeit Konsumgüter ins Land und damit den Verpackungsmüll.

Traditionellerweise kannten die Mongolen nur abbaubaren, organischen Abfall, fast alles ging wieder in den Kreislauf der Natur ein. Heute erkennt man verlassene Lagerstätten nicht nur an den Spuren, die das Jurtenrund und der Ofen in der Jurtenmitte hinterlassen haben, gelegentlich an verschiedenen Hinterlassenschaften, vielleicht alte Kleider und Schuhe, die häufig in Felsspalten gestopft werden, oder Eisen- oder Lederteile, Wagenräder oder zerschlagene chinesische Thermoskannen, die ausgedient einfach zurückbleiben. Aber das wirkt vergleichsweise harmlos im Gegensatz zu den importierten Alu-Tiger-Beer-Dosen aus Singapur, den Plastikbechern und -beuteln und anderen Wohlstandsverpackungen, die auf frequentierten Plätzen gedankenlos weggeworfen werden und entlang den vielbefahrenen Straßen in der Mongolei – den Naturschönheiten zum Hohn – besonders augenfällig sind. Und der Lieblingszeitvertreib mancher Angeber scheint das Zerschlagen der so eben geleerten Schnaps- und Bierflaschen zu sein, Glasscherben sind Zivilisationsmüll, der inzwischen landesweit umherliegt.

Den Mongolen mangelt es an Bewußtsein für die sie umgebende Natur. Obwohl sie für ihre Naturschönheiten durchaus ins Schwärmen geraten können, unzählige Lieder davon singen, werden Umweltsünden gar nicht als solche gewertet. So verspottet mich der Fahrer bestenfalls lauthals, wenn ich protestiere, sobald er eine Abkürzung über die herrlich duftende Kräuterwiese nimmt.

Es gibt kaum geteerte Straßen in der Mongolei, dafür aber Pisten, die sich vielspurig übers Land ziehen. Die Pistennetze, so künstlerisch imposant und filigran sie aus der Luft wirken mögen, machen einen nicht unwesentlichen Teil der Naturzerstörung in der Mongolei aus. Ist der Weg unpassierbar, weil sumpfig, aufgeweicht, versandet oder waschbrettwellenartig, womöglich aufgrund unzähliger Schlaglöcher oder vom Wasser ausgehöhlter Spurrinnen schlichtweg unbefahrbar, wählt der Fahrer eine neue, bessere Strecke, die aber die dünne Grasnarbe zerstört. Schon einmaliges Überfahren des Bodens kann langjährige Schäden verursachen. Die rauh und unwirtlich erscheinenden Graslandschaften der Mongolei sind äußerst empfindlich gegen menschliche Eingriffe. Ist die an sich schon dürftige Grasschicht bis auf die Wurzeln beschädigt, regeneriert sie sich kaum und unter Umständen nur mit einem unangemessen hohen technischen Aufwand, der aber kaum unternommen wird.

Obwohl Naturschutz – wenn auch unter anderen Vorzeichen als bei uns – bereits seit dem 17. Jahrhundert quasi gesetzlich verankert ist, sind die Verwüstungen des Landes beträchtlich. Im Zuge eines Erkundungsprogramms der NASA, vor kurzem auf Vertragsbasis mit der Mongolei abgesprochen, werden einzelne Flächen mittels Satellit untersucht. Die Ergebnisse sind schon jetzt alarmierend, soviel Primärnatur ist drastisch zerstört und so großflächig sind die Schäden. Gerade im Frühsommer, wenn alles grünt und blüht, täuscht der Anblick über die vorhandenen, vermutlich nicht so schnell reparablen Schäden hinweg, die bloßen Auges kaum auszumachen sind.

Zwar sind Schutzgebiete ausgewiesen worden, doch ist die Umsetzung derartiger Beschlüsse nicht gewährleistet, berichtet der WWF, der in der Mongolei sehr aktiv ist. Es fehlt die Infrastruktur, um ein Schutzgebiet zu überwachen. In den westlichsten Tälern und Bergen des hohen Altai, die inzwischen zur Schutzzone ernannt sind, wird der an sich schon spärliche Lärchenwald weiter abgeholzt; etwa am Oberlauf des Chowd-Flusses. Die Geschäfte damit machen, sind Verwandte des Kreisgouverneurs. Binnen eines weiteren Jahrzehntes könnte der Wald gänzlich verschwunden sein. Hohe Strafen sind für Holzdiebe, die Jungbäume schlagen, vorgesehen, aber keiner vollzieht sie, zu viele hängen mit drin.

In den dichtbesiedelten Zonen sind die meisten Verstöße zu beobachten. So wird in waldreichen Gegenden des Chentij-Gebirges schon lange Holz geschlagen und nicht wieder aufgeforstet. Der Wald nimmt 10% der Gesamtlandesfläche ein, und eine Holzindustrie ist hier eigentlich fehl am Platz. Bereits von Peter Koslow, dem russischen Gelehrten und Entdecker der Ruinenstadt Khara Khoto unweit des Eds-Flusses nördlich der Seidenstraße, erfahren wir in seinem Expeditionsbericht von 1925 über die Nordmongolei, wie die Wäldflächen durch Feuer und vor allem Holzschlag schonungslos und unwirtschaftlich dezimiert waren, der russische Geograph Ploinow bestätigte dies kurz darauf.

Der Raubbau an der Natur scheint also kein zeitgenössisches Problem. Heute wird er allerdings bald die Existenzgrundlage der

Nomadenwirtschaft zunichte machen. Der paradoxe Grundsatz, der inzwischen fast überall anwendbar ist: «Die Landwirtschaft zerstört die Landwirtschaft», gilt besonders für das Hauptanbaugebiet von Gerste und Weizen, das sich von Ulaanbaatar aus bis in den Changaj erstreckt und wo intensivste Ackernutzung betrieben wird.

Der Boden, der an sich schon nicht viel hergibt, degeneriert und verwüstet schnell; die Lage dort sei kritisch, berichten Umweltschützer. Aber auch das scheint nicht neu: Anfang des 20. Jahrhunderts sei ein Großteil des Bodens im von Ulaanbaatar aus nördlich gelegenen Charaa-Tal, das schon in frühen Zeiten landwirtschaftlich genutzt wurde, durch unsachgemäße Bewässerung einem unaufhaltsamen Versalzungsprozeß ausgesetzt gewesen.

Die weitaus gröbsten Verstöße sind jedoch auf die Viehhaltung und die Weidewirtschaft zurückzuführen, Lebensgrundlage für rund ein Drittel der Landesbewohner. Vielerorts hält man sich nicht an die Weideplätze. Nomaden versuchen Schutzgebiete oder deren Randgebiete in ihre Weideflächen einzubeziehen, da dort das Land noch nicht überweidet ist. Verständlich, denn im Sinne des Überlebens und optimaler Herdenhaltung sind die Hirten unentwegt bemüht, bessere Weiden zu finden und ihr Gebiet auszudehnen. Mit der Privatisierung der Herden seit 1991 ist der Anreiz

---

Wilderer und Jagdtouristen

Die Wilderei ist ein weiteres Kapitel der Umweltschändung, wenn auch von etlichen mongolischen Zeitgenossen angezweifelt und heruntergespielt. Fast jeder Viehzüchter besitzt eine eigene Waffe und jagt unkontrolliert; in wirtschaftlich schlechten Zeiten wird durch Jagdbeute der Lebensunterhalt zusätzlich gesichert. So gelangen beispielsweise Felle von geschützten Schneeleoparden auf den Schwarzmarkt. Aber auch durch ausländische Jäger, die für horrende, da devisenbringende Jagdgebühren eine Abschußgenehmigung sogar für gefährdete Tierarten erhalten, sind seltene Tierarten bedroht. In der Westmongolei, einem großen Migrationsgebiet für seltene Zugvögel, wird schonungslos Jagd auf alles Fliegende gemacht – dabei betonen die Mongolen selbst, sie seien keine Vogeljäger –, und zwar speziell auf Krauskopfpelikane, deren Schnäbel zu Pferdepeitschen verarbeitet werden, so ein WWF-Vertreter.

Wirtschaft und Gesellschaft im Wandel

gegeben, mehr Gewinn machen zu können; die Überweidung hat in den darauf folgenden Jahren stark zugenommen und hat verheerende Auswirkungen. Das Ziel der extensiven Nomadentierhaltung steht im krassen Gegensatz zum Naturschutz.

Fatal ist der generell großzügig sorglose Umgang mit der Natur; Verschmutzung, ja Verseuchung und Verunstaltungen großflächiger Landschaftszonen sind die Folge. Das scheint viele Mongolen jedoch nicht sonderlich zu berühren; Land ist reichlich zu haben, also zu nutzen. «Haben wir doch so viel Land, teils unfruchtbar, brachliegend, kaum gewinnbringend, wir könnten doch ruhig größere Flächen an die Japaner oder andere Ausländer, die hier investieren wollen, verkaufen. Für Mongolen bleibt noch genug Land. Wem schadete das schon?»

So oder ähnlich hört man es vielerorts. Aussprüche, welche die alte, vielgepriesene Naturverbundenheit der Mongolen und ihre der Natur angepaßte Lebensart Lügen strafen. Hatten die Mönche nicht Anfang des Jahrhunderts noch davor gewarnt, ähnlich wie es auch die indianischen Führer Nordamerikas getan hatten, die Erde für den Ackerbau aufzureißen und die darin wohnenden Erdherrn zu erzürnen? Die Haltung, man bediene sich der Natur und ihrer Reichtümer, nimmt jetzt auch hier erschreckende Züge an. An über 200 Fundorten werden im Tagebau Rohstoffvorkommen abgebaut. Und dann der Goldrausch, der Nomaden bewegt, ihr Vieh zu verkaufen und nur noch nach Gold zu graben, der ganze Familien zerrüttet und ruiniert. In Dsaamar – das aufgrund der fetten Weiden den Beinamen Goldenes Dsaamar trägt – haben die Menschen angefangen in den Bergen nach Gold zu graben, dabei wühlen sie sich wie Maden in einen Brocken Fleisch und durchlöchern den Bergrücken. Oft stürzt der Stollen ein und verschüttet die Glückssucher. Die Pumpen, die Grundwasser fördern, arbeiten Tag und Nacht, und das so gründlich, daß jetzt die Bäche und Flußläufe ausgetrocknet sind, und obendrein blieb in den letzten beiden Sommern der Regen aus. Dürre und Heuschreckenplage machen sich breit.

Überhaupt wird der Zustand der mongolischen Gewässer immer besorgniserregender. Der rücksichtslose Wasserbrauch der Industrie und des Molochs Ulaanbaatar führt zur Austrocknung des Landes, zum Absinken der Grundwasserspiegel und zu Wasserknappheit während der Sommermonate. Die Flußauen sind ver-

Sowjetische Hinterlassenschaften

Die Hinterlassenschaften der 100 000köpfigen sowjetischen Armee, die bis Ende 1992 in der Mongolei stationiert war, haben vielerorts das Land verunstaltet. Mit Maschinen- und Waffenschrott übersäte Truppenübungsplätze und marode, zu Ruinen verfallene, wenn nicht absichtlich demolierte Anlagen und Gebäude zeugen insbesondere in der östlichen Mongolei von einer Haltung, die man nicht anders als mit «Nach uns die Sintflut» beschreiben kann.

Hinzu kommt jetzt ein böses Erwachen in der Westmongolei. Im Mongolischen Hochaltai wird allmählich offenkundig, welche Auswirkungen die zwischen 1949 und 1964 überirdisch und bis 1989 unterirdisch durchgeführten Atomversuche im russischen Kasachstan bei Semipalatinsk, das etwa 700 km westlich liegt, auf das Leben hatten: Mißbildungen bei Säuglingen, die nicht lange lebensfähig sind, Totgeburten, vermehrtes Auftreten eindeutig strahlenbedingter Krankheiten, Erbanlageschäden und im schlimmsten Fall der plötzliche, mysteriöse Tod; verkrüppeltes Vieh, das mit drei Köpfen und acht Beinen zur Welt kommt, epidemieartiges Tiersterben oder Ausbleiben der Vegetation. Das sind die sichtbaren Schäden. Meßwerte aus dem westlichsten Aimak Bajan Ölgij belegten den radioaktiven Niederschlag. Die Bevölkerung wurde und wird immer noch nicht richtig aufgeklärt, wie jetzt bekannt wurde. Und damit scheint alles der Vergessenheit anheimzufallen.

---

kommen, nicht nur durch den Holzschlag; Eisen- und Betonteile, Glas und Draht, sorglos ins Wasser und auf die Ufer geworfen, gefährden die arglos Badenden. Der Fischbestand ist gesunken; hauptverantwortlich dafür sind die Abwässer der Industrie und die damals angelwütigen Experten der Ostblockländer, die nicht davor zurückschreckten, Granaten für den Fischfang einzusetzen.

Wenngleich der Bergbau mit ca. 60% das Gesamtexportvolumen der Mongolei maßgeblich bestimmt, zerstört er nicht nur die einzigartigen Landschaftszonen Zentralasiens, sondern beschränkt und beeinträchtigt auf Dauer gleichzeitig den Lebensraum seltener Tierarten, die mit zunehmender Industrialisierung kaum Überlebensaussichten haben werden, und nimmt nicht zuletzt den Nomaden die Existenzgrundlage.

Selbst das bereits 1988, noch vor der Abkehr vom Kommunismus eingerichtete Ministerium für Umweltschutz, das zwar die Abgrenzung größerer Naturschutzzonen – so z. B. 1991 um den

Chöwsgöl-See – durchsetzen konnte, wird sich dem neuen Credo «Markwirtschaft und Wachstum gleich Entwicklung und Reichtum» kaum entgegenstellen können. Wird die Suche nach einem speziell mongolischen Weg, zugeschnitten auf eine der letzten, noch verhältnismäßig intakten Nomadenkulturen, Umwelt- und Artenschutz und Erhaltung der Landschaften mit maßvoll geplanter Industrialisierung und infrastruktureller Erschließung des Landes in Einklang bringen können?

Noch trifft man auf die alten und jetzt wiedererwachenden Traditionen. Noch ist nicht in Vergessenheit geraten, daß eines der ältesten und gleichzeitig berühmtesten Schutzgebiete der Mongolei der Bogd Uul ist, jene wildreichen Berge, die südlich an Ulaanbaatar grenzen. 1678 eingerichtet von Dsanabadsar, dem ersten Chutuktu und höchsten Würdeträger des Buddhismus in der nördlichen Mongolei, mit der Auflage, dieses Gebiet unangetastet zu lassen, dort weder zu jagen, Feuer zu machen noch Bäume zu fällen. Trotz dieses Verbots wurden dort das Regierungsgästehaus «Ich Tenger» und etliche andere kleinere Gebäude errichtet. Und als man in den 40er Jahren anfing, dort abzuholzen, um das nahe Ulaanbaatar mit Baumaterial zu versorgen, mußte erst der russische Wissenschaftler Suklow auf die absehbaren katastrophalen Folgen aufmerksam machen, ehe man sich wieder des alten Erlasses des Chutuktu erinnerte.

Noch ist nicht ganz in Vergessenheit geraten, daß seit alters her bestimmte Gebiete, «wildes oder unantastbares Land» genannt, mit Vorliebe hohe Berge und ungewöhnliche Felsen, Quellen oder Gewässer als heilig und als von Geistern bewohnt verehrt wurden. Jedwede Tätigkeit – ob Jagen oder Weiden des Viehs, ja nicht einmal das Ernten von Früchten oder der Aufbau einer Jurte – waren dort gestattet. Die Erdherrn, Berggeister und Quellgeister hätten sonst den Betreffenden und seine Familie mit Unheil und Krankheit gestraft.

Allmählich, mit der Rückkehr zu den Traditionen, erinnert man sich dieser ehemals verehrten Gegenden. Neuerrichtete Heiligtümer, vor allem *owoo*, zeugen davon, aber auch manch eine für den Fremden unauffällige Geste, wie das Hinterlassen von Opfergaben – etwa getrockneter Weißkäse, Süßigkeiten, unter Umständen Zigaretten – im Vorbeifahren aus dem Wagenfenster geworfen, die den Schutzgeist des Ortes für den Reisenden günstig stimmen sollen. Aber ob dies noch etwas bewirkt, ob der Himmel noch umzustimmen ist angesichts der Umweltsünden?

Der Boden ist reich

Der Altai, die Gebirgszone des Sajan, die Gobi, das Changaj-Gebirge und die östlichen Steppen sind nur einige der großen Fundstätten mineralogischer Rohstoffe, die in den letzten Jahren näher erkundet wurden. Zu den wichtigsten Vorkommen zählen Kohle, Kupfer-Molybdän, Eisenerz, Gold, Silber, Zink, Flußspat, Wolfram, Phosphorit und andere seltene Mineralien. Noch ist landesweit die Oberfläche nur angekratzt; es wird eine Zeitlang dauern, bis das ganze Territorium geologisch vollständig erforscht ist. Bisher hat man über 6000 Fundstellen mit etwa 80 verschiedenen Mineralien, dazu Baumaterialien und Mineralquellen registriert, aber nur ein kleiner Teil davon wird erschlossen. Es fehlt an Infrastruktur, technischen Möglichkeiten, finanziellen Mitteln, und oftmals lagern die Vorkommen auf schwierigem, schwer zugänglichem Terrain. Die riesigen und vielfältigen Bodenschätze in der Mongolei stellen ein Reservoir dar, das materiellen Reichtum für das Land bedeutet, aber erst noch entdeckt werden wird.

Der Bergbau ist einer der Stützpfeiler der mongolischen Wirtschaft, und Kupferkonzentrat ist mit einem Drittel des Gesamtexportvolumens immer noch wichtigster Devisenbringer. Gefördert wird ein Prozent des Weltkupferaufkommens im Großtagebau im Norden des Landes in Erdenet, der drittgrößten Stadt mit Anschluß an die Transmongolische Eisenbahn. Das ehemalige Vorzeige-Bergbau-Kombinat, mongolisch-russisch bewirtschaftet, ist zum größten Sorgenkind der Nation geworden. Die Mindereinnahmen im Kupferbereich, bedingt durch den drastischen Preiseinbruch der Weltmarktpreise für Rohstoffe, haben die Verschuldung des Betriebs noch mehr anwachsen lassen. Skandale um die Führungsspitze, aber auch die Tatsache, daß die Technologie dort veraltet ist, der Kupfergehalt des Gesteins abnimmt und die Erze aus immer größeren Tiefen gefördert werden müssen, verringern die Aussichten des Unternehmens.

Die Zukunft ist düster, steht doch die Konkurrenz, eine kanadisch-australische Unternehmensgruppe mit neuester technischer

> **Wirtschaftliche Eckwerte**
>
> Nach der Auflösung des Ostblocks (nach 1990) brach in der Mongolei alles zusammen, eine Folge der Abhängigkeit des Außenhandels (95%) vom COMECON, der Einstellung der sowjetischen Wirtschaftshilfe (30% des BSP), des Abzugs aller osteuropäischen Experten und des Fehlens jeglicher Alternativen. Seit 1994 vollzieht sich eine zaghafte wirtschaftspolitische Wende.
>
> *BSP:* ca. 37% Viehwirtschaft und Landwirtschaft (1999 offiziell ca. 33,5, inoffiziell 40 Mio. Tiere, 2002 offiziell knapp 24 Mio., Ende 2004 ca. 28 Mio. Tiere); ca. 33% Bergbau und Industrie (Kupferkonzentrat, Molybdän, Kohle, Flußspat, Wolfram und vermehrt Gold), ca. 15% Handel und Tourismus
>
> *Wachstumsraten des BSP:* zwischen 1995 und 1999 von 6,3 bis 3,3%, Rückgang seit 1999 auf 1%
>
> *Inflation:* 13,6% (Mitte 2005)
>
> *Außenhandel:* Export 914 Mio. US-$, Import 1,12 Mrd. US-$, Defizit 206 Mio. US-$ (Quelle: IWF Länderbericht, Nov. 2005)
>
> *Wichtigste Außenhandelspartner:* China (offizieller Anteil 37%) und GUS (22%)
>
> *Wichtigste Einfuhrgüter:* Treibstoffe und Elektrizität (aus GUS), Nahrungsmittel, Textilien, Papier (aus China), pharmazeutische Produkte, Autos, Luxuswaren (aus dem Westen)
>
> *Wichtigste Ausfuhrgüter:* Mineralische Rohstoffe wie Kupferkonzentrat, tierische Erzeugnisse (Kaschmir, Wolle und Leder), zunehmend auch Gold

Bohrausrüstung und einer Schar kanadischer Experten in der Südgobi schon bereit. Sie gehört zu den größten ihrer Branche und hat weltweit Niederlassungen. Dort im Khanbogd-Sum, in Ojuu Tolgoi (zu deutsch: Türkishügel) erkunden Geologen und Ingenieure zunächst eine große Kupfer- und Goldlagerstätte, die auf über 3 Mio. Tonnen Kupfer und fast 500 Tonnen Gold geschätzt wird, dann aber auch weiteres Terrain außerhalb des projektierten Gebietes. Ein Hindernis für die Nutzbarmachung der Lager ist der Wassermangel – neuer Zündstoff für Naturschützer. Vorrangig aber für die dort lebenden Viehhalter zeichnet sich ein künftig wohl immer wiederkehrender Konflikt ab: Industrieller Rohstoffabbau und nomadisches Wirtschaften sind kaum Seite an Seite möglich. Hier in den Wüstengebieten machen sich allerdings sowieso Verwüstung und Versandung des Landes breit, und die

Nomadentierhaltung wird zusehends schwieriger, so daß bald vielleicht keine Tiere mehr dort werden weiden können.

Dennoch, das Land muß seine Devisenrücklagen aufstocken, den Export steigern, setzt man auf den Ausbau des Bergbauwesens mit Hilfe ausländischer Investoren. Die ersten mongolisch-US-amerikanischen Firmen fördern Erdöl in der Ostmongolei, wo beachtliche Vorkommen, die von China herüberreichen sollen, angenommen werden. Früher wurde in Dsüün Bajan im Dornogowj-Aimak Erdöl gefördert und verarbeitet, bis im Jahr 1965 die weit günstigeren und unter Weltmarktpreis liegenden sowjetischen Erdölimporte zur Aufgabe der eigenen Ölförderung führten. Inzwischen hat sich das wieder geändert, und eigenes Öl ist erklärtes Ziel geworden. So auch in Zuunbayan-Sum im Ostgobi-Aimak, wo jüngst ein mongolisch-russisches Unternehmen die Förderung aufgenommen hat und auf 100 000 Tonnen im Jahr setzt.

Hauptenergiequelle der Mongolei ist Kohle, die sowohl zur Stromerzeugung als auch zum Heizen in den Städten und größeren Siedlungen dient. Aus diesem Grund wird auch in 18 Aimaks Steinkohle im Tagebau abgebaut. Die Kohleindustrie deckt den einheimischen Bedarf. Grundsätzlich sind die Kohlevorkommen in den nördlichen und nordwestlichen Landesteilen, obwohl sie in den wirtschaftlich stärkeren Gebieten liegen, weniger ertragreich als die zentral und östlich gelegenen wie z. B. in Baga Nuur und Aduun Tschuluun.

Was in Zahlen und Bilanzen so erfolgreich aussehen mag, verlangt aber seinen Tribut: den Tod in der Grube. Überall sterben inzwischen Menschen beim illegalen Graben nach Bodenschätzen. In Nalajch beispielsweise, unweit von Ulaanbaatar, buddeln täglich viele hundert Menschen in einer stillgelegten Kohlegrube. Der Verkauf der illegal gewonnenen Kohle ist ihr einziges Einkommen. Unglücke kommen häufig vor, ohnehin ist die Arbeit im Bergbau in der Mongolei nicht ungefährlich.

Das von der Regierung unterstützte Programm «Gold 2000» sollte den Goldabbau fördern, um die Exporteinbrüche und damit die zurückgegangene Devisenzufuhr einzudämmen. Die offizielle Statistik führt für 2001 einen Zuwachs der Goldgewinnung von etwa 20% auf 13,5 Tonnen im Jahr an. Aber schon zuvor muß die Goldgewinnung tatsächlich um 250% angestiegen sein. Mit dem neuerlichen Beschluß über die Aufhebung des staatlichen Gold-

Mongolischer Goldrausch

Landesweit elektrisiert das Wort «Gold» die Menschen: es nährt Hoffnungen bei den Armen, bringt den an sich schon Reichen noch mehr ein und läßt die Regierung aufjauchzen, denn die Gleichung lautet: Gold = Wachstum = Devisen. Draußen auf der Steppe bietet sich ein trauriges Bild: die Zerstörung der Natur über weite Räume und das Elend der blindwütig wühlenden Menschen in erbarmungsloser Konkurrenz zueinander. Viele Menschen werden von herabstürzendem Gestein und Geröll erschlagen, andere ertrinken oder kommen unter Alkoholeinfluß und bei Prügeleien um die besten Plätze zu Tode. Von Dsaamar-Sum in Töw-Aimak wird solches häufig berichtet; dort sind auch schon nachhaltige Auswirkungen auf die Natur zu beobachten, denn die Pumpen, die ununterbrochen arbeiten, lassen den Grundwasserspiegel so absinken, daß Flüsse und Bäche austrocknen. Die Erde liegt staubig und stinkig dar, bietet kein Leben mehr. Ein anderer Fall ist der Ongi-Fluß, der durch Öwörchangaj-Aimak fließt und 2002 auf den letzten hundert Kilometern ausgetrocknet war, weil sein Wasser fürs Goldwaschen abgeleitet wurde. Es hat sich eine sehr mutig auftretende Bürgerinitiative formiert, die für ihr Land, ihr Wasser, ihr Leben am Ort kämpft. Ein vorläufiges Ergebnis: Den zwei Goldminen wurden die Lizenzen vorerst entzogen und die Auflage gemacht, das ökologische Gleichgewicht wieder herzustellen. Wie das weitergehen wird, wo doch eine der Minen einem der reichsten Männer der Mongolei gehört, der zudem oppositioneller Parlamentarier ist, bleibt abzuwarten.

handelsmonopols, so fürchten manche, könnte sich der Goldrausch noch verschärfen und der Handel damit endgültig in die Illegalität absinken.

Wie wird der geplante forcierte, industrielle Abbau von Bodenschätzen in Verbindung mit der Absichtserklärung, 30% der Landesfläche unter Schutz zu stellen, künftig vonstatten gehen? Reist man über Land, wird man angesichts der inzwischen vielerorts durchlöcherten Hügel und abgeschlagenen Berge, der aufgerissenen Täler, der zerschlissenen Steppen das Gefühl nicht los, die ganze Mongolei ist ein riesiger Selbstbedienungsladen, in dem man sich einfach nur nehmen muß, was und wieviel einem gerade in den Sinn kommt. Die Tatsache, daß es bis vor kurzem keinen Privatbesitz an Land gab, daß alles Land allen gehörte, begünstigt diese Haltung. Und in diesem Geiste werden auch Verträge ge-

Zaghafte «Grüne Revolution»

Neben der Viehwirtschaft war der Weizenanbau in der Mongolei bis in die 80er Jahre hinein ein wesentlicher Wirtschaftsfaktor. Es wurde sogar Weizen ausgeführt. Mit dem Ausbleiben der russischen Hilfe zerbrach das alte Wirtschaftssystem, die Erträge in der Landwirtschaft sanken auf die Hälfte, die Weizenproduktion verringerte sich bis auf 30%; knapp ein Drittel der Anbaufläche wird nicht genutzt. Die bestehenden einheimischen Unternehmen erzeugen nicht ausreichend Nahrungsmittel. 700 bis 800 kg Weizen pro Hektar zeugen von geringer Ausnutzung des Ackerlandes. Die Ineffektivität in der Landwirtschaft hat viele Gründe: Unfähigkeit bei der Betriebsführung und Kapitalmangel sind wohl die vorrangigsten. Schätzungsweise 60% des Bedarfs an Weizenmehl und anderen Grundnahrungsmitteln werden heute vom Nachbarland China eingeführt, oft minderwertig und von zweifelhafter Herkunft.

All dies trug mit zu dem allgemein absinkenden Lebensstandard bei und traf vor allem die empfindlichen Gruppen der Bevölkerung – alleinerziehende Frauen, Arbeitslose, Rentner, Waisenkinder, Behinderte und die Kleinnomaden in entlegenen Gegenden.

Ein Drittel der Bevölkerung gilt als arm und ist nicht in der Lage, sich ausreichend richtig zu ernähren. Fehlernährung ist die Folge. Eisenmangel und Unterversorgung mit den Vitaminen A, C und D sind auffällig. Fast die Hälfte aller Kinder unter 5 Jahren sind rachitisch, zudem weisen viele ein verzögertes Wachstum und ein schwaches Immunsystem auf.

1997 verkündete die Regierung die «Grüne Revolution» in der Hoffnung, die zunehmende Verarmung zu vermindern und neue Arbeitsmöglichkeiten zu schaffen. Dabei setzte man auf Anbau im Kleinen. Und tatsächlich zeichnet sich ein Trend ab: Hier und da fangen Menschen an geschützten Plätzen an, innerhalb des eigenen Zaunes – wenn auch oftmals behelfsmäßig und unfachmännisch – neben ihrer Jurte Kartoffeln und Kohl anzupflanzen. Das landesweite massenhafte Viehsterben der letzten Winter seit 1999, das viele Landbewohner vieh- und mittellos gemacht hat, scheint diese Entwicklung hin zu einem bescheidenen Ackerbau zu beschleunigen. Inzwischen setzt sich die Asiatische Entwicklungsbank für die Förderung des Landbaus ein. 80% der Kredite sind für Uws, Zawchaan, Chowd und Gobi-Altai bestimmt. Landpächtern, die kein Land bestellen, will man dreimal höhere Pachtgebühren aufhalsen. Die etwas pflanzen, will man belohnen, ihnen werden 90% der Steuern erlassen.

schlossen. In Asgat, im nördlichen Mongolischen Altai, hat man in über 2000 m Höhe große Silbervorkommen mit Nebenrohstofflagern (z. B. Platin) entdeckt, der Abbau aber ist infolge schwerer Zugänglichkeit und fehlender Infrastruktur derzeit unmöglich. Gibt man sich vielleicht deshalb großzügig und hat dieses Silberlager als Pfand bei der ausländischen Firma eingesetzt, die für die Stadt Ulaanbaatar eine sehr dringend benötigte Müllbeseitigungsanlage baut?

Neben verschiedenen Flußspatvorkommen, von denen bislang nur ein Teil gehoben wurde, sind vor allem die reichen Phosphoritreserven der Nordmongolei von wirtschaftlichem Interesse. In unmittelbarer Nähe des Chöwsgöl-Sees wurden große Vorkommen festgestellt und Probeschürfungen vorgenommen. Massive Proteste nach der Wende von 1990 gegen die geplante Zerstörung des Ökosystems Chöwsgöl verhinderten jedoch bislang den Phosphoritabbau.

So wie in Chöwsgöl, wo viele Bewohner aufgrund der Naturschönheit und Einmaligkeit dieses Gebiets und nicht zuletzt auch wegen der Perspektiven des sich entwickelnden Tourismus äußerst empfindlich reagierten, werden vielerorts vergleichbare Interessenskonflikte entstehen: Tier- und Naturschutz auf der einen Seite, Industrialisierung und Wirtschaftswachstum auf der anderen. Und die Nomaden? Die könnten dazwischen – kaum zu sehen – aufgerieben und die zukünftigen Handlanger und Tagelöhner werden.

Tourismus oder Steppenromantik

Nach 1990 erhoffte man sich viel vom Geschäft mit ausländischen Touristen. Darin witterte man eine neue, leicht verfügbare Geldquelle. In einem Land, das sich von Grund auf an ein neues Wirtschaften gewöhnen mußte und wo der Wust an Schwierigkeiten zunächst unüberwindbar schien, mußte der Tourismus als neuer Wirtschaftfaktor fast wie ein Wundermittel erscheinen. Die wilde, großartige weite Natur, die Grundlage des touristischen Geschäfts, stand ja allen gleichermaßen zur Verfügung. Es gab also anders als in anderen Wirtschaftszweigen hier nicht so viele altverkrustete Muster. Neben dem ehemaligen staatlichen Reiseveranstalter «Dschuultschin», der immer noch die meisten Kunden hat, entstand schnell eine Vielzahl von kleinen und größeren

Reiseagenturen; mittlerweile sind über 250 registriert, sie sind aber nicht alle tätig oder nur zur Sommerzeit. Hinzu kommen noch ungezählte Schattenunternehmen mit sporadischen Kunden.

Bis Mitte des letzten Jahrhunderts reisten nur selten Ausländer ins Land, dann kamen Touristen, vermehrt aus den Ostblockländern und unter ihnen viele, die offiziell geschickt wurden. Ihr Aufenthalt war im Rahmen eines Freundschafts- und Austauschprogramms zwischenstaatlich organisiert und entweder kostenlos oder recht billig, den einheimischen Preisen entsprechend.

«Dschuultschin» betreute alljährlich etwa 10 000 Touristen. Den westlichen Besuchern wurde fast jeder Wunsch erfüllt; das Beobachten von Vögeln, wie sie bei uns nur in Zoos zu sehen sind, wurde ebenso organisiert wie das Sammeln von seltenen Schmetterlingen und Pflanzen (Edelweiß, Enzian – bei uns unter Schutz) oder das Angeln und Jagen – immer auch von bedrohten Tierarten – gegen extrem hohe Abschußgebühren.

Das ist auch heute noch so: ein zahlender Ausländer kann für Gebühren von 20 000 US-$ aufwärts ein seltenes Tier schießen, ein Widder (*argali*) kostet mindestes 35 000 US-$ Abschußgebühr, bei der Ausfuhr der Trophäe wird noch einmal ordentlich Zoll verlangt. Die Einnahmen gehen an den Staat, der nur einen verschwindend geringen Teil davon an den bejagten Aimak abführt. Sicher ist, daß die an sich schon hohen Preise für Touristen, die über «Dschuultschin» ins Land kamen, mit der Marktwirtschaft noch mehr angezogen haben. Die Mongolei ist kein Billigreiseland. Laut Statistik gibt ein deutscher Tourist hier pro Tag 80–100 US-$ aus, und das ist nur halb soviel wie der durchschnittliche Japaner.

Obwohl vieles noch im Argen liegt – der westliche Fachmann nennt Mängel in Management, Marketing und Dienstleistungen – und Pannen die Regel sind, war die Entscheidung, das Jahr 2003 als Jahr des Tourismus in der Mongolei zu verkünden, der erklärte Versuch, sich dem Ansturm der Abenteuerlustigen und Naturhungrigen zu stellen und die Öffnung des Landes weiter voranzubringen. Auch wenn einige Stimmen vor einer zu rasanten touristischen Entwicklung ausdrücklich warnen. Die Empfehlung lautet: Nur sanfter Tourismus mit ausdrücklicher Förderung des anspruchsvollen und teureren Individualtourismus kann langfristig zum Erhalt der Natur mit beitragen und läßt eine maßvolle Entwicklung des touristischen Wirtschaftszweiges zu. Der Mongolische Öko-Tourismus-Verband hat bekräftigt, was es nun noch in die Tat umzusetzen gilt: 10 bis 30% der Einnahmen sollen zurück in Naturschutzaktivitäten fließen, denn nur die Natur, die erhalten bleibt, ist die eigentliche Quelle für sämtlichen zukünftigen Tourismus. Und auch die Einheimischen sollen daran verdienen. Wenn der Tourismus auch ihnen eine Einnahmequelle ist, die eben von intakten und sauberen Steppen und Bergen kommt, dann müssen auch sie mithelfen, diesen Lebens- und Naturraum zu erhalten und zu schützen.

Längst scheint das Grasland Mongolei den reichen Ländern ein Geheimtip, selbst Leute wie die amerikanische Filmschauspielerin Julia Roberts oder den Kronprinzen von Tonga hat es schon angelockt. Ein neues Sehnsuchtsland; die weite Natur läßt die Seele gesunden. Der Traum gilt der einsam stehenden Jurte auf der sommerlichen buttergelben Steppe, der in den Dämmerstunden ein Rauchfaden entsteigt, den warmherzigen, duldsamen und freigebigen Nomaden, den Jurtenbewohnern, den darum herum friedlich weidenden weiß-bunten Herden auf duftenden Blumen- und Kräuterwiesen, den Pferden, die auch ohne große Reitkenntnisse zu reiten sind, dem Sonnenland mit dem unwirklich hohen blauen Himmel und dem einzigartig klaren Nachthimmel, die Milchstraße zum Greifen nah. Es ist all das und eine Ursprünglichkeit, die allem innewohnt, die den zivilisations- und konsummüden, lärmgeplagten westlichen Menschen mächtig anzieht.

Jeder scheint auf seine Kosten zu kommen. Des einen Schwäche ist eben des anderen mögliche Stärke, so denken Geschäftstüchtige: denn der Tourismus erblüht von Jahr zu Jahr mehr. Obwohl die Mongolei kein einfaches Reiseland ist, es kaum asphaltierte Straßen gibt, nur schlaglochreiche Pisten, obwohl die Flugzeuge längst hätten erneuert werden sollen, die Unterkünfte schmuddelig sein können, das Essen eher aus großen Portionen Fleisch, denn aus Obst und Gemüse besteht, und es überhaupt plötzlich an allem fehlen kann. Wenn dann noch ein Sturm aufkommt, der das Flugzeug nicht fliegen läßt, ein Fluß gefährliches Hochwasser führt, das man nicht durchfahren kann – es gibt kaum Brücken – oder in dem man mittendrin stecken bleiben kann ... Obwohl es also grundsätzlich ziemlich abenteuerlich werden kann, gibt es unzählige Bereitwillige aus dem Westen, die all das über sich ergehen lassen, es sogar noch genießen, und auf der anderen Seite viele

> **Infrastruktur und Verkehrswege**
>
> Das Straßennetz besteht vor allem aus Pisten und knapp 2000 geteerten Straßenkilometern in schlechtem Zustand, vorwiegend in und um Ulaanbaatar und nach Norden bis zur russischen Grenze hin; das Milleniumsstraßen-Projekt, das Ost und West miteinander verbinden soll, wird vorangetrieben. Die einzige Eisenbahnlinie (Länge 1815 km) stellt die Hauptverbindung zwischen GUS und China dar. Der Inlandsflugverkehr ist zentral auf Ulaanbaatar ausgerichtet; die Luftfahrtflotte ist erneuerungsbedürftig. Linienflüge bestehen von Ulaanbaatar nach Moskau und weiter nach Berlin/Frankfurt, Beijing, Seoul, Irkutsk und Chöch Chot (Innere Mongolei), Charter- und Sonderflüge meist sommers nach Osaka und gelegentlich nach Singapur und von Bajan Ölgij nach Almaty (Kasachstan). Das boomende Fernmeldewesen (ca. 8% des Bruttoinlandsproduktes) ist mit ausländischer Hilfe modernisiert worden und wird auf dem Land weiter ausgebaut.

willfährige Mongolen, die immer einen Ausweg wissen. Denn die Menschen sind findig, sind ein Leben mit Ungewissem und Unvorhersehbarem gewöhnt. Das macht alles so sympathisch, so menschlich. Man übersieht die Schönheitsfehler gerne, verzeiht, daß das Land immer noch nicht in der Lage ist, einen Mindeststandard anzubieten, der einigermaßen im Verhältnis zu den hohen Preisen steht, die von Ausländern verlangt werden. Gibt es doch eine Zwei-Preis-Politik im Land, die von Fremden, etwa beim Fliegen und in Hotels, das Doppelte bis Dreifache und obendrein in Devisen verlangt.

Jetzt sind Anstrengungen nötig, verkündet die Regierungsagentur «Tourismus», denn der Fremdenverkehr ist ein wachsender Wirtschaftsfaktor, der nach offiziellen Angaben über 10% des Bruttoinlandsproduktes erwirtschaftet. Von den Ausländern, welche die Mongolei besuchen, sind ein Fünftel Touristen. Noch sind das pro Jahr weniger, als ein deutscher Heilkurort im gleichen Zeitraum an Gästen aufzuweisen hat. Die erwartete Viertelmillion Besucher für das Jahr 2003 blieb wegen der SARS-Gefahr aus. 2006 hofft man auf viele Touristen im Jubiläumsjahr des Dschingis Khan. Erfahrungsgemäß kommen die meisten aus China, Rußland, Japan, Südkorea, Deutschland, den USA und England. Neue Hotels entstehen in Ulaanbaatar mit Baumaterialien aus Rußland,

Wirtschaft und Gesellschaft im Wandel

China, Korea, der Türkei, Tschechien und Deutschland, die inzwischen den Markt überschwemmen. Da hat sich viel geändert. Man will, orientiert am westlichen Lebensstil, etwas zu bieten haben, auch wenn das nicht immer so klappt.

Auf dem Land sind viele ehemalige Hotels, obwohl inzwischen privatisiert, stillgelegt oder umgewandelt. Hier und da machen einige von ihnen wieder auf, hinzu kommen kleine Privatunterkünfte am Weg, bewirtschaftete Jurten und Holzhütten, Gaststätten mit Sammelunterkünften. Im Sommer stehen an landschaftlich schönen Stellen Jurtencamps, die vollbewirtschaftet einigen Komfort, meist auch eine Dusche anzubieten haben. Die kleinen Reisebüros sind zwar äußerst flexibel, haben aber große Mühe, die Schwierigkeiten der mangelhaften Infrastruktur zu meistern. Wer zartbesaitet und wählerisch ist, wird sich auf der Steppe schwerlich wohlfühlen. Da riecht es eben anders, nach Hammelfett und Milchsäuerlichem, und mit der Hygiene ist es für Sauberkeitsfreunde auch so eine Sache. Aber wer sich darauf einläßt und einmal die Gastfreundschaft und die Offenherzigkeit der Menschen erlebt hat, der trennt sich schwer wieder.

Zwei Welten

Schwellkopf Ulaanbaatar

Auf die Frage, wie ist Ulaanbaatar, wird ein Landbewohner, wenn er schon einmal dort war, fast ausnahmslos sagen: schön. Und warum? Weil es eben unsere Hauptstadt ist. Ein Ulaanbaataraner wird das schon anders sehen. Lärm, Gestank, Verkehr nimmt er hin, aber im Grunde ist ihm dies inzwischen zu einer häßlichlästigen Masse von düster dreinblickenden Menschen, dumm bis draufgängerisch gelenkten Vehikeln und einer lebensgefährlichen Chemie geworden. Ein westlicher Besucher wird hier, wenn er als Tourist der Naturschönheiten und des Nomadenlebens wegen gekommen ist, gar nicht bleiben, das Durchgangslager schnell hinter sich lassen. So ist diese Stadt ein merkwürdiges Gewächs, den einen Heimat – und seine Heimat liebt man doch als traditionsbewußter Mongole –, den anderen, den Landleuten also, sentimentale himmlische Hoheit, der Inbegriff der seit alters zu verehrenden Staatlichkeit und des Sitzes der Herrschenden, und wieder anderen, den Ausländern, ein notwendiges, aber auch fremdartiges, höchst interessantes Wesen, in dem man das etwas unbeholfen Nomadische doch unverhofft meint entdecken zu können – irgendwann, irgendwo, irgendwie. Den Namen Stadt trägt Ulaanbaatar möglicherweise nur, weil es eben nichts anderes gibt, was dem sonst nahekäme.

Das heutige Ulaanbaatar geht auf das Kloster Örgöö (‹Palastjurte›) zurück, das 1639 vom Vater Dsanabadsars, des ersten Chutuktus der Mongolei, am Nordufer des Tuul-Flusses im heutigen Archangaj-Aimak errichtet wurde. Die mit der Mongolei Handel treibenden Europäer machten aus Örgöö Urga, jenen Namen, der sich bis in die 20er Jahre des letzten Jahrhunderts gehalten hat, obwohl die Siedlung ab 1706 offiziell den Namen Ich Chüree (‹Großes Kloster›) trug. Hier von einer Siedlung zu sprechen, ist allerdings nicht ganz korrekt, denn Ich Chüree wechselte in den ersten gut 100 Jahren seines Bestehens über 20mal den Standort entlang den Flüssen Orchon, Selenge und Tuul.

Damals gab es keine festen Gebäude, sondern nur Jurten. 1778 ließ man am Nordufer der Tuul den ersten Holztempel errichten. An Pläne für Stadtentwicklung dachte damals niemand. Die Jurten scharten sich ums Kloster, so daß ein riesiger Jurtenkranz entstand, der von Straßen durchzogen wurde. Teile des alten Jurtenviertels, von Palisadenzäunen umfriedet, stehen noch heute in unmittelbarer Nachbarschaft zum Gandan-Kloster.

Um 1900 prägten über 100 kleine und große Tempelbauten, über 360 Manufakturen, fast 600 Läden und Handelsniederlassungen, zehn Märkte und einige große Magistralen das Bild der Stadt. Fast alle Mongolen lebten in Jurten; ihre Holz- und Lehmbauten konnte man leicht an zwei Händen abzählen. Im Osten hatten die Chinesen ein eigenes Lehmhausviertel, Majmaatschin; und russische Siedler und Händler lebten ebenfalls unter sich in einer Vorstadtsiedlung im Osten, Konsularhügel *(konsulyn dendsch)* genannt, allerdings in Holzhäusern, von denen noch heute einige erhalten sind. Andere Stadtteile waren: Dsüün Chüree (östliches Kloster), Gandan-Kloster, Baruun und Dsüün Damnuurtschin (westlicher und östlicher Handelsbezirk), Char Tschuudyn Choroo (Stadtteil der Laien) und Amgalan (Stadtteil im äußersten Osten, wo u. a. Süchbaatar aufwuchs).

Der Süchbaatar-Platz

Im Norden wird Ulaanbaatars zentraler Platz vom «Grauen Palast» – so heißt das Regierungsgebäude im Volksmund – flankiert. Seit 1954 ziert eine Variante des Moskauer Lenin-Mausoleums (hier mit den sterblichen Überresten von Süchbaatar und Tschojbalsan) die Front des Regierungspalastes. Davor kam es im März 1990 zum Hungerstreik der demokratischen Kräfte, die den Rücktritt des ZK der Kommunistischen Partei und des Regierungschefs Batmönch erzwangen. Hier traten nach 1990 auch die ersten freien Unternehmer auf: Fotografen, die mit Porträts und Familienfotos vor dem Reitermonument Süchbaatars, einem beliebten Treffpunkt für Freunde und Verliebte, ihr Geld verdienten. Der Platz ist das alle anziehende Zentrum geblieben, Skateboard- und Rollschuhfahrer ziehen ihre Runden, während die Landleute im Deel diesen Ort ehrfurchtsvoll wie eine Pilgerstätte aufsuchen und sich immer noch hier ablichten lassen, die Süchbaatar-Statue und den Grauen Palast möglichst mit im Bild. Zwischen Weihnachten und Neujahr, deren Feierlichkeiten der traditionellen Mongolei eigentlich fremd sind, entsteht hier neuerdings eine Stadt aus Eis: legendäre Reiter zu Pferd, Festungen und Wallanlagen und sonstige Szenarien, die ein überstolzes Geschichtsbild vermitteln, dienen der Volksbelustigung. Seicht und viel zu teuer in einem Staat, wo wachsende Armut herrscht, wo draußen auf der Steppe das Vieh im Schneesturm verhungert, bemängeln Kritiker heftigst.

Nachdem sich die Mongolen 1911 von der mandschurisch-chinesischen Oberhoheit losgesagt hatten, wurde Ich Chüree zur Hauptstadt der autonomen Mongolei mit dem buddhistischen Oberhaupt des Landes als Staatsoberhaupt, dem Bogd Khan. Der neue Name lautete Nijslel Chüree (‹Hauptstädtisches Kloster›). Es sei ein schmutziger, unfreundlicher Ort gewesen, berichten einige Reisende, die sich damals dort aufhielten. Als Herman Consten, der deutsche Forschungsreisende, 1914 in der Stadt war, meinte er, ein zweistöckiges chinesisches Gasthaus sei das «anständigste» Gebäude in ganz Urga. Um 1920 sei es oft zu bewaffneten Auseinandersetzungen zwischen chinesischen Besatzern und Russen gekommen; Schießereien, Folterungen, Vergewaltigungen, Lebensmittelknappheit seien gang und gäbe gewesen. Seinerzeit, so berichtet der Schweizer Käsemacher Albert Steffen, hätten außer den Mongolen 10 000 chinesische und 3000 russische Kaufleute dort gelebt, 60 000 Lamas, 15 000 Soldaten und Beamte, dazu geschäf-

*Auf dem Zentralen Platz in Ulaanbaatar.
Hier traten die ersten freien Unternehmer nach der Wende von 1990 auf –
als Fotografen. Hierhin kommt man als Fremder, als Nomade.
Hier scheint der Mittelpunkt der Mongolei.*

temachende Ausländer, vor allem aus Amerika, Deutschland, Dänemark, Schweden und Tibet und seit der Unabhängigkeit von 1911 verstärkt aus Japan und England. Zehn Jahre später, d.h. 1921, vertrieben Partisanen, von der Roten Armee unterstützt, den weißgardistischen Baron von Ungern-Sternberg und seine Truppen aus Urga. Am 11. Juli (seitdem mongolischer Nationalfeiertag) fand eine Siegesparade auf dem Platz «Große Freiheit» gegenüber dem Tschojdschin-Lama-Kloster statt, und von einer Tribüne aus hielt der Führer der neugegründeten Volksarmee, Damdiny Süchbaatar, eine Rede. Noch etliche Jahre danach nannte man diesen Platz dann den «Tribünen-Platz».

Als auf der ersten Sitzung des Großen Staatschurals im November 1924 die Mongolische Volksrepublik proklamiert wurde, änderte man gleichzeitig den Namen der Hauptstadt Urga in Ulaanbaatar («Roter Held»). T. Jamsavarno soll diesen Namen auf Initiative des russischen Malers und Orientalisten Nicholas Roerich

Wirtschaft und Gesellschaft im Wandel

vorgeschlagen haben. Der rote Held, sagt eine alte Legende, erlöse die Menschen von Leid und Unglück. Rot stand aber aus damaliger Sicht vor allem für den Kommunismus und der Held für all die «heldenhaften Revolutionäre, die gesiegt hatten».

Ein Jahr später wurde die erste Volkszählung durchgeführt. Die ergab 1497 Einwohner und 11538 nicht ständig in der Hauptstadt wohnende Personen. Als Ulaanbaataraner wurde angesehen, wer keine Jurte und kein Haus woanders im Land besaß. Seit 1925 gab es eine Polizei und seit 1928 ein Oberstes Gericht. 1933 wurde Ulaanbaatar unabhängig vom Töw-Aimak, auf dessen Territorium die Stadt liegt.

Als 1926 ein Baukomitee die Arbeit aufnahm, konnte man nicht mehr nach eigenem Ermessen und Gutdünken seine Häuser überall errichten. Das Stadtzentrum mit ein- bis zweistöckigen Häusern wurde in der Nähe des ehemaligen Tschojdschin-Lama-Klosters, das man später zum Religionsmuseum umfunktionierte, geplant. In den 40er Jahren begann man verstärkt mit dem Bau drei- und vierstöckiger Häuser (das Außenministerium, die Tschojbalsan-Universität, Hotel «Irkutsk», das Theater mit 800 Plätzen). Das Außenministerium war übrigens damals dort untergebracht, wo heute die deutsche Botschaft ihren Sitz hat. Und dort, wo heute die dazugehörigen Garagen sind, stand seinerzeit den Mitarbeitern des Außenministeriums ein großer Pferdestall zur Verfügung.

Den ersten Generalbebauungsplan Ulaanbaatars – für einen Zeitraum von 20 Jahren – erstellte eine sowjetisch-mongolische Planungskommission im Jahre 1954. In den 50er Jahren erlebte Ulaanbaatar einen Bauboom; chinesische Monteure und Baufacharbeiter leisteten die meiste Arbeit. Sowjetrussen bauten dann auch, und zwar im wesentlichen jene Betonhochhausviertel für ihre eigenen Fachleute, wie sie das Bild vieler sibirischer Städte verunzieren. Für Mongolen entstanden dann auch aus Fertigbetonteilen jene Einheitswohnblocks nach sowjetischem Vorbild, die pro Bewohner höchstens 5 m^2 vorsahen. Noch heute (Stand 2000) wohnen über 80% der Familien in diesen Blocks in Ein- bis Zweizimmerwohnungen, und nur 40% haben eine Zentralheizung.

Damals wurde fast das gesamte Zentrum um das Kaufhaus «Ich Delgüür» gebaut, die Friedensbrücke, die Wohnsiedlung «40 000» und vieles mehr. Mit der Abkühlung der Beziehung zwischen den Großmächten China und Sowjetunion geriet die Bautätigkeit ins Stocken. In den 60er Jahren zogen die Chinesen ihre Baufachkräfte vollständig ab, und zurück blieben Bauruinen, die wie das 350-Betten-Hotel «Bajangol» zum Teil erst zehn Jahre später fertiggestellt wurden. Dann, kurz nach der Wende von 1990, wiederholte sich dies: Mit dem Ausbleiben sowjetischer Lieferungen stagnierten die Bauarbeiten; halbfertige Betongerippe zeugten vielerorts davon. Inzwischen gibt es einen rasanten Bauboom, seit der Privatbesitz an Grund und Boden möglich ist; die letzten Baulücken sind längst vergeben, in der Innenstadt, aber auch in anderen aufstrebenden Lagen. Die Boden- und Wohnungspreise haben sich binnen drei Jahren vervielfacht, sind im Vergleich zum Einkommen fast unerschwinglich, ein Quadratmeter Neubau kostet 450 US-$ und mehr.

Die Wohnsilos sowjetischer Prägung, mehr Dach über dem Kopf als gemütliches Zuhause, tun dem Auge weh; hochgezogen mit dem Ziel, vor allem für die vielen zugezogenen Landbewohner schnell und billig Wohnraum zu schaffen, geben sie ein trostloses Bild von mitten auf die Steppe plazierten Betonwürfeln – verwohnt, einheitlich schäbig. Bis Anfang der 1990er Jahre sah man übrigens gelegentlich noch ein Rudel Hirsche, das von dem nahen Bogd Uul herunterzog, zwischen den Wohnsilos äsen. Weiter draußen, je näher man dem Stadtrand kommt, stehen Jurten in Bretterverschlägen. Die ganze Stadt ist von Jurten und Hütten umgeben, und diese Viertel wachsen von Tag zu Tag, denn der Zuzug in die Stadt hält an; für weit mehr als die Hälfte der Hauptstadtbewohner sind sie das Zuhause. Das alte Plansoll der sozialistischen Städtebauer hatte bis zum Jahr 2000 in den Vorstädten die Abschaffung aller Jurten vorgesehen, aber die Stadtentwicklung scheint inzwischen anderen Maßgaben zu folgen.

Abgesehen von diesen Jurtenvierteln, die wir aber auch in den Siedlungen im Landesinnern finden, fehlt der Stadt ein eigenes Gepräge. Das «Kulturcenter» unweit des Süchbaatar-Platzes, das verschiedene Kulturorganisationen und Verwaltungen beherbergt, stellt den ersten Versuch dar, in Anlehnung an alte Tempelformen einen neuen mongolischen Architekturstil zu entwickeln. (Tatsächlich besteht eine gewisse Ähnlichkeit mit dem Klostertempel Megdsed Dschanrajsag, aus dem Ende der 30er Jahre der mit 25 m größte gegossene Buddha Asiens verschwand, an einen bis heute unbekannten Ort in der Sowjetunion.)

Seit 1924, dem Gründungsjahr der Mongolischen Volksrepublik, ist Ulaanbaatar um mehr als das Sechsfache angewachsen. Längst muß es eine Millionenstadt sein, obzwar offizielle Stellen etwa 850 000 Einwohner schätzen. Zum Vergleich: Von den rund 2,5 Mio. Mongolen wohnt weit mehr als die Hälfte (über 1,3 Mio.) in Siedlungen, während mehr als eine Million auf der Steppe lebt. Die Bevölkerungsdichte, im landesweiten Durchschnitt bei 1,5 E/km², ist in Ulaanbaatar am dichtesten, mit bald 170 Menschen auf einem Quadratkilometer. Erstaunlich, wie viele Menschen – mehr als etwa in Frankfurt am Main – hier unter vergleichsweise einfachen Bedingungen und mit nach westlichen Maßstäben dürftiger, ja fast dörflich zu nennender Infrastruktur zusammenleben. Ein Beispiel: Die mangelnde Kanalisation verwandelt bei längeranhaltenden Regenfällen die Hauptstraßen der Stadt jedes Mal in Wasserläufe, die für einen Fußgänger unpassierbar werden.

Die Abwanderung aufs Land, die nach der Wende einsetzte, hat sich ins Gegenteil gekehrt; der Sog ins verführerisch-geschäftige städtische Zentrum hält an, besonders im Sommer ziehen Familien mit ihren Herden vom Land hinzu, schlachten einen Teil der Tiere, halten andere weiter als Milchkühe und sind somit die Milchlieferanten für die Stadtbewohner. Immer mehr siedeln im Umkreis von 50 bis 200 Kilometern. Die Zuwanderungsgebühren von 50 bis 70 US-$ pro Person (Kinder und Rentner die Hälfte), sind das Zwei- bis Dreifache eines Monatsverdienstes und nicht erschwinglich. Ohne Geld, ohne Registrierung, ohne Bürgerdokumente – so leben dennoch schätzungsweise 100 000 Menschen. Ihr Lebensunterhalt ist zweifelhaft: vom Diebstahl über die Montage alter Anlagen, dem illegalen Holzschlag, über das Abfischen der an sich schon fischarmen Flußläufe bis hin zur Wilderei von Hirschen und Murmeltieren und dem Herumstochern im Abfall ...

Ulaanbaatar wächst und erstreckt sich wie die Finger einer Hand in alle umliegenden Täler, nur nicht in das südlich gelegene Naturschutzgebiet des Bogd Uul, das seit 1678 bestehende, älteste in der Mongolei. Damit ist die Stadt wie eine Jurte nach Süden hin ausgerichtet und unverbaut. Im Norden liegen wie eh und je die Datschen, erst verlassen und abgeräumt, nun wieder von Interesse. Im nordöstlichen Gadschuurt beispielsweise und in kleinen

> **Müll, Luftverschmutzung und Wasserknappheit**
> Ulaanbaatar hat, wie schon angedeutet, enorme Umweltprobleme. Der Müll ist ein Hauptproblem. Die endlich geplante Müllentsorgungsanlage und die neuen Anordnungen, wie Müll in Beutel zu fassen ist, statt ihn in offene Blechcontainer vor dem Haus zu werfen und darin abzubrennen, wird den überall herumfliegenden, zerfledderten Resten und den hoch über der Stadt aufgebläht segelnden Plastiktüten hoffentlich etwas entgegenzusetzen haben. Ökologische Bedenken hatte man in der Stunde null, beim Aufbau neuer Fabrikationsanlagen nicht. Inmitten der Stadt, die in einem weitläufigen Hochtal mit vergleichsweise geringer Luftzirkulation liegt, sind drei Kohlekraftwerke und der Großteil der Industriebetriebe angesiedelt, deren Zahl zunimmt. Wohnen, Stromerzeugung und die wesentliche Industrieproduktion der Mongolei sind hier auf wenigen Quadratkilometern bedrohlich eng beieinander. Die Luftverschmutzung gefährdet die Menschen, besonders in den Wintermonaten, wenn sowohl die Kraftwerke als auch die vielen Herdfeuer der Jurten, die mit Kohle heizen, eine dichte Rauchglocke über die Stadt legen. Mongolische Ärzte wissen, daß die Zahl der Bronchien- und Lungenerkrankungen hier alarmierend hoch ist.
> Bedingt durch den Wasserverbrauch der vielen Industriebetriebe haben die zwei Flüsse Ulaanbaatars, Tuul und Selbe, ein beängstigend niedriges Niveau erreicht. Das Abholzen der Bäume in den Flußniederungen und am Fuß der Berge um Ulaanbaatar ließ zusätzlich den Grundwasserspiegel sinken. Die enorm gestiegene Wassernachfrage ist auch auf den wesentlich erhöhten Wasserverbrauch in den Hochhäusern zurückzuführen, wo jede Wohnung ein Bad hat. In die Jurten der Vorstadt dagegen bringt der Wasserwagen das dringend benötigte Naß. Dort kennt man weder WCs noch Abwasserleitungen; es werden Fäkaliengruben ausgehoben.

Stadtoasen zeichnen sich Wohnviertel für die Neureichen ab, Grundstücke sind urkundlich vergeben und bereits eingezäunt, wenn nicht gar schon in Stein bebaut.

Der dritte Generalbebauungsplan wurde bereits erstellt, aber inwieweit er zur Ausführung kommen wird, ist in Anbetracht der wirtschaftlichen Probleme nicht abzusehen. Es gibt Überlegungen, um den Ansturm auf die Riesenstadt zu verringern und die dringend notwendige Dezentralisierung voranzutreiben. Noch immer werden über 90% der Investitionen in Ulaanbaatar getätigt; wobei ausländische Investoren noch grundsätzlich zurückhaltend sind, die Märkte sind gering, die Rechtssicherheit ist nicht immer gewährleistet, die Entscheidungswege sind häufig langwierig und obendrein undurchsichtig. Die meisten internationalen Organisationen sind in der Stadt oder vorrangig im zuverlässig erreichbaren Umkreis von mehreren 100 Kilometern tätig. Und die meisten Arbeitsplätze des Landes gibt es hier im zweitwichtigsten Industriezentrum nach Erdenet, mit Teppich-, Strick- und Lederwarenindustrie, Baustoffherstellern, Nahrungsmittelherstellern, Getreidemühlen und einem der größten Schlachthöfe Ostasiens. Neugründungen in der Nahrungsmittelindustrie und andere verarbeitende Betriebe kommen hinzu. Die Stadt strotzt vor Unternehmungen, während die Aimakzentren vernachlässigt und gelangweilt wirken.

Heute ist Ulaanbaatar das kulturelle, politische und wirtschaftlich-industrielle Herz der Mongolei, und es ist mehr denn je Schrittmacher der neuen Mongolei. Es sprüht vielerorts vor Unternehmertum und Umgestaltungswillen, Häuser werden modernisiert, frisch bemalt, zu Läden, Internet-Cafés, Gaststätten umgebaut. Aber es kommt einem auch immer wieder alles bedächtig, leer und verlassen, wie in einem Traum vor, besonders in den frühen Morgenstunden; die Stadt beginnt spät ihr Alltagsgeschäft. Um so zäher fließt dann der Verkehr in den späten Nachmittagsstunden, von den angenommenen 140 000 Privatautos landesweit – unregistrierte mit führerscheinlosen Fahrern auf dem Land eingerechnet – verkehren 100 000 auf den Hauptstadtstraßen (zum Vergleich: 1990 gab es 200 Privatautos). Verkehrsstaus sind außer bei eisglatten Straßen an Wintertagen die Regel, Fahrkultur ist trotz Straßenverkehrsordnung ein Fremdwort.

Trotzdem, angesichts des praktisch unkontrollierbar wuchernden Schwellkopfs Ulaanbaatar wird auch immer mal wieder laut darüber nachgedacht, die Hauptstadt in die Nähe der einstigen Residenz der Herrscher des mongolischen Weltreiches, nach Karakorum (heute Charchorin), zu verlegen. Zentral wäre dieser Standort allemal, nur, ob in absehbarer Zeit dort ausreichend Infrastruktur zur Verfügung stehen könnte, ist mehr als fraglich.

Auf den Schultern der Frauen

Es scheint wie überall auf der Welt: Mongolische Frauen müssen die doppelte Last tragen. Die siebzig Jahre staatlich verordneter Gleichberechtigung von Mann und Frau vor 1990, die zwar den befreiten Status der Frau verkündete, aber dennoch vergaß, das Bild der Frau als gebärfreudige Mutter und Dienerin des Mannes abzuschaffen, reichten anscheinend nicht aus, Männer von der Geschlechtergleichstellung zu überzeugen. Heute ist für Frauen die Bürde noch schwerer als vor der Wende, als es noch Arbeit, ein funktionierendes Bildungssystem und Gesundheitswesen gab. Im Wust der Veränderungen, die das Bruttoinlandsprodukt unter den Stand vor 1990 sinken ließen, droht die Gleichstellung der Frauen mit unterzugehen. Gerade sie waren meist die ersten, die bei der Umstellung auf die neue Wirtschaftsordnung im Land entlassen wurden. Wenige Frauen sitzen heute an politischen und wirtschaftlichen Schaltstellen. Obwohl es vermutlich sie sind, die mehr erarbeiten und ihre Familien maßgeblich finanzieren.

Aber all dem zum Trotz haben sie eine Bastion inne: die Bildung. Drei Viertel aller Lehrkräfte sind Frauen – wenn auch die Vorgesetzten oft Männer sind –, und circa 90 % aller Mädchen zwischen 12 und 15 Jahren gehen zur Schule, während es bei den Jungen nur 80 % sind. An den Hochschulen studieren bis zu 70 % Frauen.

Arbeitslosigkeit und Armut, Alkohol und Gewalt gehören für etwa ein Drittel aller mongolischen Frauen zum Alltag. Mindestens 20 % der Männer sind schwere Trinker, und daß viele ihre Frauen schlagen, wird zwar inzwischen publik, aber Schritte dagegen bleiben meistens aus.

Daß Stärke zeigen und sich dazu bekennen der allein gangbare Weg für Frauen in die Zukunft ist, diese Erkenntnis hat zu einer neuen Frauenbewegung in der Mongolei geführt. Ausgangspunkt ist die Überzeugung, daß sich weltweit die Politik wandle und nicht mehr ausschließlich von Vaterfiguren gemacht werde, die im Namen des Volkes reden, sondern daß sie eine öffentliche Angelegenheit zu sein habe. Dennoch: von etwa 2400 Nichtregierungsorganisationen in der Mongolei sind nur gut fünf Dutzend für Frauen. Die prominenteste und eine der ersten Stunde ist LEOS: Liberal Women's Brain Pool, 1992 gegründet von Frauen, die ge-

Auf den Schultern der Frauen ... das gilt insbesondere auch für die Mongolei, wo die Männer sehr alkoholgefährdet sind. Traditionellerweise sind die Frauen für das Jurteninnenleben zuständig, die Männer für die Außenbeziehungen.

meinsam in den Wochen und Monaten, als die Lebensmittelversorgung in der Großstadt zusammenzubrechen drohte, aktiv wurden und zum Beispiel Pilze sammeln gingen. Heute ist LEOS in allen Aimaks vertreten. Hauptziele sind, das Demokratieverständnis im ganzen Land zu verbessern, das Recht auf individuelle Freiheit und auf Meinungsfreiheit zu propagieren, die Menschenrechte einschließlich der Rechte der Frauen durchzusetzen, wirtschaftliche Entwicklungsprojekte zu fördern, Armut landesweit zu bekämpfen.

Ob die Zukunft in diesem Land wirklich den Frauen gehört? Zunächst hängt die Antwort auf diese Frage von einer anderen ab: Kann man die Zukunft eines Landes allein auf die Muskelkraft der Männer bauen, wie sie in der Mongolei immer noch als heldenhaft und wahrhaft erstrebenswert gewertet wird?

Neureich mit Handy und Nomade am Dungfeuer

Der Widersinn von eigentlich Ungleichzeitigem, das dennoch gleichzeitig existiert, findet sich durchaus vielerorts auf der Welt. Ist das Grasland Mongolei vielleicht ein besonders widersinniges Land, das gerade deshalb seinen Liebreiz hat, weil es Jahrhunderte in sich bewahrt hat und mühelos in sich selbst zu überbrücken scheint? Zur Zeit jedenfalls noch. Hirtennomaden, die nach dem Vieh gehen, zu Fuß oder zu Pferd, von Weide zu Weide ziehen, leben in Filzjurten auf der Steppe, oftmals in einem einsamen Tal, wie ehedem. Börsenmakler und Banker in Ulaanbaatar scheinen weltweit vernetzt, protzen mit Edelgeländewagen, die eine ganze Pferdeherde kosten, kommen vom oder fahren eben mal ins Ausland und siedeln ihren Häuschentraum außerhalb der Stadt an, dort wo der Wind noch weht und es noch richtig nach Steppe riecht.

Wie macht hier die Natur den Menschen? Und was für ein Land ist es, rätseln wir Seßhaften. Ein Mischwesen, schon nicht mehr nomadisch, aber auch noch nicht etwas anderes? Eines zwischen den Zeiten, in der Menschenleere, auf den Steppen und Wüsten, die in die Fernen ausfließen, ein naturgewaltiges, zumeist noch im Dämmer des Urzustandes? Eines, das aber gleichzeitig dort, wo sich das Leben ballt, wo es lärmt und stinkt, in lauter Überfülle zu ersticken droht?

Das einfache Leben, ohne Ballast, ist das lebenswürdige, der Nicht-Besitz ein hohe nomadische Tugend – wer so häufig umzieht, sammelt erst gar nicht viel an. Das macht die Beweglichkeit aus, die Bereitschaft, jederzeit gehen und kommen zu können, mit allen Wetterlagen und Widrigkeiten, mit jeglicher Ungewißheit leben und sie meistern können. Das Irgendwie-wird-es-schon-gehen ist eine feste Wendung bei jenen, die auf dem Land unterwegs sind. Und das Es-macht-nichts und das Es-geht-schon gehören dazu. Worte, verfestigte Gedanken, führen zu Taten, und von Gutem kommt Gutes und von Schlechtem Schlechtes, das ist immer noch nomadische Lebensphilosophie. Man ist grundsätzlich bedacht, gute Stimmung für ein gutes Leben zu schaffen. Nur das ist überlebensförderlich. Die Lebenskunst also besteht in der hohen Kunst, geschmeidig eine richtige Augenblicksentscheidung treffen zu können. War das nicht auch die Kunst der

*Bei Karakorum im Orchon-Tal.
Was erinnert noch an die alte, glanzvolle Hauptstadt des Mongolenreiches?*

Kriegsführung jener eroberungswilden Krieger der zentralasiatischen Steppen?

Nun das Monstrum Stadt, das sich aufbäumt und aufbläht und von allem schlichtweg zuviel hat. Dem nomadischen Lebensgrundsatz ist das zuwider. Zu viel Verkehr, klingelnde Handys, vielleicht 1000 Zeitungen, die aber nicht regelmäßig erscheinen, angeblich 2400 NGOs für nur knapp 2,5 Mio. Landesbewohner, bestimmt 30 politische Parteien, unzählige kleine Tugrikmillionäre oder solche, die sich dafür halten.

Die Grenzen, die nun in diesem grenzenlosen Land verlaufen, sind die Grenzen der Globalisierung, erkannt oder unerkannt. Und sie verlaufen auch durch Sippenverbände, durch Familien, durch eine einzige Generation, ja manchmal auch durch einen einzelnen Menschen.

Konkret, eine mongolische Familie: Die Mutter lebt in einer täglich nach Garküche, Milchsäuerlichem und Fettgebackenem riechenden Zweiraumplattenbauwohnung in Ulaanbaatar wie in einen Käfig eingeschlossen. Sie war Nomadin. Sommers allerdings darf sie in den Hügeln außerhalb der Stadt dieses Leben in einer

> **Soziales Barometer**
>
> *Alphabetisierungsquote:* 95% (Stand 1993), jedoch mit rückläufiger Tendenz
>
> *Wohnen:* 165 500 Familien leben in festen Häusern, 275 600 in Jurten, davon 247 700 auf dem Land; 66% der Landbewohner nutzen Kerzenlicht, 95% Ulaanbaataraner haben elektrisches Licht
>
> *Medizinische Versorgung:* seit über 10 Jahren stark rückläufig; Reduzierung der «Medizinischen Posten» auf dem Land von 1375 auf 875; für immer mehr Menschen unerreichbar, unzureichend und unerschwinglich; landesweiter Durchschnitt: 1 Arzt/411 Personen, Ulaanbaatar 1/212, schlechtest versorgter Aimak 1/830
>
> *Menschenrechtsverstöße:* keine systembedingten, dennoch Kritik an der Strafvollzugspraxis seitens amnesty international
>
> *Korruption und Kriminalität:* steigende Tendenz
>
> *Armut:* das offizielle Existenzminimum liegt örtlich bedingt bei mindestens 25 000 MNT/Person/Monat oder bei 200 Stück Vieh pro Nomadenfamilie, 80% besitzen weniger als 200; mindestens 37% (Tendenz steigend) der Bevölkerung gelten als arm, wachsendes Gefälle zwischen Stadt und Land; 36% leiden an Mangelernährung, 5% an Unterernährung

altersschiefen und abgewetzten Filzjurte wieder aufnehmen. Die verwitwete Frau einer ihrer jüngeren Brüder lebt viele hundert Kilometer entfernt als Familienoberhaupt einer großen Sippe, der sie seit dem Tod des Mannes vorsteht, mit vielen Jurten und Kindern. Sie hat Vieh, das ihre tägliche Sorge ist, lebt sie doch davon: Es ernährt sie das Fleisch ihrer Herden, es ummantelt die zu Filz verarbeitete Schafwolle ihre Jurten. Die Tochter der Nomadenfrau ist Tankstellenwärterin im nahen Sum-Zentrum, die Tochter der alten Frau in der Stadt ist eine der erfolgreichsten neureichen Geschäftsfrauen in Ulaanbaatar, die sich zwar ein warmes, freigebiges Herz bewahrt hat, aber die tierischen Gerüche, die Besucher vom Land mitbringen, schon nicht mehr ertragen kann. Markenparfüms, Pumps aus Italien, eine Einbauküche aus Beijing und ein Appartement bei Hongkong, wo man in der kalten Jahreszeit überwintern kann, sind ihr Lebensinhalt.

Die neuen Werte: Konsum und Geld. Noch bis ins 20. Jahrhundert hinein galten gepreßte Teeziegel als Zahlungsmittel, als Hälfte, als Viertel, als Achtel. Und in der Viehzahl wurde der Besitz

Wirtschaft und Gesellschaft im Wandel

gemessen. Nun ist das Geld dabei entdeckt zu werden, als Tauschmittel vorerst noch; bald aber wird es auch in seiner Anhäufung als Machtmittel erkannt werden. Genügend Kaufkraft vorausgesetzt kann man in Ulaanbaatar alles Mögliche bekommen, auf einem gutsortierten Schwarzmarkt, bei fliegenden Händlern an der Ecke, in Kaufhäusern, an unzähligen Kleinstkiosken, in Läden und Fachgeschäften, die inzwischen sogar Markenartikel führen. Kleider, Schuhe, Bürobedarf und Sojabohnenpaste aus Korea in einem Kaufhaus – dem ersten Geschäft überhaupt, wo man die Rolltreppe angucken ging, weil es so etwas bisher nicht gab – mit dem Namen «Himmel», Vakuumfenster aus der Türkei, Geländewagen aus Japan und Ersatzteile dafür aus Hongkong und Shanghai, saure Gurken, Schokolade und Mittel- bis Oberklassewagen aus Deutschland, Rotwein aus Frankreich, Konserven aus Amerika, Instantkaffeebeutel und Büchsenbier aus Singapur, Haushaltswaren aus Polen, Kekse aus Tschechien, Billigstkram, Kleider und Schuhe aus China und Elektroschalter und Glühbirnen aus Rußland wie ehedem. Konsum heißt das Spiel, an dem aber der Durchschnittsmongole nicht teilnehmen kann. Geld regelt den Warenverkehr, aber es ist knapp, ist auch den Reichen nicht genug im Umlauf. Die Inflationsrate beträgt derzeit (Stand: Mitte 2005) angeblich 13,6%. Kredite sind hoch verzinslich (für Kleinkreditnehmer 4,5% im Monat) und haben nur kurze Laufzeiten. Und doch ist Konsum das neue Zauberwort, selbst wenn es nur die neue Hautcreme, das Haarwaschmittel aus der Satellitenfernsehreklame ist. Wer es besitzt, gilt als glücklich, städtisch modern und wie soeben aus der koreanischen oder chinesischen Seifenoper-Serie im Fernsehen entstiegen. Dann die Möchtegern-Andersartigen, die lieber westlich hellhäutig als asiatisch-schlitzäugig daherkämen, sich die Haare blond färben, adrett in Mini, Jeans und mit Baseballmütze gekleidet sind. Dinge, die scheinbar nicht zusammenpassen, gibt es zuhauf. Wie sonst ginge es an, daß ein dicker japanischer Geländewagen im Jurtenviertel in einem Zaun zu finden ist? Der Wagen ist das andere Pferd, und das hat das beste verfügbare zu sein.

Die Mittellosen aber in den Plattenbauten, die Armen, die, unter dem Existenzminimum, illegal in Kellern der Wohnsilos hausen, als Lumpensammler und Müllwühler vom Abfall leben, die Zugewanderten, die Studenten aus den Aimaks, die in den Jurten und Hütten der Vorstadt wohnen, die Obdachlosen und die Straßenkinder (ein paar hundert bis tausend – oder mehr), die in den Gullys und Wärmezuleitungen hausen und vom Klauen und Autowaschen existieren, die alleinstehenden Mütter, die sich als Prostituierte verdingen, die Rentner, die Behinderten, die Arbeitslosen, die Säufer und Schläger – sie alle sind das große Heer der Ausgegrenzten, die diese Stadt zwar bewohnen, aber nach außen hin nicht mitzugestalten scheinen. Sie leben unfreiwillig oft unbeeindruckt von der neuen Geschäftigkeit, familien- und sippenbezogen, jurtig-häuslich. Sie ernähren sich weiterhin wie ihre Verwandten auf dem Land von viel Hammel, Ziege, im Winter Rindfleisch, das sie tiefgefroren auf dem Balkon oder irgendwo draußen lagern, machen aus Mehl ihre eigenen Teigwaren und ergänzen das mit Kohl, Kartoffeln und Karotten, trinken ihren gesalzenen Milchtee, häufig jedoch reicht es nur zu milchlos schwarzem Tee. Es heißt, nur ein Drittel arbeitet offiziell, der Rest lebt von der Schattenwirtschaft; wie auch immer das aussehen mag, man beißt sich durch. Die eigene Familie ist immer die Rettung, die immer noch starken und funktionierenden Familienbande lassen dich nicht untergehen, du wirst mitversorgt.

Das Leben in der riesigen Stadt, ob glitzernd oder armselig, aber bleibt dem Nomaden draußen auf dem Land, der immer noch mit den Herden von Weide zu Weide wandert und sich am Dungfeuer wärmt, eine ferne, weiterhin unbekannte Größe.

Mongolisches Selbstwertgefühl – ein Wort zum Schluß

Wer die Monate nach dem Hungerstreik im März 1990 in Ulaanbaatar war, als das Zentralkomitee der Revolutionären Volkspartei zum Abdanken gezwungen wurde, dem lachte die Freude über die neugewonnene Freiheit von Dogmatismus und sozialistischem Verordnungszwang aus allen Gesichtern entgegen.

Endlich wieder Mongole sein dürfen, dieses Hochgefühl erfaßte zunächst natürlich die Städter, die den Umsturz herbeigeführt hatten, schließlich aber das ganze Land. Männer, auch da vor allem die Städter, ließen sich wieder die Haare lang wachsen, und man trug wieder den Deel, das mongolische Nationalkleid. Im August 1990 wurde feierlich der 750. Jahrestag der «Geheimen Geschichte» des Dschingis Khan-Reiches begangen. Als Neuauflage erschien sie sowohl in kyrillischer als auch in altmongolischer Schrift. Von langer Hand von der mongolischen Regierung in Zusammenarbeit mit der UNESCO vorbereitet und von der mongolischen Akademie der Wissenschaften behutsam mit gelegentlichen Zeitungsberichten eingeleitet, wirkte die groß angelegte Geburtstagsfeier des Nationalepos mit Kongreß, Ausstellungen, Neuinszenierungen des Nationaltheaters und der Oper in der Hauptstadt und einem Naadam-Fest auf freier Steppe im Chentij-Aimak, der Heimat Dschingis Khans, wie ein Zaubermittel. Alles war berauscht.

Das Dschingis-Fieber hatte das Land erfaßt. Der beste Wodka der Mongolei hatte schon kurz zuvor den Namen des ehrwürdigen Ahnherrn bekommen. Das damals im Bau befindliche Luxushotel Ulaanbaatars trug schon vor der Fertigstellung den Namen Dschingis. Sein Porträt prangte auf T-Shirts, vergoldeten Plastikansteckern (hergestellt in der Inneren Mongolei ...), die jeder Reformbefürworter als Erkennungsmarke trug, auf Wandteppichen, Gold- und Silbergedenkmünzen, Gipsplatten, kleinen Fahnen für die gute Stube, auf dem offiziellen Briefpapier der Feierlichkeiten und den dazugehörigen Briefumschlägen; die Standarte des Einigers der Mongolen war auf einer Briefmarke abgebildet.

Rockgruppen – endlich durfte es sie geben – besangen ihn bei ihren Bühnenauftritten vor seinem überdimensionalen Porträt und entschuldigten sich bei ihm für die Fehlentwicklung im Lande. Dschingis – so wurde er liebevoll familiär genannt – war plötzlich nach Jahren der staatlich verordneten Verbannung wieder allgegenwärtig.

Mit dem neuen Kult um den alten Herrscher wollte man nationale Identität wiedergewinnen. Sein Grab aber ist unbekannt. Ein von japanischen Wissenschaftlern ins Leben gerufenes Projekt sollte mittels Unterstützung der mongolischen Regierung und unter Teilnahme der mongolischen Akademie der Wissenschaften sein Grab und das seiner Nachfahren aufspüren. Man erhoffte sich weitere Informationen über die Zeit des Großreiches der Mongolen. Und die Japaner haben daran ein besonderes Interesse. Bei ihnen existiert die Legende von einem Prinzen namens Minamoto Yoschitsune Yoritomo, der Ende des 12. Jahrhunderts im Kampf geschlagen und verwundet wurde und dann insgeheim seine Heimat verließ, um in Zentralasien als Dschingis Khan ein neues Leben zu beginnen. Zudem vermuteten viele, Japan wollte sich damit Erkenntnisse über die geologische Beschaffenheit des Landes verschaffen. Trotz vieler Gegner, die es als Sakrileg empfinden, Tote in ihrer Ruhe zu stören, kam die Expedition «Gurwan Gol» zustande und dauerte bis zum Sommer 1993: Mit Hilfe von mit Sensoren ausgerüsteten Spezialhubschraubern machte man fast 3500 archäologische Funde. Man entdeckte u. a. über 300 wichtige Grabstätten, außerdem die Umrisse einer alten Siedlung, die man mit Dschingis Khan in Verbindung bringt. Nur sein Grab fand man nicht.

Die Unruhe der Neuzeit brachte bald neue Blüten hervor: In der Inneren Mongolei beanspruchte man vor kurzem für sich, das Grab des Herrschers gefunden zu haben – dort, wo auch das Dschingis-Khan-Ordos-Heiligtum der acht weißen Jurten steht, ehemals der Zufluchtsort der Dschingisiden in gefahrvollen Zeiten. Mongolen jenseits der Grenze, die sich als die einzig echten begreifen, leugneten dies selbstverständlich sofort als vergebliches Wunschdenken. Zu Recht, denn schon kurz darauf war eine amerikanisch-mongolische Archäologengruppe erneut unterwegs im Chentij-Aimak. Das Grab sei gefunden, hieß es ein wenig später: in Batschireet-Sum. Doch erwies sich diese Meldung bald als Zeitungsente. Zur gleichen Zeit wurden Stimmen laut, daß man doch die Toten, und ganz besonders Dschingis Khan, der es wohl so gewollt haben muß, ein für alle Mal in Frieden ruhen zu lassen.

Der mongolische Nationalismus in Verbindung mit dem neu erwachten Dschingis-Khan-Kult hatte so oder so eine erfrischende Wirkung, zweifelsohne. War nicht sein Aufleben dem politischen Tauwetter ein wenig vorausgegangen? Es brach hier etwas hervor, was noch kurz zuvor mit Gefängnis bestraft worden war. Der übertriebene Geschichtskult scheint Teil eines notwendigen Befreiungsprozesses. Das Unterdrückte trat geballt und wuchtig hervor. Die für Jahrhunderte erzwungene gemeinsame Gangart erst mit den Chinesen, dann mit den Russen sollte einem eigenen Schritttempo weichen. Als asiatisches Anhängsel der Ostblock-Staaten verlor die Mongolei mit dem Zerfall der Sowjetunion ihr Hinterland, sah sich urplötzlich, alleine gelassen und losgelöst von allen Bindungen, als souveräner Staat in Zentralasien in einer veränderten Welt. Verständlich das sofortige Bestreben, dort anzuknüpfen, wo die Freiheit einst aufgehört hatte: bei den legendären Steppenreitern und ihrem Anführer, die von Raub und Eroberungen gelebt hatten. Als dann der erste gewählte Präsident P. Otschirbat in einem Anflug der Begeisterung 1990 verkündete; die Mongolei wolle «der fünfte Tiger Asiens» werden, wußte man nicht, ob es Ernst oder Scherz war. Der Eroberungsdrang war wieder erwacht. Doch die anfängliche Hochstimmung legte sich ein wenig: mit der steigenden wirtschaftlichen Not im Lande wurde es auch um Dschingis Khan stiller. Aber wie es der Natur der Sache entspricht, ließ sich aus der Aschenglut ein neues Feuer entfachen, als  es auf die Jahrtausendwende zuging, der die Mongolen, da sie traditionell einer anderen Zeitrechnung als der des gregorianischen Kalender folgen, eigentlich keine große Bedeutung zumaßen. Doch nun wurden Weissagungen des Nostradamus zitiert, in denen er einen neuen Dschingis Khan nennt. Der starke Mann sollte irgendwo in Zentralasien geboren werden und sich bald zu erkennen geben. Vor den Parlamentswahlen 2000, welche die Demokraten gegen die Kommunisten verlieren sollten, wurde der Ruf nach einem Retter der Nation laut. Das Übrige besorgte ein bislang verbotenes Buch: Im Frühjahr 2000 erschien Hitlers «Mein Kampf» in mongolischer Übersetzung. Wer träumt welche Träume? Und die zähe Unnachgiebigkeit, mit der die Mongolen über Jahrhunderte hinweg die Idee eines panmongolischen Staates verfolgten? Wie auch immer, 2006 wird im ganzen Land bei unzähligen Anlässen gefeiert: 800 Jahre Reich des Dschingis Khan.

Jenseits aller ideologischen Verzerrungen und unabhängig von den offiziellen Feierlichkeiten aber lebte die Verehrung von Ahnengeistern wieder auf, jener Glaube altmongolischer Zeit, nach dem die Totengeister vom Schamanen besungen und herbeigerufen werden, um ihre Schutz- und Heilkräfte zu senden. Verehrung ist die Pflicht der Lebenden, als eine Art Gegenleistung erwarten sie, daß die Toten ihnen beistehen. So kommt es, daß Dschingis Khan angerufen wird. Man erhofft sich von seinem noch existierenden Geist Kraft. Er ist zur Schutzgottheit seiner Nation geworden und wird es auch bleiben – da sind die Mongolen ganz sicher.

Klopf bitte an meine Tür, mein Freund!

Sonne und Mond kommen und gehen,
Und auf einmal wirst auch du älter,
Sünden und Wohltaten wechseln einander ab,
Und auf einmal drehen sich die Jahre im Kreis

Von Herbst zu Herbst
Geht es weiter in die Fernen,
Meine freudvolle Jugend
Wie vermisse ich dich!
Mit zunehmendem Alter
Werde ich wie ein Kind, noch empfänglicher
Und meine Seele wird weicher
O! Klopf bitte an meine Tür, mein Freund!

Es ist wohl unser aller Schicksal,
Regen der Trauer nieselt in unsere Brust,
Weicher Klang der Pferdekopfgeige
Rührt mein Herz noch tiefer

Von Tag zu Tag
Geht es weiter in die Fernen,
Meine freudvolle Jugend ...

Leid und Glück in dieser bunten Welt
Koste ich, gewollt und ungewollt,
Freunde meiner Jugendzeit
Treffe ich nicht, wenn ich sie brauche,
Könnte ich meine Kindheit jemals vergessen?
Dich, mein Jugendfreund, wie könnte ich dich jemals vergessen!
Dich, in der großen Welt mit dem Gesang
Von Begegnungen und Trennungen,
In der wir weinend und singend zusammen groß geworden?
O! Klopf bitte an meine Tür, mein Freund!

Lied von Dschargalsaichan, Kultfigur unter den Popmusikern der Mongolei, Sänger und Bandleader der Gruppe Dschingis Khan, die auf Gastspielreisen von der Inneren Mongolei über Rußland, Kasachstan, Polen, Moldawien auch schon nach Deutschland und in die USA kam.

Dank der Autorin

Herzlichsten Dank an Petra Rehder, Redakteurin des Verlages. Sie hat meine Launen bei der Entstehung des Buches gleichmütig hingenommen und einfühlsam, aber auch entschlossen durchgreifend das Manuskript bearbeitet. Ihr ist das Buch auch mit zu verdanken.

Alles hat seinen Platz in der Jurte, die Küchenseite ist rechts, wenn man eintritt. Es ist gleichzeitig die Seite der Frauen, der Familie.

ANHANG

Die Mongolei auf einen Blick

Landesname: Mongolei (Mongol Uls)
Staatsfahne: Senkrechte Trikolore in rot-blau-rot mit dem Goldenen Sojombo (Nationalemblem aus dem 17. Jh.); senkrecht angeordnete Ideogramme: Feuer, Sonne, Viertelmond, zwei Dreiecke, zwei Rechtecke, Doppelfisch, zwei senkrechte Balken, was soviel heißt wie: Ist das Volk vereint, weise und wachsam, ist es stark für alle Zeiten.
Hauptstadt: Ulaanbaatar (bis 1924 Urga/Nijslel Chüree ‹hauptstädtisches Kloster›), ca. 900 000 Einwohner mit der Tendenz zur Millionenstadt.
Verwaltungseinheiten: Zentralstaat, gegliedert in 21 Aimaks, die wiederum in Sum und weiter in Bag unterteilt sind; 2 Städte ohne Hinterland: Darchan mit ca. 95 000 und Erdenet mit ca. 75 000 Einwohnern, beide steigend.
Fläche: 1,565 Mio. km² (4,3 mal die Fläche Deutschlands und 40 mal die der Schweiz); Ost-West-Ausdehnung: ca. 2400 km; Nord-Süd: etwa die Hälfte.
Geographische Lage: Zentralasiatisches, weitestgehend abflußloses Hochland zwischen Rußland (Sibirien) und China mit einer mittleren Höhenlage von gut 1500 m; Staatsgrenze mit Rußland 3485 km, mit China 4677 km; kein Zugang zum Meer; reicht von der lärchenreichen Taiga im Norden über die Waldsteppe und die Steppen bis zu den Wüsten der Gobi im Süden; 80 % der Gesamtfläche sind Weide, weniger als 10 % Wald und nur 1 % eignet sich zum Ackerbau; aufgrund der Abgeschiedenheit und Unzugänglichkeit weiter Gebiete hat sich eine selten reichhaltige Tier- und Pflanzenwelt erhalten.
Klima: Kontinental, semiarid; extrem trockene, kalte und lange Winter mit Temperaturen bis zu −50°C, staubige und kurze Sommer, in denen die meisten, allerdings spärlichen Niederschläge fallen; der Dauerfrostboden reicht bis südlich von Ulaanbaatar; viele Sonnentage, sehr windig, mit großen Tag-Nacht-Temperaturschwankungen.
Bevölkerung: knapp 2,5 Mio.
Bevölkerungsstruktur: 36 % unter 15 Jahren, 60 % im arbeitsfähigen Alter und gut 5 % Rentner.
Bevölkerungsdichte: sehr gering: 1,5 Einwohner/km²; stärkste Konzentration in Ulaanbaatar mit ca. 170 E./km² bei wachsender Tendenz.
Bevölkerungswachstum: +1,4 % (seit 1990 rückläufig); seit 1989 ist die Bevölkerungszahl um insgesamt 16,1 % angewachsen.
Ethnische Struktur: 88,5 % Mongolen (darunter 78,8 % Chalcha, 6,6 % Westmongolen, 1,7 % Burjaten, 1,4 % Dariganga), nicht-mongolische Altturkvölker: ca. 7 % Kasachen, je ca. 1,5–2 % Tuwa, Urianchai, Zaatan, u. a.; 2002 wurden 13 651 Ausländer aus 75 Ländern in der Mongolei registriert, v. a. Chinesen, gefolgt von Russen und Koreanern.
Sprachen: (Chalcha-)Mongolisch (Amtssprache), zahlreiche Minderheitensprachen und Dialekte (Kasachisch, Tuwa); Russisch immer noch weit verbreitet; Deutsch, lange zweiwichtigste Fremdsprache, inzwischen durch Englisch abgelöst.

Schriften: per Erlaß seit 1941 Kyrillisch, parallel dazu als Sprache der Gelehrten die vertikal verlaufende sog. altmongolische Reiterschrift (nach wie vor offizielle Schrift in der Inneren Mongolei in China).
Religionen: Buddhismus (auch Lamaismus genannt), Schamanentum und Naturverehrung, Islam, erste missionierende Christen.
Feiertage: Naadam (‹die drei Spiele›) am 11. und 12. Juli, Zagaan Sar (‹Weißer Mond›), Neujahrsfest, meist im Februar.
Staats- und Regierungsform: Republik, seit 1992 parlamentarische Demokratie mit rechtsstaatlicher Verfassung; unabhängig seit 1911; am 26.11.1924 wurde die Mongolische Volksrepublik ausgerufen.
Regierende: Präsident der Mongolei N. Enchbajar (MRVP) seit Mai 2005; Ministerpräsident Z. Elbegdordsch (MDK) seit August 2004.
Parlament: Großer Staatschural der Mongolei, Einkammerparlament; mit Inkrafttreten der vierten Verfassung 1992 wurden die Sitze von 370 auf 76 verringert.
Parlamentsparteien: Große Koalition aus MRVP (Mongolische Revolutionäre Volkspartei), der ehemaligen kommunistischen Einheitspartei, (36 von 76 Sitzen) und MDK (Mutterland-Demokratie-Koalition/Bündnis der demokratischen Parteien; 36 Sitze) (Stand 2006).
Medien: Rundfunk: Mongol Radio (staatlich), sendet ab 6 Uhr morgens und ist landesweit zu hören; Radio 102,5, Radio 104, Radio 107 (privat, Sendebereich Ulaanbaatar); Fernsehen: Mongol Televis (staatlich, landesweit zu sehen), Ulaanbaatar TV (kommunal), Kanal 25 (privat), Eagle TV (privat), alle im Sendebereich Ulaanbaatar; wichtigste Zeitungen: Mongolyn Medee (Mongolische Nachrichten), Dsuuny Medee (Jahrhundert-Nachrichten), Önöödör (Heute), Ödriin Sonin (Tageszeitung), Ünen (Die Wahrheit), Seruuleg (Der Wecker), Chöch Tolbo (Blauer Fleck); Aimakzentren haben Lokalradio, z. T. auch Fernsehen wie in Bajan Ölgij, und unregelmäßig erscheinende Lokalzeitungen.
Bruttoinlandsprodukt: 1,274 Mrd. US-$, BIP pro Kopf 516 US-$ (2003); 1,516 Mrd. US-$ (2004), 1,717 Mrd. US-$ (2005).
Währung: Mongolischer Tugrik (MNT), frei konvertierbar (Kurs Anfang (Kurs Anfang 2006: 1121 MNT = 1 US-$; 1449 MNT = 1 EUR); der US-Dollar gilt als zweites legales Zahlungsmittel.
Außenhandel: Exportvolumen 2002: 524 Mio. US-$; 2003: 627 Mio. US-$; 2004: 872 Mio. US-$; 2005: 914 Mio. US-$ (Quelle IWF-Länderbericht, Nov. 2005); wichtigste Außenhandelspartner GUS und VR China, v. a. Kupfer- und Molybdänkonzentrat.
Ausländisches Investitionen: 60% aus China und GUS.
Mitgliedschaft in internationalen Organisationen: UNO (1961), WHO (1962), UNESCO (1962), ITU (1964), UNICEF (1965), FAO (1973), IAEO (1973), UNDP (1976), Weltbank (1991), ADB (1991), Bewegung der Blockfreien (1992), WTO (1997), APEC (1999).

Hinweis:
Alle obigen Angaben und Zahlen, auch die im Text, sind ohne Gewähr und eher als Richtwerte aufzufassen. Der Informationsfluß in der Mongolei ist oft zäh, der Zugang zu zuverlässigen Daten derzeit schwer. Das statistische Amt gibt keine geschlossenen Darstellungen heraus, Verlautbarungen und Berichte offizieller Stellen und Behörden sind oft undurchschaubar, widersprüchlich und unvollständig.

Typisch mongolisch? Auch wenn man genau weiß, wann man beispielsweise aus dem Ausland zurückgekehrt ist, wird man auf die entsprechende Frage antworten: vor zwei, drei Tagen ...

Zeittafel

Vor ca. 300 000 J.	Erste Siedlung auf dem Territorium der heutigen Mongolei
3. Jh. v. Chr.	Gründung des Hunnenreiches (Reich der Hsiung-nu)
um 550	Alttürken zerschlagen das Ruanruan-Reich
745	Uiguren erobern das Alttürkische Reich
840	Uiguren-Reich bricht unter dem Kirgisensturm zusammen
um 900	Die Kidan errichten in der Mongolei feste Städte und führen den Bewässerungsfeldbau ein; erste Berührung mit dem Buddhismus
um 1160	Geburt Temüdschins (Dschingis Khans)
Ende des 12. Jh.	Vereinigung aller mongolischen Stämme
1207–1209	Feldzüge gegen die Tanguten; Uiguren erkennen mongolische Oberherrschaft an
1211–1215	Eroberung Nordchinas
1218	Eroberung Ostturkestans
1219–1224	Eroberung Mittelasiens, Vernichtung des Staates Choresm, Zerstörung Bucharas und Samarkands
1220	Gründung von Karakorum als Hauptstadt des mongolischen Reiches
1223	Schlacht an der Kalka, Sieg über russische Fürsten
1226–1227	Siegreicher Feldzug gegen die Tanguten
1227	Tod Dschingis Khans
1229	Wahl Ögödeis (1186–1241) zum Khan
1234	Vernichtung des Jin-Reiches
1236–1240	Batu Khan erobert Rußland
1241	Siegreiche Schlacht bei Liegnitz gegen deutsch-polnisches Ritterheer
1241	Tod Ögödeis
1241–1242	Batu Khan erobert Polen, Ungarn sowie die Balkanländer und bedroht Mitteleuropa
1243	Batu Khan gründet die Goldene Horde
1246	Wahl Güyüks (1209–1248) zum Khan
1248	Tod Güyüks

1251	Wahl Möngkes (1209–1258) zum Khan
1252	Eroberung Persiens
1258	Eroberung von Bagdad
1259	In Nowgorod Aufstand gegen die Mongolen
1260	Kublai (1215–1294) ruft sich selbst zum Khan aus, er begründet die Yuan-Dynastie (1271–1368)
1264	Hülegü (1217–1265) wird Khan in Beijing
1271	Kublai verlegt die Hauptstadt nach Peking
1279	Eroberung Chinas vollendet
1287	Burma wird Vasall des Mongolenreiches
1288	Kublai Khan erobert Teile Indiens und Annam
1292	Kublai erobert Java
1294	Tod Kublai Khans
1333–1370	Togoontömör Khan (1320–1370), Vertreibung aus China
1356–1418	Tsongkhapa, Begründer der «Gelben Lehre»
1368	Zusammenbruch des Yuan-Reiches
1370–1378	Bilegt Khan residiert in Karakorum
1370	Tamerlan (Timur-Lenk, 1336–1406) begründet die Yuanschi-Dynastie
1380	Chinesische Truppen besetzen die Mongolei, zerstören Karakorum; die Russen besiegen die Mongolen bei Kulikowo
1388	Tamerlan erobert Choresm
1398	Tamerlan dringt nach Indien vor
1550–1582	Regentschaft Altan Khans (1507–1583) in der Westmongolei
1586	Gründung des Klosters Erdene Dsuu
1634–1682	Mandschuren besetzen die Innere Mongolei
1639	Gründung des Klosters Ich Chüree
1635	Bildung des Staates Dsungar bis 1757
1644–1911	Qing-Dynastie (Mandschuren), Erweiterung des mandschurischen Reiches um Mongolei, Ostturkestan und Tibet (1720), Burma (1789), und Vietnam (1789)
1689	Vertrag von Netschinsk, Teilung Zentralasiens zwischen Russen und Mandschuren
1691	In Doloon Nuur bestätigen 550 Chalcha-Fürsten die mandschurische Besetzung
1736	Gründung des Klosters Amarbajasgalan
1838	In Ich Chüree Gründung des Klosters Gandan-Tegtschinlin
1880	Volksaufstand in Uliastaj gegen die Mandschuren
1895	Pamirabkommen zwischen England und Rußland, Abgrenzung der Einflußsphären in Zentralasien
1911, Dezember	Verkündung der Autonomie der Äußeren Mongolei
1915	Rußland und Japan garantieren Autonomie (Abkommen von Kjachta)
1920, 25. 6.	Gründung der Mongolischen Volkspartei
Oktober	Weißgardistische Truppen unter Führung von General Baron von Ungern-Sternberg dringen in die Mongolei ein

Anhang 205

1921, 4.2.	von Ungern-Sternberg besetzt Nijslel Chüree
13.3.	Gründung einer Provisorischen Regierung
Mai/Juni	Sieg russisch-mongolischer Truppen über von Ungern-Sternberg
11.7.	Verkündung des Sieges der mongolischen Volksrevolution
5.11.	Freundschaftsvertrag zwischen Sowjetrußland und der äußeren Mongolei
1922, 25.1.	Aufhebung der Leibeigenschaft
1923, 20.2.	Tod Süchbaatars
1924, 25.11.	Proklamierung der Mongolischen Volksrepublik, erste Verfassung, Umbenennung von Nijslel Chüree in Ulaanbaatar
1936, Januar	Japanische Truppen beginnen mit Grenzprovokationen
12.3.	Beistandsabkommen zwischen MVR und UdSSR
1937	Zerstörung der meisten der 750 Klöster, Beginn der politischen Säuberungen durch Tschojbalsan
1939, Mai/Aug.	Japanische Truppen dringen in die MVR ein, Kämpfe am Chalchyn Gol
1940, Juni	Vertrag über Beilegung der Grenzstreitigkeiten zwischen MVR, UdSSR, Japan und Mandschukuo
1941, März	Einführung der Kyrillica
1942	Übergang zum Gregorianischen Kalender
1945, 10.8.	Kriegserklärung an Japan
Aug./Sept.	Mongolische und sowjetische Truppen kämpfen im Nordosten Chinas gegen Japan
2.9.	Bedingungslose Kapitulation Japans
20.10.	Volksabstimmung: 98,5% für die staatliche Unabhängigkeit der MVR
1946, 27.2.	Freundschafts- und Beistandspakt für 20 Jahre zwischen UdSSR und MVR
1950, 13.4.	Aufnahme diplomatischer Beziehungen zwischen DDR und MVR
1952	Tod Tschojbalsans; J. Zedenbal wird Premierminister
1959	Kollektivierung der Landwirtschaft abgeschlossen
1960, Mai	Freundschafts- und Beistandsvertrag zwischen MVR und VR China
1961	MVR wird Mitglied der UNO
1962	MVR wird Mitglied des COMECON
1974, 31.1.	Aufnahme diplomatischer Beziehungen zwischen BRD und MVR
1984	Außerordentliches Plenum des ZK der MRVP, Entmachtung von Zedenbal, Batmönch neuer Generalsekretär
1987, Januar	Aufnahme diplomatischer Beziehungen zwischen MVR und USA
1989, Mai	Beginn des sowjetischen Truppenabzugs
Juli	Aufnahme diplomatischer Beziehungen zu den EG-Staaten
ab Dezember	Demonstrationen für politische Reformen, Bildung demokratischer Parteien

1990, März	7.–9.3. Hungerstreik 32 demokratischer Oppositioneller auf dem Süchbaatar-Platz in Ulaanbaatar; Rücktritt des Politbüros des ZK der MRVP (9.3.); 90%ige Erneuerung des ZK, G. Otschirbat löst Batmönch als Parteivorsitzenden ab (15.3.)
1990, 22./29.7.	Erste freie Wahlen
1991, Jan.	«Transferrubel» durch harte Währungen ersetzt
Mai	Gesetz zur Privatisierung
1992, Feb.	Neue rechtsstaatliche und freiheitliche Verfassung, Abschaffung des Namens «Volksrepublik»
Juni	Parlamentswahlen nach dem neuen Wahlgesetz, Sieg der alten MRVP (70 von 76 Sitzen)
1993, Juli	P. Otschirbat, Kandidat der beiden großen Oppositionsparteien MNPD und MSDP, mit 58,3% der Stimmen als Präsident für 4 Jahre gewählt
August	Freie Preise, frei konvertierbare Währung
1996, 30.6.	Parlamentswahlen, Opposition gewinnt 50 von 76 Parlamentssitzen
Juli	Wahl (18.7.) des Parlamentsvorsitzenden P. Gontschigdordsch, Premierminister M. Enchsaichan
1997, Mai	Gesetz zur Privatisierung der Wohnungen in Ulaanbaatar; neues Zollgesetz; N. Bagabandi der MRVP mit 60,7% der Stimmen zum neuen Präsidenten gewählt
1998, Januar	Gesetz über die Rehabilitierung und Entschädigung der politisch Verfolgten der Jahre 1930–40
April	Rücktritt der ersten demokratischen Regierung (22.4.), Z. Elbegdordsch wird mit 91% der Stimmen zum zweiten Premierminister gewählt
Juni	Rücktritt der zweiten demokratischen Regierung, Auflage: in vier Monaten neue Regierungsbildung
28.8.	Gesetz zur Pressefreiheit
2.10.	Ermordung von S. Dsorig (1962–1998), Führer der demokratischen Bewegung
4.12.	Anerkennung der Mongolei als atomwaffenfreie Zone seitens der UNDP
1999, Juni	Geberländerkonferenz spricht der Mongolei 320 Mio. US $ zu
Juli	Rücktritt der dritten demokratischen Regierung, vierter Premierminister wird R. Amardschargal (22.7.)
Dezember	Erste Verfassungsänderung
2000, Juni	Landesweite Wahlkampagne: 13 politische Parteien, 3 Bündnisse, 634 Kandidaten, davon 29 parteilose
Juli	Parlamentswahlen, Sieg der alten MVRP mit 72 von 76 Parlamentssitzen, Parlamentschef L. Enebisch, Premierminister N. Enchbajar
2002, 11.4.	Ratifikationsurkunde zum Statut des Internationalen Strafgerichtshofes in Den Haag der UN übergeben

Juli	Internationale Geberländer sagen der Mongolei 330 Mio. US-$ für Maßnahmen der Armutsbekämpfung zu
12.9.	Abkommen über deutsch-mongolische Entwicklungszusammenarbeit 2002/2003 gewährt der Mongolei 21 Mio. EUR
11.12.	Privatisierung der Handels- und Entwicklungsbank (TDB)
2003, Oktober	WWF gibt 1 Mio. US-$ zur Rettung bedrohter Tierarten; Vollmitgliedschaft der MRVP in der Sozialistischen Internationale
2004, Januar	Rußland erläßt der Mongolei 95 % der Schulden (250 Mio. US-$); Botschafter Amarsanaa, ständiger Abgeordneter bei der UNO, wird zum internationalen Kriminalrichter ernannt (8. 1.)
27.6.	Parlamentswahlen, Niederlage der regierenden MRVP (36 von 76 Sitzen), das demokratische Bündnis der MDK erringt ebenfalls 36 Sitze
20.8.	Bildung einer Großen Koalition unter Premierminister Z. Elbegdordsch (MDK)
29.9.	Verteidigung des kernwaffenlosen Status der Mongolei bei der UNO-Hauptversammlung
2005, 29.4.	Unterzeichung der UN-Konvention gegen Korruption
24.5.	Früherer Premierminister N. Enchbajar (MRVP) zum neuen Präsidenten ernannt
2005, 21.11.	G. W. Bush macht als erster amerikanischer Präsident Kurzbesuch in der Mongolei, sagt den Streitkräften 11 Mio. US-$ Hilfe zu und dankt den furchtlosen mongolischen Kriegern für ihren Irak-Einsatz
Dezember	Gründung der neuen «Volkspartei». Kampfansage an die Korruption im Land
2006, Januar	Regierungskrise und Unruhen, Rücktritt der 15 Monate alten Koalitionsregierung (14. 1.)

Literaturhinweise

Reiseführer

Arbeitskreis Natur und Reisen: Mongolei, hg. von Helmut Weber und Helge Reitz, Karlsruhe 2000.

Bormann, Renate und Klaus-Dieter: Verhalten in der Mongolei, Deutsche Stiftung für internationale Entwicklung (DSE), Bad Honnef 1998.

Elstner, Werner/Jung, Monika: Mongolei. Reisehandbuch, Berlin 2., verb. Auflage 1994.

Kohn, Michael: Mongolia, Lonely Planet, Footscray 5. Aufl. 2005.

Luck, Wolfgang: Mongolei verstehen – Sympathie Magazin, Studienkreis für Tourismus und Entwicklung e. V., Ammerland 2000.

Niemann, Rolf: Mongolia – Verstehen und verstanden werden, Bonn 1992.

Shagdar, Shagdariin.: Fifty Routes through Mongolia. A Guide for Tourists, Mongolian Business Development Agency & EU Tacis, 1997.
Stelling, Barbara; Forkert, Fred: Mongolei, Handbuch für individuelles Reisen und Entdecken, Bielefeld 5. Aufl. 2005.
Woeste, Peter: Mongolei – Richtig reisen, Köln 1995.
Yunden, Ya./Zorig, G./Erdene Ch.: This is Mongolia, Ulaanbaatar 1991.

Mongolei allgemein
Agwaandorjiin, Saruul: Demokratisierungschancen in der Mongolei, Tectum Verlag, Marburg 1999.
Akiner, Sh. (Hg.): Mongolia Today, London 1991.
Albaum, Lazar Israelowitch/Brentjes, Burchard: Herren der Steppe, Leipzig 1978.
Barthel, Helmut: Land zwischen Taiga und Wüste, Leipzig 1978.
Batzorig, Tsevegmidiin: The People, Ulaanbaatar 2002.
Becker, Jasper: The Lost Country. Mongolia Revealed, London/Sydney/Auckland 1992.
Begegnung mit dem Horizont – Die Wüste Gobi, Verlag C. J. Bücher, München 1995.
Benko, Mihály: Nomadic Life in Central Asia. Visit at Our Ancestors, Budapest 1998.
Berger, Patricia/Bartholomew, Terese Tse: Mongolia. The Legacy of Chinggis Khan, London, New York, San Francisco 1995.
Brentjes, Burchard: Die Ahnen Dschingis Chans, Berlin 1988.
Burchert, Ulrich: In the Grasland, Ulaanbaatar 1994.
Conermann, Stephan/Kusber, Jan (Hg.): Die Mongolen in Asien und Europa, Frankfurt am Main 1997.
Consten, Hermann: Weideplätze der Mongolen. Im Reiche der Chalcha, 2 Bde., Berlin 1919/1920.
Das Land des blauen Himmels. Fritz Mühlenweg in der Mongolei, hg. von der Fachhochschule Konstanz, Lengwil 2005.
Denzau, Gertrud und Helmut: Wildesel, Stuttgart 1999.
Dschingis Khan und seine Erben. Das Weltreich der Mongolen. Ausstellungskatalog zur gleichnamigen Ausstellung in Bonn und München, hg. von der Kunst- und Ausstellungshalle der Bundesrepublik Deutschland, München 2005.
Ehlers, Bettina: Kompendium der deutsch-mongolischen Beziehungen, Deutsches Übersee-Institut, Übersee-Dokumentationen in Zusammenarbeit mit dem Ostasiatischen Verein, Hamburg 2000.
Faude, Ekkehard/Mühlenweg, Regina (Hg.): Fritz Mühlenweg – Drei Mal Mongolei, Lengwil 2005.
Fontein, Jan (Hg.): The Dancing Demons of Mongolia, Ausstellungskatalog der gleichnamigen Ausstellung in der Nieuwe Kirk, Amsterdam, 26. Juni bis 17. Oktober 1999, Amsterdam 1999.
Goldstein, Melvyn C./Beall, Cynthia M.: Die Nomaden der Mongolei. Eine Hirtenkultur zwischen Tradition und Moderne, Nürnberg 1994.
Götting, Doris (Hg.): Bilder aus der Ferne: Historische Fotografien des Mon-

goleiforschers Herman Consten. Begleitbuch zur Wanderausstellung, Bönen 2005.
Haslund-Christensen, Hennig: Jabonah, Leipzig 1928.
Ders.: Zajagan. Menschen und Götter in der Mongolei, Stuttgart 1939.
Heissig, Walther: Motiv und Wirklichkeit. Gesammelte Aufsätze, Wiesbaden 1993
Hutter, Andreas/Mesarosch, Veronika: Abenteuer Mongolei – Zu Pferd durch das Land Dschingis Khans, Melsungen 2005.
Information Mongolia. Pergamon Press, Oxford 1990.
Kerrigan, Michael/Bishop, Clifford/Chambers, James: Auf dem Pfad der Erleuchtung, Tibet & Mongolei, TIME-LIVE Bücher, 1998.
Lattimore, Owen: Nationalism and Revolution, with a Translation from the Mongol of Sh. Nachukdorji's Life of Sukebator, by Owen Lattimore and Ürgüng Onon, Leiden 1955.
Ders.: Nomaden und Kommissare. Die Mongolei – gestern und heute, Stuttgart 1964.
Lessing, D. F.: Mongolen, Hirten, Priester und Dämonen, Berlin 1936.
Michel, Walter: Im Zeichen des Sojombo, Berlin 1979.
Moser, Achill/Meinhardt, Olaf: Mongolei. Im Land des Dschingis Khan, München 2005.
Müller, Claudius/Heissig, Walther (Hg.): Die Mongolen. Katalog zur Ausstellung «Die Mongolen» in München vom 22. März bis 28. Mai 1989, Innsbruck/Frankfurt 1989.
Müller, Michael/Müller, Stefan: Erben eines Weltreiches. Die mongolischen Völker und Gebiete im 20. Jahrhundert, Bonn 1992.
Mund, Annette (Hg.): Die traditionelle mongolische Medizin, Mannheim 2005.
Pozdneev, Aleksei: Mongolia and the Mongols, Bloomington 1971.
Prohl, Werner/Staisch, Peter: Dschingis Khan lächelt – Die Mongolei auf dem Weg zur Demokratie, Bonn 1998.
Sanders, Alan J. K.: Mongolia – Politics, Economics and Society, London 1987.
Schenk, Amélie: Mongolei. Weite Heimat der Nomaden, Dortmund 1994.
Dies./Haase, Udo: Mongolei, München 1994
Schinkarjow, Leonid: Abschied von der Jurte, Leipzig 1988.
Schubert, Olaf: Mongolei, Dresden 2005.
Severin, Tim: In Search of Genghis Khan, London 1993.
The Mongolian Almanac and Book of Facts, ed. By Nyamdorj Regjiibuu, Danzan Dovdon et al., Ulaanbaatar 1997.
The Mongols and Tibet. A Historical Assessment of Relations Between the Mongol Empire and Tibet, published by The Department of Information and International Relations, Central Tibetan Administration, Gangchen Kyishong, Dharamsala 1996.
Thevenet, Jacqueline: Les Mongols de Genghis Khan et d'aujourd'hui, Paris 1986.
Thiel, Erich: Die Mongolei. Land, Volk und Wirtschaft, München 1958.
Tibor, Dorothée: Ein Hirtenleben in der modernen Mongolei: Aufschwung im Nomadenland, Berlin 1999.

Zénon, Sophie: Mongolei – Zwischen Tradition und Moderne, Bern 2005.
Ziegler, Gudrun/Hogh, Alexander (Hg.): Die Mongolen. Im Reich des Dschingis Khan, Stuttgart 2005.

Schwerpunkt Geschichte
Barkmann, Udo B.: Geschichte der Mongolei oder die «Mongolische Frage». Die Mongolen auf ihrem Weg zum eigenen Nationalstaat, Bonn 1999.
Bawden, Charles: The Modern History of Mongolia, London 1989.
Bold, Bat-Ochir: Mongolian Nomadic Society. A Reconstruction of the Medieval History of Mongolia, Richmond 2001.
Brent, Peter: Das Weltreich der Mongolen, Bergisch Gladbach 1976.
Consolato Onorario di Mongolia in Italia, Trieste (Hg.): Dinosauri della Mongolia, Trieste 1996.
Die Mongolen. Begegnungen mit einem Volk und seiner Geschichte, hg. vom Museum zu Allerheiligen, Schaffhausen 1990.
Eggebrecht, Arne (Hg.): Die Mongolen und ihr Weltreich, Mainz 1989.
Geheime Geschichte der Mongolen. Herkunft, Leben und Aufstieg Dschingis Khans. Übersetzt und kommentiert von Manfred Taube, München 2005.
Gießauf, Johannes (Hg.): Die Mongolei. Aspekte ihrer Geschichte und Kultur, Grazer Morgenländische Studien, Graz 2001.
Heissig, Walther: Die Mongolen. Ein Volk sucht seine Geschichte, Wien/Düsseldorf 1964.
Leicht, Hans (Hg.); Dschinghis Khan: Eroberer, Stammesführer, Vordenker, Düsseldorf 2002.
Neumann-Hoditz, Reinhold: Dschingis Khan, Hamburg 1985.
Ratchnevsky, Paul: Genghis Kkan. His Life and Legacy, Oxford 1991.
Roux, Jean-Paul: Genghis Khan and the Mongol Empire, London 2003.
Sandag, Shaddariin/Harry H. Kendall: Poisoned Arrows. The Stalin-Choibalsan Mongolian Massacres, 1921–1941, Boulder, Col. 2000.
Spuler, Bertold: Geschichte der Mongolen, Zürich 1968.
Weiers, Michael (Hg.): Die Mongolen. Beiträge zu ihrer Geschichte und Kultur, Darmstadt 1986.
Weiers, Michael: Geschichte der Mongolen, Stuttgart 2004.

Religion
Forman, Werner/Bjamba Rintschen: Lamaistische Tanzmasken. Der Erlik-Tsam in der Mongolei, Leipzig 1967.
Heissig, Walther: Götter im Wandel. Gesammelte Aufsätze zum Synkretismus der mongolischen Volksreligion, Wiesbaden 1996.
Humphrey, Caroline with Urgunge Onon: Shamans and Elders, Oxford 1996.
Schenk, Amélie: Herr des schwarzen Himmels. Zeren Baawai – Schamane der Mongolei, Bern, München, Wien 2000.
Tucci, Guiseppe/Heissig, Walther: Die Religion Tibets und der Mongolei. Religionen der Menschheit, Band 20, Stuttgart/Berlin/Köln/Mainz 1970.
Taube, Manfred/Taube, Erika: Schamanen und Rhapsoden. Die geistige Kultur der alten Mongolei, Leipzig 1983.

Natur und Naturschutz
Harper, Martin/Discovery Initiatives (Hg.): Lake Hovsgol National Park. A Visitor's Guide, produced in association with the UNDP Biodiversity Project, Discovery Initiatives, London o. J.
Kaczensky, Petra/Walzer, Chris/Steinhauer-Burkart, Bernd: Great Gobi B Strictly Protected Area, Eco-Nature, Oberaula 2004.
Mongolia's Tentative List: Cultural und Natural Heritage, ed. by the Mongolian Ministry of Enlightenment and the UNESCO Beijing Office (o. J.).
Steinhauer-Burkart, Bernd: Gorkhi-Terelj National Park and Khan Khentee Strictly Protected Area, Eco-Nature, Oberaula 2001.
Ders.: Gobi Gurvansaikhan National Park, Eco-Nature, Neckargemünd 1999.

Malerei und Kunst
Boyer, Martha: Mongol Jewelry, Kopenhagen 1995.
Decter, Jacqueline: Nicholaus Roerich. Leben und Werk eines russischen Meisters, Basel 1989.
Die Schätze der Goldenen Horde aus der Ermitage in St. Peterburg, hg. von der Kunsthalle Loeben, Loeben 2002.
Ipsiroglu, M. S.: Malerei der Mongolen, München 1965.
Martyniouk, Aleksey: Die Mongolen im Bild, Hamburg 2002.
Nowgorodowa, Eleonora: Alte Kunst der Mongolei, Leipzig 1980.
Schulze, Ingrid: Mongolische Malerei, Berlin 1979.
Tsultem, H.: Development for the Mongolian National Style Painting «Mongolel Zurag» in Brief, Ulaanbaatar 1986.
Ders.: Mongolian Arts and Crafts, Ulaanbaatar 1987.
Ders.: Mongolian Architecture, Ulaanbaatar 1988.
Ders.: Mongolian Sculpture, Ulaanbaatar 1989.

Sprachführer und Wörterbücher
Gongor, Dugarsurengyn: Gesprächsbuch Mongolisch-Deutsch, Leipzig 1988.
Günter, Arno: Mongolisch für Globetrotter, Bielefeld 2. Aufl. 2001.
Kauderwelsch-Begleitkassette: Mongolisch für Globetrotter, Bielefeld 1993.
Schlageter, Jürg: Grammatik der mongolischen Sprache, Norderstedt 2005.
Vietze, Hans-Peter: Lehrbuch der Mongolischen Sprache, Berlin 2005.
Ders.: Wörterbuch Deutsch-Mongolisch, München 1992.
Ders.: Wörterbuch Mongolisch-Deutsch, München 2. Aufl 1998.
Zebek, Schalonow unter Mitarbeit von Johannes Schubert: Wörterbuch Mongolisch-Deutsch, Leipzig 1984.

Reiseberichte und -erzählungen
Bitsch, Jörgen: Zwischen China und Sibirien. Unbekannte Mongolei, Berlin 1963.
Bosshard, Walther: Kühles Grasland Mongolei, Berlin 1938.
von Plano Carpini, Johannes: Kunde von den Mongolen (1245–1247), eingeleitet, übersetzt und erläutert von Felicitas Schmieder, Sigmaringen 1997.
Croner, Don: Travels in Northern Mongolia, Anchorage 2001.

Diehl, Günther: Bei den Tapferen. Diplomatische Reisen in die Äußere Mongolei, Frankfurt 1988.
Faude, Ekkehard: Fritz Mühlenweg – vom Bodensee in die Mongolei, Lengwil 2005.
Fischer, Waltraud: Mongolia – Land der Gräser, Berlin 1986.
Dies.: Reisebuch einer Malerin durch die Mongolei, Neuenhagen 2003.
Hedin, Sven: Durch Asiens Wüsten, Heinrich Albert Verlag, Wiesbaden 1995.
Heissig, Walther: Ostmongolische Reise, Darmstadt 1955.
Lange, Fredi: Geheimnisvolle Karawanenwege im Herzen Asiens, Bruckmann Verlag, München 1999.
Ottinger, Ulrike: Taiga. Eine Reise ins nördliche Land der Mongolen, Berlin 1992.
Raith, Viktoria/Naundorf, Cathleen: Steppen, Tempel und Nomaden. Zwei Frauen entdecken die Mongolei, München 1994.
Rubruk, Wilhelm von: Reisen zum Großkhan der Mongolen. Von Konstantinopel nach Karakorum 1253–1255, hg. von Hans D. Leicht, Stuttgart 1984.
Schubert, Johannes: Ritt zum Burchan-Chaldun, Leipzig 1963.
Steffen, Albert: Irrfahrten des Lebens. Aus Erlebnissen und Tagebuchaufzeichnungen, Langnau im Emmental 1935.
Stewart, Stanley: Auf den Spuren von Dschingis Khan, Hamburg 2005.
Waln, Nora: Sommer in der Mongolei, Berlin 1936.
Weck, Christine: Reisen in Asien auf den Spuren der Mongolen und Turkvölker, Göttingen 1998.

Märchen, Sagen, Legenden
Fischer, Waltraut: Solombo Chaan. Mongolische Märchen, übersetzt, nacherzählt und illustriert von W. Fischer, Berlin 1989
Heissig, Walther: Helden-, Höllenfahrts- und Schelmengeschichte der Mongolei. Aus dem Mongolischen übersetzt, Zürich 1962.
Ders.: Mongolische Volksmärchen, Düsseldorf/Köln 1963.
Ders.: Geschichte der mongolischen Literatur, 2 Bände, Wiesbaden 1972
Ders.: Die Geheime Geschichte der Mongolen, Dschingis Khan, Geser Khan und König Finster. Epen, die Geschichte schrieben, Düsseldorf/Köln 1981.
Heissig, Walther (Hg.): Die Mongolischen Epen. Bezüge, Sinndeutung und Überlieferung, Wiesbaden 1979
Ders.: Die Mongolischen Epen, in 13 Bänden, Bände 1–4 1975, Bände 5–7 1977, Band 8 1979, Band 9 1980, Band 10 1982, Band 11 1985, Band 12 1992, Band 13 1993, Wiesbaden
Koppe, Klaus (Hg.): Feuer des Zorns. Eine mongolische Spielmannsdichtung, Leipzig/Weimar 1985.
Latsch, Marie-Luise/Forster-Latsch, Helmut (Hg.): Das Fuchsmädchen. Nomaden erzählen Märchen und Sagen aus dem Norden Chinas, Frauenfeld 1992.
Sécen, Sagang: Geschichte der Mongolen und ihres Fürstenhauses, Zürich 1995.
Taube, Erika (Hg.): Volksmärchen der Mongolen, München 2004.

Mongolische Literatur in deutscher Übersetzung und Literatur mit Thema Mongolei

Erdene, Sengun: Sonnenkraniche. Erzählungen, Volk und Welt, Berlin 1979
Ders.: Herdenstaub, Ulaanbaatar (Staatsverlag) 1981.
Erkundungen. 20 mongolische Erzählungen, Berlin 1976.
Mühlenweg, Fritz: Großer Tiger und Christian, München 1983.
Ders.: Kleine mongolische Heimlichkeiten, Bottighofen 1992.
Ders.: Fremde auf dem Pfad der Nachdenklichkeit, Bottighofen 1992.
Ders.: In geheimer Mission durch die Wüste Gobi, Bottighofen 1993.
Nazagdordsh, Schagdardshawyn: Mandchai die Kluge. Historischer Roman, Berlin 1988.
Schenk, Amélie/Tschinag, Galsan: Im Land der zornigen Winde. Geschichte und Geschichten der Tuwa-Nomaden in der Mongolei, Zürich 1999
Schenk, Amélie: Onon. Wem der Fluss singt, Frauenfeld 2003.
Dies.: Im deckellosen Land – Nomadische Geschichten aus der Mongolei, Frauenfeld 2005.
Tüdew, Lodongijn: Bekanntschaft mit der Welt, Berlin 1982.
Waugh, Louisa: Hearing Birds Fly. A Nomadic Year in Mongolia, London 2003.
Wu Re Er Tu: Sohn des Waldes – Uralt wie die Dämmerung. Zwei Erzählungen aus der Mongolei, Frauenfeld 2004.

Galsan Tschinag

Der siebzehnte Tag, München 1992.
  Zwei Erzählungen, die von der Naturverbundenheit der Menschen zeugen.
Das Ende des Liedes, München 1993. Erzählung.
  Eine nomadische Liebesgeschichte. Dafür erhielt der Autor 1995 den Puchheimer Leserpreis.
Der blaue Himmel, Frankfurt 1994.
  Autobiographischer Roman, der in Heimat der Tuwa-Nomaden im Hochaltai, im äußersten Westen der Mongolei, spielt und die Kindheit der Autors schildert.
Eine tuwinische Geschichte und neue Erzählungen, München 1995.
  Für «Eine tuwinische Geschichte», die hier in einer Neuauflage vorliegt, erhielt der Autor 1992 den Adelbert-von-Chamisso-Preis.
Zwanzig und ein Tag, Frankfurt 1995.
  Ein Roman von den Sonnen- und Schattenseiten des Nomadenlebens, einzelner Schicksale, der Verbundenheit mit dem Himmel und der Erde vor der großartigen Kulisse des Hochaltai. Mit dem Erzählten versucht der Autor, das kleine Hirtenvolk der Tuwa dem Vergessen im Fluß der Menschheitsgeschichte zu entreißen und ihm ein Denkmal zu setzen.
Alle Pfade um deine Jurte. Gedichte, Frauenfeld 1995.
  Der erste Lyrikband des Autors auf deutsch, der vor allem Liebesgedichte umfaßt und schon in der vierten Auflage vorliegt.
Nimmer werde ich dich zähmen können. Gedichte, Frauenfeld 1996
  Liebes- und Steppengedichte – die unverbrauchten Bilder aus der Nomadenwelt.

Die Karawane, A 1, München 1997.
Das Stammesoberhaupt führt sein über die Weite der Mongolei verstreutes Volk auf einer entbehrungsreichen Wanderung zu den alten Weide- und Jagdgebieten des Hohen Altai zurück. Ein Denkmal des gefährdeten Nomadentums.
Im Land der zornigen Winde. Geschichte und Geschichten der Tuwa-Nomaden aus der Mongolei, mit Amélie Schenk, Frauenfeld 1997.
Ein unkonventionelles Buch über Nomadenleben, Herden, Steppen und Berge, Schamanen, Tod und Sterben, Geburt und Leben, alte Leute, die wie Berge sind, die Philosophie der Nomaden.
Wolkenhunde. Gedichte aus der Steppe, Waldgut, Frauenfeld 1998.
Die graue Erde, Frankfurt 1999.
Autobiographischer Roman, der vom Schamanentum und von der Zeit der Durchsetzung des Kommunismus handelt.
Der Wolf und die Hündin, Frauenfeld 1999.
Erzählung, sowohl packende Liebesgeschichte wie wirklichkeitsnahe Parabel auf den Menschen, die Natur und den Überlebenskampf, der tragisch im Tod endet.
Sonnenrote Orakelsteine. Schamanengesänge, Frauenfeld 1999.
Der weiße Berg, Frankfurt 2000.
Dritter Band einer autobiographischen Trilogie. Handelt von den Irrungen und Wirrungen eines halbwüchsigen Nomadenjungen, der sich vom Schamanischen angesteckt und so zum Dichter berufen fühlt.
Dojnaa, München 2001.
Erzählung von einer nomadischen Ehe.
Der Steinmensch zu Ak-Hem, Frauenfeld 2002.
Neue Gedichte aus der Steppe.
Tau und Gras, Zürich 2002.
Erzählungen und Geschichten einer Kindheit im Altai-Gebirge der Mongolei.
Verteidigung des Steins gegenüber dem Beton, Frauenfeld 2003.
Zwei Reden – eine verteidigt die Poesie, die andere analysiert die Mongolei nach der Wende von 1990.
Das Geraubte Kind, Frankfurt 2004.
Verschriftlichung einer Tuwa-Legende, die den Kampf um Selbstbestimmung und Unabhängigkeit der Nomaden thematisiert.

Die Mongolei im Internet

Mongolisch-Deutsche Kontakte in Deutschland:
Mongolische Botschaft in Deutschland: http://www.mongolian-embassy.de
Deutsch-Mongolische Gesellschaft, Bonn: http://www.mongolei.org
Freunde der Mongolei e. V.: http://www.freunde-der-mongolei.de
Freunde des Altai e. V., Bremen: http://www.freunde-des-altai.org

Allgemeine und aktuelle Informationen zur Mongolei:
Mongolei-online: http://www.mongolei.de,
http://www.dse.de/za/lis/mongolei/seite1.htm
Deutsche Gesellschaft für Asienkunde e. V.: http://www.asienkunde.de
Informationen und Dienste: http://mongoleiservice.de
Allgemeine Informationen über Zentralasien mit Mongolei:
www.eurasianet.org
Allgemeine Informationen: http://www.adminet.com/world/mn
Informationen in Englisch/Mongolisch: http://www.mol.mn
Informationen in Englisch: http://www.mongoliatoday.mn
Allgemeine Informationen der Indiana University/USA:
http://www.indiana.edu/~mongsoc/mong
Wirtschaftsinformationen: http://www.bizmongolia.mn
Informationen über Ulaanbaatar: http://www.ulaanbaatar.net
Kunst/Kultur/Musik/Kulturveranstaltungen: http://www.mongolart.mn
Mongolische Medizin: http://members.tripod.com/medical_university
Naturschutzprojekt Urwildpferde:
http://www.owc.org.mn/macne/hustai/reint.htm

Wichtige Adressen in der Mongolei:
Mongolische Regierung:
www.theodora.com/wfb/mongolia-government.html,
www.gksoft.com/govt/en/mn/html, http://lcweb2.loc.gov/frd/cs/mntoc.html,
http://www.pmis.gov.mn/engmain.htm
Außenministerium der Mongolei: http://www.extmin.mn
Zorig-Foundation: http://www.zorigfoundation.org.mn
Mongolische Medien: http://mol.mn/mrtv/MRTVhome
Mongolische Staatsbank: http://www.mongolbank.mn
Staatsuniversität: http://num.edu.mn
Biodiversität und Ökologische Studien: http://acnatsci.org/research/mongolia
Bergbau und Rohstoffvorkommen: http://www.mram.mn
Frauenorganisation LEOS: http://www.mol.mn/leos
Mongolische Demokratische Partei:
http://www.demparty.mn/english/index.html
Naturschutz: http://www.owc.org.mn/national-park
MIAT: http://www.kwb-beratung.de/html/mongolei.htr

Der Verein «Freunde des Altai e. V.»

Wer sich für den Erhalt des mongolischen Lebensraumes und der Nomadenkultur mit ihren immateriellen Kulturgütern einsetzen will, findet im Verein «Freunde des Altai e.V.» den richtigen Partner. Hier entsteht eine lebendige Brücke zwischen Abendland und Nomadenland, die von Begeisterung, Ideen und Austausch lebt. Eine Begegnungsstätte in der Westmongolei ist im Auf-

bau, ebenso eine Lehr- und Lernstätte zur Wissensvermittlung. Das traditionelle Nomadenhandwerk wird genauso gefördert wie die alten Heilweisen und Kulturtechniken, die Weltkulturerbe sind.
Freunde des Altai e. V. (www.freunde-des-altai.org)
Postfach 10 18 09, D-28018 Bremen
E-Mail: freunde-des-altai@online.de
Kontakt: Eva Binnemann, Tel. +49 89-87 18 14 00 oder +49 42-12 23 88 80,
Fax +49 89-87 18 14 01 oder +49 42-12 23 88 83

Glossar

aaruul	gepreßter und getrockneter quarkartiger Weißkäse
agamba	buddhistischer Titel, entspr. unserem Professortitel
ail	Jurtensiedlung
Aimak	Verwaltungseinheit, die in Sum unterteilt ist
airag	fermentierte Stutenmilch
archi	Wodka; Milchbranntwein
bandi	Schüler im Kloster
bariatsch	Knocheneinrenker
bjaslag	salzloser Käse
bogd/bogdo	= Buddha
Bogd Khan	Bez. für das buddhist. Oberhaupt der Mongolei, nachdem es 1911 auch Staatsoberhaupt wurde
Bogd Gegeen	(‹Buddha-Lehrer›) Bez. für das buddhist. Oberhaupt der Mongolei
boodog	Gericht, bei dem das Fleisch der Ziege oder des Murmeltiers im eigenen Balg gegart wird
boorzog	in Fett frittierte Mehlküchlein
borz	Trockenfleisch
chöömij	Kehlkopfgesang
chujs	Insel; Geschlecht
Chutuktu	(‹Wiederverkörperung›) Titel; entspr. dem tibetischen
Tulku	oft auch als einzige Bez. für den *Bogdo Gegeen* verwandt
Dalai Lama	‹Lehrer, dessen Wissen so groß wie ein Ozean ist›, mongol. Bez. für das tibetisch-buddhist. Oberhaupt
Dschebtsundamba	*Chutuktu* (auch *Dschawdsandamba Chutagt*) Wiederverkörperung des Maitreya-Buddhas, buddhist. Oberhaupt der Mongolei
dazan	Fakultät an einer buddhist. Ausbildungsstätte
Deel	Nationalkleid der Mongolen beiderlei Geschlechts
dsud	Viehsterben
duu	Gesang
gawdsch	buddhist. Titel, entspr. unserem Doktortitel
ger	Jurte
gol	Fluß

Kalachakra	(wörtl. ‹Rad der Zeit›) das Kalachakra-Tantra führt ein in die feinstofflichen Energiestrukturen des Körpers und in ein bestimmtes (d. h. Himmelswesen-)Yoga
kampani	Aktiengesellschaft
Khan	Herrschertitel
Kumiss	(auch *Kumys*) = *airag*
lam	Lama, buddhist. Mönch
mach	Fleisch
morin chuur	zweisaitige Pferdekopfgeige
Naadam	eigentlich: *eriyan gurwan naadam* ‹die drei Spiele der Männer›; heute Nationalfeiertag am 11. und 12. Juli
negdel	landwirtschaftliche Produktionsgenossenschaft
nermel archi	Milchbranntwein
nuur	See
öröm	Rahm
örtöö	alte Bez. für eine Strecke von ca. 30 km
otochi	heilkundiger Mönch
owoo	Steinsetzung, Sitz einer Berggottheit
öws	gefrorenes Gras
Saxaul	baumartiger Wüstenstrauch
Schands	= mongol. schudraga
schimijn archi	= *nermel archi*
schudraga	aus China kommendes zitherartiges Instrument
Sum/Somon	Untereinheit eines *Aimak*
Thangka	religiöse Bilder, auf Stoff appliziert oder gemalt
tarag	Joghurt
tenger	Himmel; Geister
Tugrik	Landeswährung
uul	Berg
uurga	Pudding aus Kollostrum; Fangschlinge für Pferde
zagaan idee	‹weiße Speise›
zagaan sar	‹Weißer Monat›, mongol.-buddhist. Neujahr, fällt meist in den Februar

Register

Ackerbau 38, 61, 75, 167, 175, 202
Aduun Tschuluun 173
Ahnenkult 40f., 88, 90
ail 20 (Abb.), 121
Ajuschiridara, Großkhan 49
Alkohol 137, 140, 142 ff., 189
Altai 21 ff., 38, 119, 125, 171
Altan Khan 97 f. 205
Altanbulag 71
Amarbajasgalan-Kloster 104, 205
Amardschargal, Rentschinnjamyn 207
Amarsanaa 208
Ambagjan, Kidanführer 38
Andrews, Roy C. 34 f.
Annam (= Nordvietnam) 51, 205
Arbeitslosigkeit 175, 189
Arbeitsmarkt 175, 188
Archangaj (Aimak) 123, 143, 161, 181
Armut 175, 189 f., 193 ff., 208
Artenschutz 160 f.
Asgat 176
Atomversuche 169
Außenhandel 60, 69, 78, 130, 140, 144, 169, 171 ff., 175, 203
Awtaj Khan 59

Bagabandi, Nazagijn 83, 203, 207
Baga Nuur 173
Baikalsee 18 36, 38, 45, 160
Bajanchongor (Aimak) 123
Bajan Ölgij (Aimak) 26, 28, 161, 169, 179, 203
Bakula Rinpoche 108 f.
Bankwesen 80, 82, 208
Bat-Uul 81
Batmönch, Dschambyn 105, 182, 206 f.
Batschireet (Sum) 197
Batu Khan 55, 204
Beijing (Peking) 13, 35, 40, 54, 61, 97, 179, 205
Bergbau 61, 168 f., 171 ff.
Bier 144
Bildungswesen 75, 85, 95 f., 107, 189, 193
Bilegt Khan 53, 205
Bodenschätze 17, 78, 168, 171 ff., 176
Bodoo, D. 66, 68
Bogd Khan (Bogd Gegeen) 102 f., 182
Bogd Uul 170, 185 f.
Bruttoinlandsprodukt 172, 179, 189, 203
Buga Sotschich 150
Bulgan (Aimak/Sum) 34, 143

Burchan Chaldun 21, 42
Burjaten (Volk) 25, 28, 64 f., 67, 99
Burjatien 18, 28, 65, 202
Bush, George W. 208

Chalcha (Volk) 25 f., 58, 140, 202
Chalch (Fluß, Chalchyn Gol) 24, 73, 206
Chanchongor (Sum) 161
Changaj-Gebirge 20f., 47, 125, 167, 171
Char Us-See 162
Charchorin s. Karakorum
Chentij (Aimak) 28, 52 (Abb.), 109, 196 f.
– (Gebirge) 20, 23, 166
Cherlen (Fluß) 23, 36, 41
China 13, 15, 18, 26, 28, 35, 38, 49 ff., 53 ff., 62, 73, 98, 140, 160, 172 f., 175, 179 f., 184, 194, 202–205
Chowd (Aimak) 15, 32, 89, 96, 98 26, 28, 58, 161 f., 175
– (Fluß) 21, 166
– (Stadt) 26, 62
Chöwsgöl (Aimak) 28, 123, 128
– (Gebirge) 19
– (See) 20, 125, 158, 160, 176
Chutuktu 103, 170, 181
COMECON 78, 172, 206
Consten, Hermann 182

Dalai Lama 97 f., 109
Dalandsadgad 23, 34
Dambadordsch, C. 69
Dandar Lama 96
Dandsan, Solijn 64, 68
Darchan 31, 202
Dawst (Sum) 77
DDR 72, 75, 206
Demid, Gelegdordschijn 71 f.
Demographie 30 f., 202
Deutsches Archäologisches Institut 47
Deutschland. 10, 70, 74, 79, 131, 163, 179 f., 183
Dharamsala 103, 109
Diedenhofer, Xaver 144
Dinosaurier 23, 34 f.
Dornod (Aimak) 28, 123, 160
Dornogowj (Aimak) 173
Dsaamar 168, 174
Dsanabadsar 103, 170, 181
Dsawchan (Aimak) 21, 58, 175
Dschamucha, mongol. Fürst 41 f.
Dschargalsaichan 199
Dschebtsundamba Chutuktu 98, 102

Anhang 219

Dschingis Khan 13, 24, 38–46, 96, 195–198 (Abb.), 204
Dsorig, Sandschaasürengijn 15, 207
Dsüün Bajan 173
Dundgowj (Aimak) 143

Eisenbahn, Transmongol. 31, 59, 171, 179
Elbegdordsch, Zachiagijn 82 f., 203, 207 f.
Enchbajar, Nambaryn 72, 85 f., 203, 207 f.
Enchsaichan, Mendsaichany 82 f., 207
Enebisch, Lchamsürengijn 207
Energieversorgung 162 f., 172 f., 187
England 59, 179, 183
Erdene Dsuu 59, 104, 205
Erdenet 31, 171, 188, 202
Erdenetschuluun, Luwsangijn 202
Erdöl 19, 78, 160, 162, 173
Ereenzaw 71

Familie 113 f., 131, 138, 195
Filz(herstellung) 74, 76, 113 ff., 121, 123
Finanzhilfen, ausländische 79, 132, 175, 208
Fleisch(verarbeitung) 74 f., 128, 130 f., 138 ff.
Flughafen 26, 179
Frauen 26, 28 (Abb.), 113 f., 135, 189 f.
Frinowski, M. F. 71

Ganbold, Dawadordschijn 81
Gandan Tegtschinlin-Kloster 103 f., 107, 181, 205
Gasan, Il-Khan 36 51
Geheimdienst 77
Geheime Geschichte 39 f., 42, 45, 52, 88, 195 f.
Gembarschewski, J. V. 64
Genden, Peldschidijn 70 ff., 76
Genossenschaft (negdel) 73, 122, 129 ff.
Gesundheitswesen 75 f., 193
Gobi 18 f., 22 ff., 34, 158 f., 171, 202
– Altai 23, 159, 175
Gold 61, 78, 80, 132, 168, 171–174
Goldene Horde 54 f., 204
Gontschigdordsch, Padnaasumberel 207
–, Radnaasümberelijn 82
Gorbatschow, Michail 78, 143
GUS 28, 78 f., 160, 172, 179, 203
Güyük Khan 54, 204

Haenisch, Erich 40
Han (Volk) 36 f.
Handel 60 f., 121, 123 f.
Handwerk 76, 109
Haslund, Henning 101, 209
Hülegü Khan 50, 54, 205
Hunnen 35 ff., 47, 121, 150, 204

Ich Chüree s. Ulaanbaatar
Indien 63, 103, 108, 205
Industrialisierung 74, 170
Industrie 74, 85 f., 172, 187 f.
Inflation 82, 172, 194
Infrastruktur 26, 28, 51, 82, 84, 86, 166, 171, 178 f., 186 f.
Innozenz IV., Papst 50
Irkutsk 62, 64, 66, 68, 99, 144, 179
ITG, International Takhi Group 159
IWF, Internationaler Währungsfonds 79

Jagd 128, 163, 167, 177
Jamsavarno, T. 183
Japan 51, 59, 61 f., 73, 79, 132, 179, 183, 194, 196, 205 f.
Jesüchee, Vater Dschingis Khans 241
Jin (Volk) 41, 45 f., 204
Jurte 26, 112–116 (Abb.), 134 ff. (Abb.), 181, 185, 187, 191, 193, 194, 200 f. (Abb.)

Kabul Khan 24
Kalmücken 65
Kamele 17 (Abb.), 118 ff. (Abb.), 122, 125, 128, 141, 156 f. (Abb.)
Kangxi, chin. Kaiser 58 f.
Karakorum (Charchorin) 40, 46–49, 53, 96, 104, 188, 192 (Abb.), 204 f.
Kasachen 26 ff. (Abb.), 202
Kasachstan 19, 26, 28, 140, 169, 179
Kaschmir(wolle) 86, 124, 130 f., 172
Kereyid (Volk) 44
Khanbogd (Sum) 172
Khara Khoto 166
Kidan 38, 204
Kirgisen 37, 45, 204
Kjachta 63, 65 f., 205
Klein-Xu, General 103
Klima 19, 117, 119 f., 140, 202
Klöster 58 f., 69, 86 f. (Abb.), 95–101, 103 f., 106–110, 181, 206
Kollektivierung 69, 73 f., 129
Komintern 64, 66–69 f.
Konrad-Adenauer-Stiftung 83
Korea 50, 179 f., 194
Korruption 79 f., 84 f., 193, 208
Kraftwerke s. Energieversorgung
Kriegstechniken 36 f., 43 f.
Kublai Khan 13, 40, 50 f., 53 f., 97 f., 205
Kutscherenko, M. I. 64
Kyzyl 18

Ladakh 108
Lchümb, Dsch. 70
Lenin, V. I. 66, 68

220 Anhang

LEOS, Liberal Women's Brain Pool 189 f.
Lieder 133, 145, 147, 149, 199
Liegnitz, Schlacht bei 47, 204
Ligdan Khan 55, 98
Luwsandandsandschanzan Lama 96

Marco Polo 13, 143
Mandschu(-Dynastie) 13, 36, 55, 58 f., 61, 98, 102, 146, 150
Medizin u. Heilkunde 74, 92, 96
Menschenrechte 190, 193
Milch(produkte) 124 f., 135, 139–142
Minamoto Yoschitsune Yorimoto 196
Ming(-Dynastie) 40, 49, 53, 55
Mironow, S. N. 71
Möngke Khan 50, 54, 205
Moskau 68, 77, 179
MRVP, Mongol. Revol. Volkspartei 68, 72, 77, 81–84, 105, 129, 134, 195, 207 f.
Müll 16, 164 f., 169, 176, 194
Musikinstrumente 147 ff. (Abb.)

Naadam-Fest 39, 150–155 (Abb.), 203
Naiman (Volk) 19, 44
Nalajch 173
Naturschützer(gruppen) 161, 174, 176
Naturschutzgebiete 158–162, 166, 169, 178, 186
NGOs 189, 192
Nikolaus II., russ. Zar 60
Nijslel Chüree s. Ulaanbaatar
Nomadentum 14 f., 19, 28, 36, 116–124, 129–135, 137 f., 191, 193
Nostradamus 198

Ögödei Khan , 46 f., 54, 96, 204
Oiraten (= Dsungar)25 f., 45, 99
Öldsijt Khan 51
Öndörchaan 38
Onon (Fluß) 36, 41, 44
Orchon (Fluß) 47, 181, 192
Örgöö s. Ulaanbaatar
Ostgobi (Aimak) 173
Otschirbat, B. 71
–, Gombadschawyn 207
–, Punsalmaagijn 82 f., 93, 198, 207
owoo U2, 89, 170
Öwörchangaj (Aimak) 76, 143, 174

Pamir-Abkommen 59, 205
Parteien, politische 64 f., 81 ff., 192, 203, 208; s. a. MRVP
Pelliot, Paul 40
Persien 54 f., 205
Pferde 11 (Abb.), 23, 27 (Abb.), 37, 39, 44, 119 f., 122, 125–128 (Abb.), 154 f., 158 f.

Pflanzenwelt 20 ff., 160
Phags-pa Lama 53, 97
Piano del Carpine, Giovanni del 50
Planwirtschaft 69, 74 f., 129
Pogrome s. Säuberungen, politische
Polo, Marco 13, 143
Preise 82 f., 86, 131, 171, 177, 179
Prschewalski, Nikolai 159
Privatisierung 82 ff., 122, 130 ff., 167, 207 f.

Qianlong, chin. Kaiser 59
Qing-Dynastie 58, 205

Radio und Fernsehen 28, 203
Rechtswesen 44, 53, 98
Religionen 14, 37, 53, 94, 105, 203
– altmongolische 88 ff.; s. a. Schamanen
– Buddhismus 37, 49, 55, 59, 77, 94–110, 204
– Christentum 94
– Islam 26, 51
Rinder 118 ff. (Abb.), 122, 124 f., 128; s. a. Yak
Rockmusik 196, 199
Roerich, Nicholas 183
Ruanruan 37, 204
Rubruk, Wilhelm von 48, 93
Ruegg, Simon 159
Rußland (Sowjetußland, Russ. Föderation) 13, 15, 18 ff., 26, 28, 59–64, 66 f., 78, 179, 194, 205, 208
Ryskulow, T. R. 68

Sa'id, Il-Khan 54
Salzseen/Salzpfannen 21–24
Sando (Amban) 61 f.
Säuberungen, polit. 13 f. 69, 72, 94, 206 f.
Schadawdandar Lama 96
Schafe 119 f., 122 ff., 128
Schamanen 45, 88, 90, 92 ff. (Abb.), 98 f., 115, 198
Schawar Us 34
Schrift, altmongolische Reiterschrift 53, 195 f., 203
– kyrillische 195 f., 203, 206
– Quadratschrift 49, 53
– tibetische 53
– uigurische 44, 53
Schumjazki, B. Z. 66
Seidenstraße 36, 49, 166
Selenge (Aimak) 28, 109
Sibirien 36, 64, 66 90
Sinisierung 61
Smirnow, P. 70
Sodnomdschamz 97
Sowjetunion 15, 66 f., 70 ff., 74 f., 77, 80, 107, 129, 169, 184 f., 197, 206

Sozialismus 13 ff., 38, 73–79, 129 f., 133
Sprache, chinesische 51, 146
–, deutsche 202
–, englische 15, 202
–, kasachische 26, 202
–, mongolische 26, 38, 51, 65, 95, 146, 202
–, russische 15, 202
– Sanskrit 95
–, tibetische 95, 109, 146
–, tungusische 15, 59 24, 146
–, Turk- 24, 26, 28
Staatsverschuldung 78 f.
Stalin, J. V. 13, 70, 72
Stammeswesen 36 f., 39, 41 f., 45, 55
Steffen, Albert 182
Steppen 18 f., 21 f., 24, 202
Steuern 80, 83, 99, 102, 129, 175
Straßen 26, 31, 86, 134, 165, 178 f., 188
Stutenmilch (airag) 114, 125, 137, 140
Süchbaataar, Damdiny 64 f., 181 ff., 206
Südgobi-Aimak 23, 31, 34, 161

Taiga 19 ff., 202
Tariat (Sum) 109, 161
Tataren 12, 38, 41 f., 44
Taube, Manfred 40
Temüdschin s. Dschingis Khan
tenger 88
Thorgut-Khan 100
Tianshan 18
Tibet 18, 54 f., 63, 95 ff., 109, 183, 205
Tierwelt 19, 22 f., 159–162, 167
Timur Lenk (=Tamerlan) 55, 205
Toba (=Tabgatsch) 28, 37
Togoontömör, Yuan-Kaiser 51, 53, 205
Toktamysch 55
Tourismus 21, 161, 176–180
Töw (Aimak) 174, 184
Tschechoslowakei/Tschechien 144, 180, 194
Tschinag, Galsan 10, 17 (Abb.), 22, 112, 133, 212 ff.
Tschojbalsan, Chorloogijn 14, 69, 71 ff., 182, 205
Tschuluunbat, Otschirbatyn 80
Tsongkhapa 97, 205
Tung-hu 19, 36
Tungusen 19, 36, 38
Türkei 28, 50, 180, 194
Türken 38, 44, 47
Turkestan 45, 54, 204
Tuwa (Volk) 10, 28 f. (Abb.) , 67, 99, 145, 160, 202
– (Republik) 18, 26, 28, 161

Überweidung 124, 130, 167
Uiguren 19, 37, 47, 96, 204
Ulaanbaatar (= Örgöö, Urga, Ich Chüree, Nijs-lel Chüree) 10, 12, 19 f., 22, 26, 30 f., 58 f., 61–66, 78 f., 95, 102, 104, 107 ff., 137, 144, 151 f., 167 f., 170, 179–188, 191–195, 202 f., 207
Ulaangom 22
Uliastaj 21, 58 f., 62, 205
Umweltzerstörung 130, 163–166, 174
UNESCO 47, 196, 203
UNO 203, 208
Ungern-Sternberg, Baron R. F. von 64 ff., 183, 205 f.
Universitäten u. Hochschulen 26, 28, 95, 107, 184, 189
Urga s. Ulaanbaatar
USA 179, 183, 206
Uws (Aimak) 21 f., 26, 77, 123, 161, 175

Verfassung 39, 68, 81, 105, 132, 203, 206 f.
Vergangenheitsbewältigung 72, 207
Verstädterung/Landflucht 14, 17, 30 f., 186
Verwaltungssystem 44, 50 f., 53, 80, 84, 98
Viehsterben 14, 106, 119 f., 132, 175
Viehwirtschaft 17, 38, 69, 74 f., 117–125 (Abb.), 128–134, 167, 172
Völkerschaften 19, 25 f., 28, 37 f., 67, 202; s. a. Burjaten, Kasachen, Kirgisen, Oiraten, Tuwa

Wahlgesetz 81, 207
Walzer, Chris 159
Wasserknappheit/Wasserqualität 168 f., 172, 174, 187
Weltkrieg, Zweiter 24, 73
Winterweidehaltung 117–120 (Abb.)
Wolle 114, 123 f., 130, 172; s. a. Filz, Kaschmir
Wüsten/Wüstensteppen 18 f., 21 ff., 125, 202
WWF, World Wildlife Fund 158, 161, 166 f., 208

Xianbi (Volk) 37
Xinjiang 15, 30, 97 19, 26, 28, 54
Xu Shuzheng 64

Yak 110 f. (Abb.), 124 f.
Yongle, chin. Kaiser 40
Yuan-Dynastie 51, 53 f., 205

Zedenbal, Jumdschaagijn 15, 77 (Abb.), 106, 206
Zezerleg 161
Zeitungen 103, 192, 203
Ziegen 119 f., 122 ff., 128

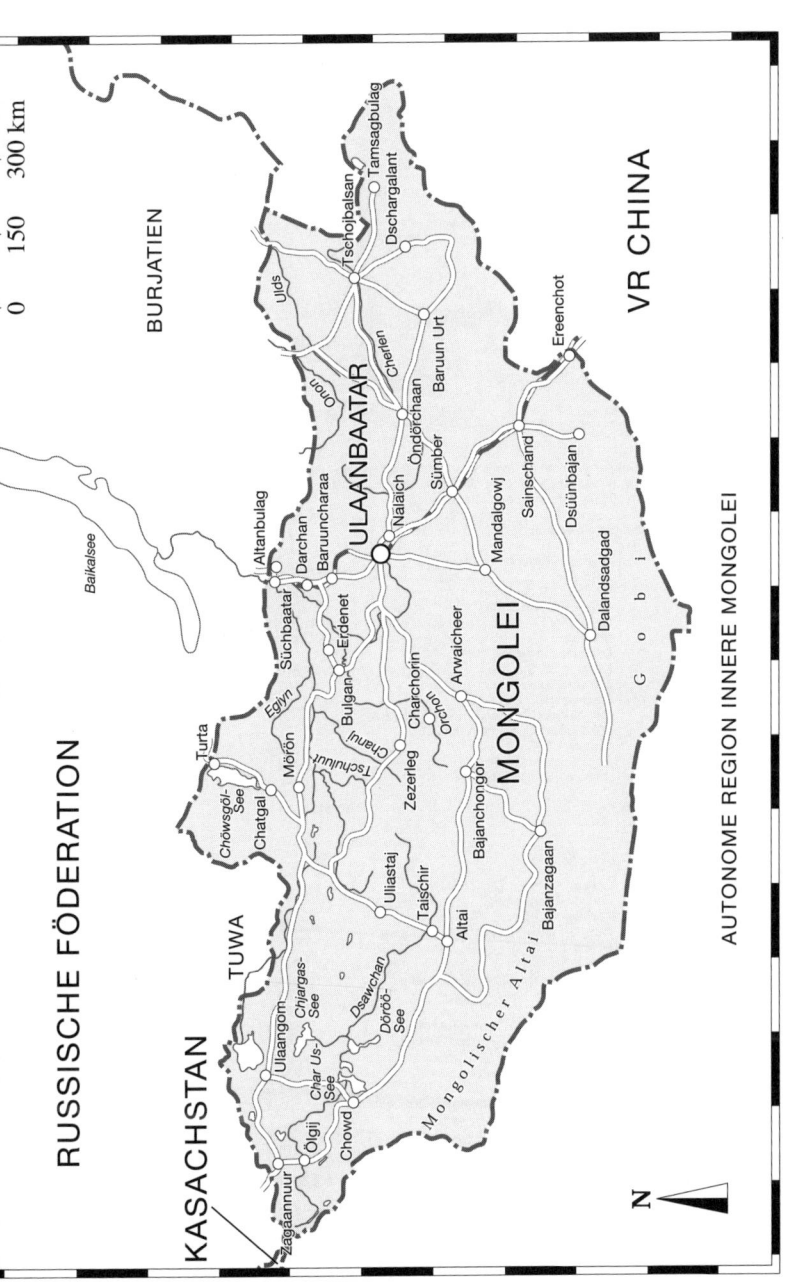

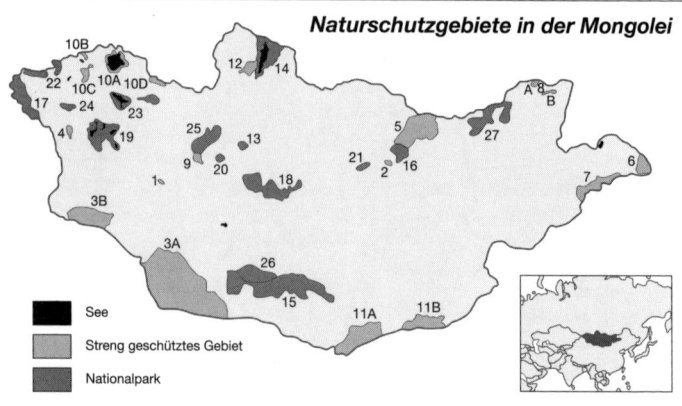

Naturschutzgebiete in der Mongolei

- See
- Streng geschütztes Gebiet
- Nationalpark

In Übereinstimmung mit der internationalen Klassifizierung von 1992 unterscheidet die Mongolei 4 Kategorien von Schutzgebieten; auf dieser Karte sind die streng geschützten Gebiete und die Nationalparks verzeichnet (Flächen in 1 000 ha; Jahr der Einrichtung)

Streng geschützte Gebiete:

1	Chasagt Chajrchan	27,4	1965
2	Bogdchan	41,6	1974
3 A, B	Ich Gowj (Große Gobi)	5.311,7	1975
4	Chöch Serchijn Nuruu	65,9	1977
5	Chan Chentij	1.227,1	1992
6	Nömrög	311,2	1992
7	Dsüün Mongolyn Tal (Ostmongol. Steppe)	570,4	1992
8 A, B	Mongol Daguur	103,0	1992
9	Otgontenger	95,5	1992
10	Uws Nuuryn Chotgor (Uws-See-Senke A, mit Zagaan Schuwuutyn Uul B, Türgenij Uul C, Altan Els D)	712,5	1993
11 A, B	Baga Gowj (Kleine Gobi)	1.839,1	1996
12	Chorjdol Sarjdag (-Berge)	188,6	1997

Gesamtfläche: 10.494.000 ha

Nationalparks:

13	Chorgo – Terchijn Zagaan Nuur (Terchijn Zagaan-See)	77,3	1965
14	Chöwsgöl (Chöwsgöl-See)	838,1	1992
15	Gowj Gurwansajchan	2.171,7	1993
16	Gorchi-Tereldsch	293,2	1993
17	Altaj Tawan Bogd	636, 2	1996
18	Changajn Nuruu (Changaj-Gebirge)	888,5	1996
19	Char Us Nuur (Char Us-See)	850,3	1997
20	Nojon Changaj	59,0	1998
21	Chustajn Nuruu (Chustaj-Gebirge)	50,5	1998
22	Sijlchemijn Nuruu (Sijlchem-Gebirge)	140,1	2000
23	Chjargas Nuur (Chjargas-See) u. Chan Chöchij (-Berge)	332,8	2000
24	Zambararaw	111,0	2000
25	Tarwagatajn Nuruu (Tarwagataj-Gebirge)	525,4	2000
26	Gowj Gurwansajchan (Erweiterung)	523,0	2000
27	Onon-Baldschijn Chöndij (Onon-Baldsch-Becken)	415,8	2000

Gesamtfläche: 8.133.500 ha

Außerdem gibt es **16 Naturreservate** mit einer Gesamtfläche von 1.813.290 ha und **6 Natur- und Nationaldenkmäler** mit einer Gesamtfläche von 79.305 ha.

Quelle: nach ECO-Nature Edition 2001